AF569821

MARTIN DROSCHKE

KOMM, LASS UNS WANDERN

WEINFRANKEN

emons:

Das ist drin

Zum Herunterladen der GPS-Daten auf den Computer und zur Nutzung auf GPS-Geräten:
emons-verlag.de/wandern-weinfranken

Warm-up im Weinparadies von Ramsthal

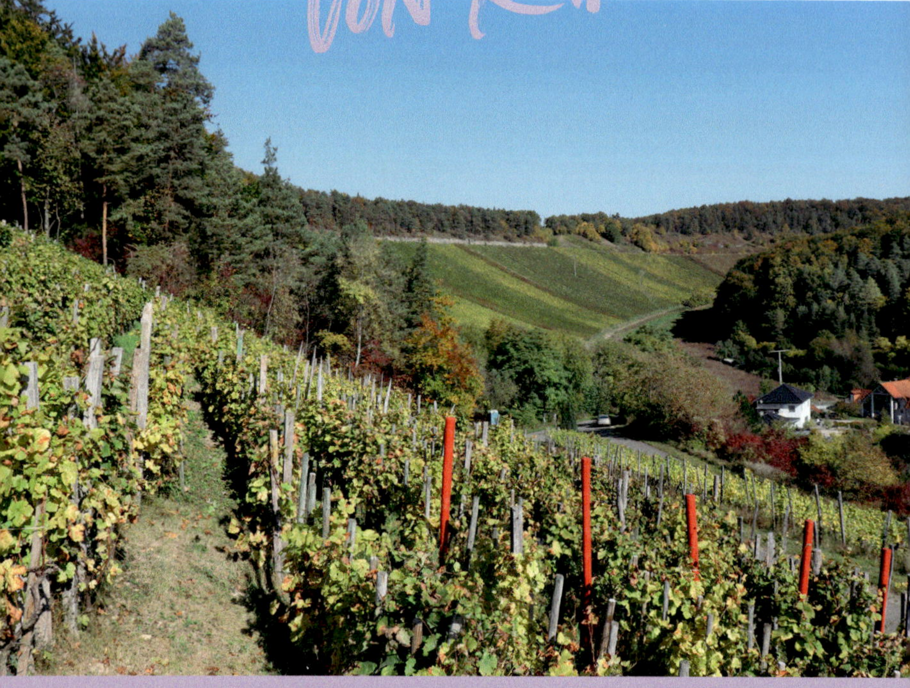

Schwierigkeit: leicht // ab 3 Kilometer // 153 Höhenmeter
Für Familien mit älteren, wanderaffinen Kindern geeignet

SCHAUEN, WAS DER NÄCHSTE JAHRGANG MACHT: MIT DEN UNGESCHRIEBENEN GESETZEN DES WEINWANDERNS PER DU WERDEN

Da wäre zunächst ein Klischee, von dem ihr euch bei eurem ersten Kontakt mit einer legendären Steillage befreien könnt. Jenes, dass ein Ausflug ins schöne Weinfranken stets an die Ufer seiner Hauptschlagader führt, an den Main. In Franken gibt es gut 4.000 Winzer. Sie teilen sich 6.163 Hektar Anbaufläche. So viel Platz bieten die für die Kultivierung spritzig-fruchtiger weißer und roter Weine geeigneten Hänge im Tal des großen Stroms bei Weitem nicht. Denn nur dort, wo das steile Gefälle nach Süden zeigt, sich willig der Unbarmherzigkeit der Sonne entgegenstreckt, sind Beeren in jener Qualität möglich, auf die der Gaumen besteht.

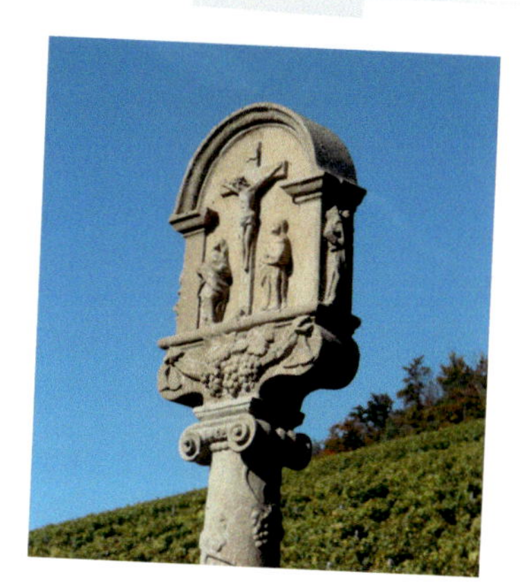

GESCHICHTSTRÄCHTIG ...

Geographisch zählt das kurz vor Bad Kissingen und damit hoch oben im Norden in ein Seitental der Fränkischen Saale eingepasste Ramsthal ganz klar zu den Außenseitern.

DIE 200 JAHRE WÄHRENDE KRISE DES FRANKENWEINS, DIE IM 17. JAHRHUNDERT MIT EINEM KLIMAWANDEL, DER KLEINEN EISZEIT, BEGANN, LIESS DIESE WEINBAU-INSEL VON DEN BIS DAHIN OMNIPRÄSENTEN REBSTOCKFLÄCHEN ÜBRIG. UNSER GAUMEN DANKT'S!

Das 1.200 durstige Kehlen kleine Dorf ist ideal, um sich mit jener ganz besonderen Disziplin der körperlichen Ertüchtigung näher vertraut zu machen, bei der ausnahmsweise nicht der Schweiß, und auch nicht der Weg, sondern der Lohn für die Strapazen, der Genuss von festen und von flüssigen, berauschenden Schätzen, das Ziel ist.

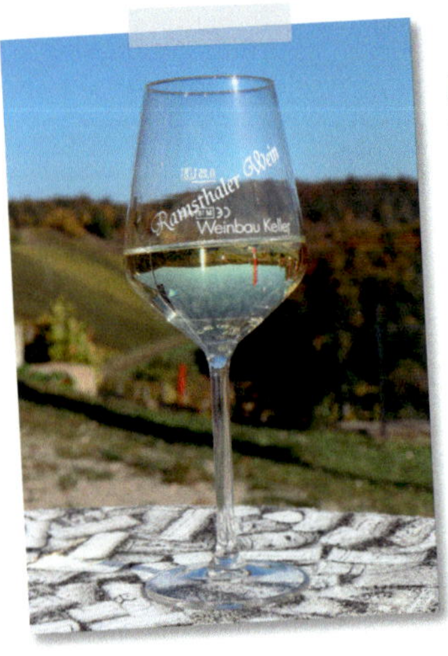

Hier für euch eine kleine Anleitung: Weinwandern in Vollendung – so geht's. Erstens: Ihr müsst euch eine gute Grundlage verschaffen. Dazu braucht ihr ein bodenständiges, uriges Wirtshaus. Eines wie das Wahler, dessen namensgebende Familie sich seit 1806 darum bemüht, das Kulturerbe der fränkischen Küche vor jedwedem Trend zu schützen. Gemetzgert wird dort noch selbst. Der Wahler hat auch unter der Woche ganztägig geöffnet. Sogar in den Touristenhochburgen ist das längst nicht mehr selbstverständlich. Zweitens: Wenn ihr anschließend zu eurer Tour aufbrecht, die euch über kurz oder lang in und durch den Weinberg führt, ist eurer Bewegungsdrang nicht das ausschlaggebende Motiv. Wie alle anderen, die sich etliche Höhenmeter hinaufarbeiten, seid ihr gekommen, um zu schauen, ob dort alles in Ordnung ist. Ob der ewige Zyklus aus Zurückschneiden, Anbinden, Blüte, Wachstum, Reife und Lese auch wirklich seinen Lauf nimmt.

WEINWANDERN HEISST: IHR SEID DA, UM ZU SCHAUEN, WAS DER NÄCHSTE JAHRGANG DENN SO MACHT. EGAL, OB IHR AHNUNG HABT ODER NICHT. ABER IMMER MIT KENNERBLICK.

Drittens: terroir f, so heißen die überall in Franken und meist hoch oben in die Rebzeilen eingepassten Weinberg-Freiluftschenken. In Ramsthal ist das Aussichtsnest ganzjährig in Betrieb. Auch im Winter. Ab Mittag. An den Wochenenden. Beziehungsweise an den Sonntagen. Zumindest vielleicht. Genaues weiß, wie überall, leider niemand. Deshalb habt ihr immer vorsorglich ein Fläschchen und Gläser im Gepäck. Sitzen. Trinken. Während euch die Sonne das

Gesicht streichelt. Sich dem kolossalen Ausblick hingeben. Schweigen. Plaudern. Über Stunden. Zum Wohle! Viertens: Das Wegesystem eines Weinbergs ist generell – und in Ramsthal im Speziellen – derart übersichtlich, dass ihr schnell versteht, was euch eure Wegzeichen heimlich zuflüstern. Dass ihr eure Runde jederzeit spontan abkürzen und verlängern könnt, ohne euch zu verlaufen! Dass ihr frei seid! Dass es allein eure Entscheidung ist, wie lange und bis wohin ihr unterwegs seid!

Lapidare drei Kilometer – sportlich betrachtet ist der »Bacchus Rundweg«, der vom großen, am westlichen Ortsende gelegenen Park- und Wohnmobilstellplatz in die Steilhänge des Sieben-, des Gäns- und des Ramsthaler Bergs hineinführt, ein Nichts. Trotz der enormen Höhendifferenz von 153 Meter. Wer alles richtig macht, ist – all inclusive – dennoch im Winter mindestens drei, im Sommer

Sind die Rebstöcke (wie hier) parallel zum Hang gepflanzt: Anbau mit historischen Methoden

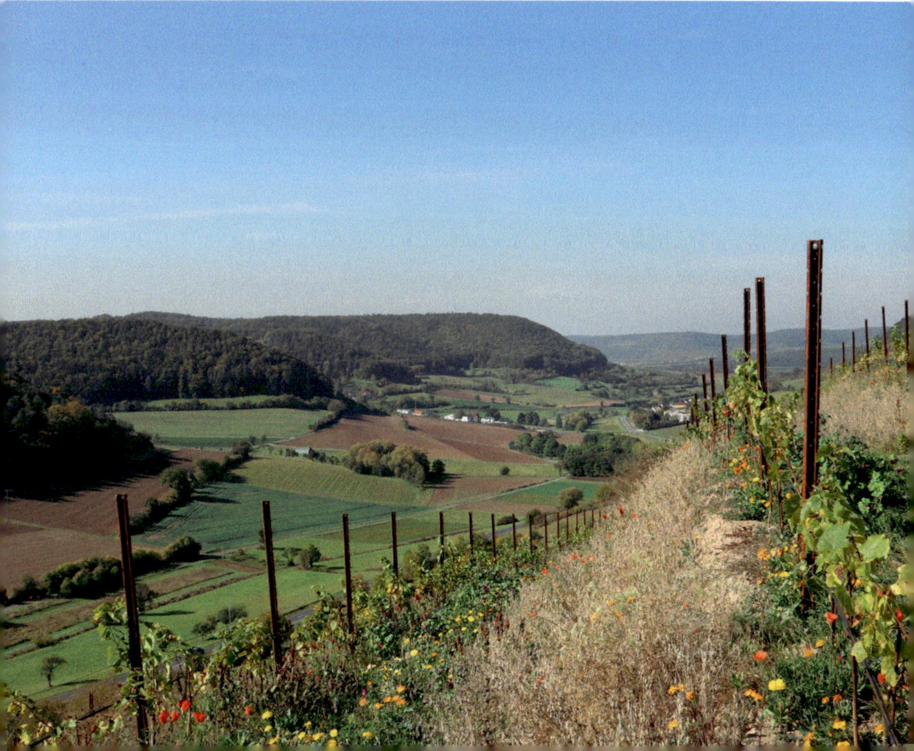

gerne sechs Stunden unterwegs. Im Winter? Ramsthals Sankt Klausen, so der Name der Lage, lädt dazu ein, den Zyklus eines Weinjahrs hautnah mitzuerleben durch regelmäßigen Besuch. Merke: Ab Mitte Juli und im August ist eine Weinbergwanderung aber erst am Abend, wenn die Sonne ihr Dauerfeuer allmählich einstellt, eine gute Idee. Besser noch, ihr legt in diesen beiden Monaten eine Wanderpause ein, verhockt unten im Dorf die Zeit.

Los geht's! Zum Beispiel: Anfang Februar. Ein wolkenloser, blauer Himmel. So das Versprechen der Wetterpropheten. Mittags: Das Auto am Ortsende geparkt. Kurz auf der dort aufgestellten Infotafel den Bacchus-Rundweg gesucht. Der EINSTIEG 1, schräg gegenüber. Euer Wanderzeichen: ein A in einem grünen Dreieck. Zunächst aber schlendert ihr auf der Hauptstraße in die Ortsmitte, wo euch der schmiedeeiserne Ausleger des Wahler in Empfang nimmt. Die

Weinwandern ist stets berauschend:
ein Festival der spektakulären Ausblicke

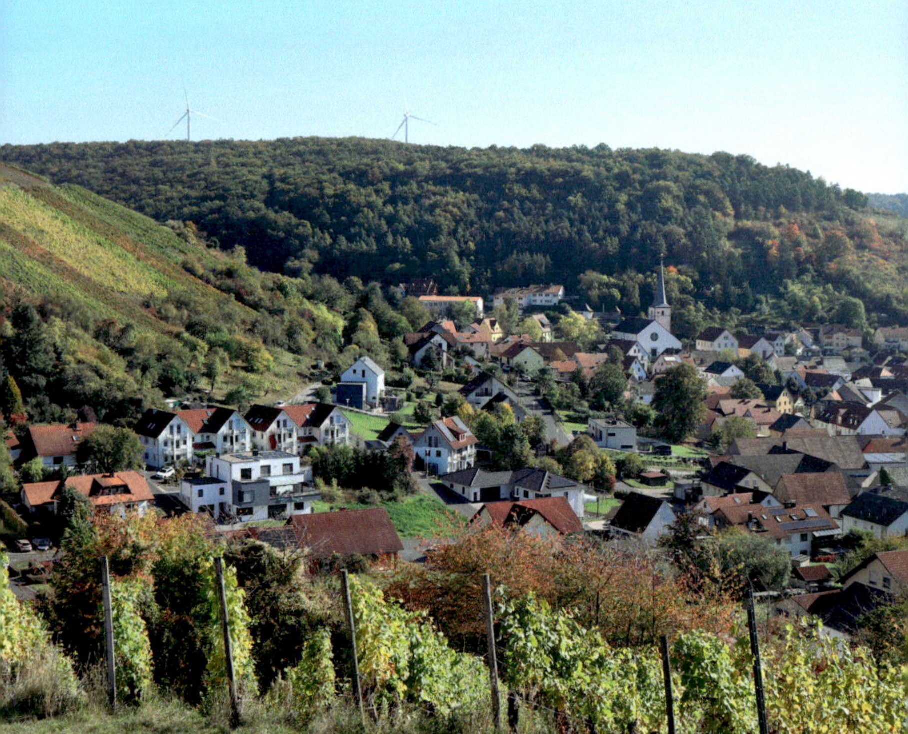

Gaststube: proppenvoll. Ein Tisch wird sich dennoch finden, an dem ihr euch dazusetzen könnt. Das wohlig gemütliche, zeitlose Ambiente einsaugen. Leberknödelsuppe. Schweinsbraten. Dazu ein Müller-Thurgau. Da Ramsthal gegenüber dem Maintal um zwei, drei Grad Celsius benachteiligt ist, wurde dort bis vor wenigen Jahrzehnten fast nur diese Sorte kultiviert. Beim Bezahlen nicht vergessen zu fragen, ob das terroir f bewirtet ist. Falls nein, um eine Mitnahmeflasche bitten. Wo heute die optisch austauscharen Einfamilienkuben eines Neubaugebiets die ersten Meter des Bacchus-Rundwegs flankieren, legten im 12. Jahrhundert Leibeigene des fünf Kilometer nordwestlich gelegenen, nur noch als Ruine erhaltenen Klosters Aura den ersten Weinberg Ramsthals an. Erst um das 16. Jahrhundert entdeckte man Techniken, dank denen sich auch der deutlich geeignetere Steilhang bepflanzen ließ. Es folgt – typisch für die heutige etagenweise Nutzung eines Südhangs – eine STREUOBSTWIESE 2. Bäume, bei denen ein Stamm zwei Dicken zeigt, unten dünn, dann abrupt dick, geben sich als gepfropft zu erkennen. Bei ihnen wurde die noch junge Krone gekappt, in die verbliebene Unterlage ein sogenannter Reis gesteckt, ein Zweig einer anderen, ertragreicheren Sorte. Ergebnis: zwei Pflanzen in einer. Darüber endlich das weite Meer aus Weinstöcken. Wellen aus immer gleichen Rebstock-Reihen. 1981 erhielt die Lage Sankt Klausen ihr heutiges Gesicht. Kein Weinberg, der ab 1954 nicht auf Effizienz getrimmt wurde. Ob der Fluch, den die Flurbereinigung mit sich brachte, nicht doch größer ist als ihr Segen, darüber wird seitdem nicht nur in Ramsthal debattiert. Zwi-

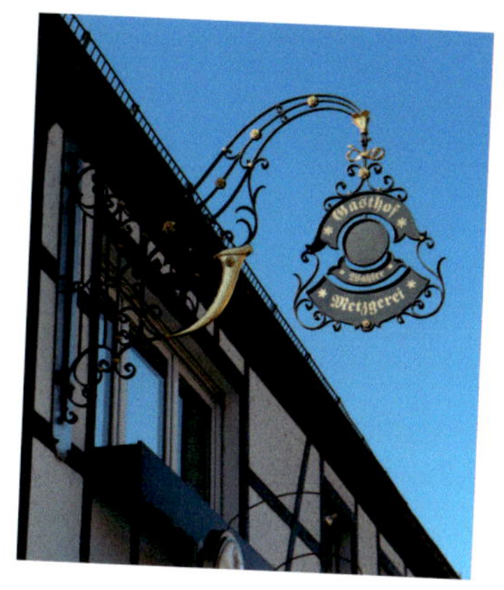

KULTGASTHAUS: DER WAHLER

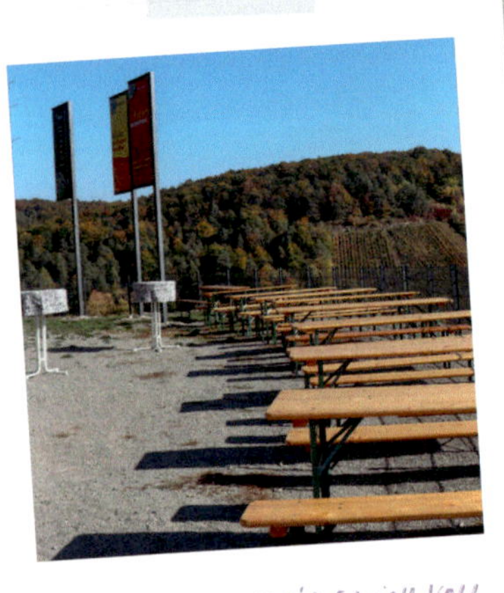

AM TERROIR F WIRD'S GLEICH VOLL

schendurch kommt ihr an einer jungen Pflanzung vorbei, dessen Winzer die Reben scheinbar verkehrt, weil parallel zum Hang, gesetzt hat. Auf schmalen Terrassen. Ein Experiment des Ramsthaler Weinguts Neder, das die historische Anbauweise wiederauferstehen lassen will. Einst begleiteten zudem Pfirsichbäume, die den Weinbauern Schatten spendeten, die Wege. In weiten Schleifen schraubt sich euer Weg immer weiter hinauf. Bald ist der Wald erreicht, den man oben auf dem Bergrücken hat stehen lassen, und schließlich das TERROIR F 3 mit seinen Sitzgelegenheiten und seiner grandiosen Aussicht. Die Sonne versetzt euch in eine andere Jahreszeit. Sie simuliert, dass schon Frühling sei. Perfekt, um innerlich die Zeit anzuhalten, zur Ruhe zu kommen.

Macht langsam mit eurem Fläschchen. Lasst in Sachen Promille noch Platz nach oben. Denn auf halbem Weg zurück nach Ramsthal, der über eine STEIGE MIT TREPPEN 4 ins Dorf führt, stellt sich die Frage, welchem der beiden Ramsthaler Spitzenwinzer ihr den Vorzug geben werden. Beide, der linker Hand an eurem Weg gelegene Neder und das unten an der Hauptstraße wartende Weingut Baldauf, locken mit einer eigenen, üppig bestückten Vinothek. Beim Baldauf könnten euch die weiten Wege überraschen, die Winzer heute auf sich nehmen. Der preisgekrönte Familienbetrieb hat auch in Hammelburg und im Stettener Stein bei Karlstadt etliche Rebzeilen stehen. Beim Neder erzählt man euch gerne, warum der Klimawandel historische Pflanzmethoden wieder aktuell macht. Dieses Familiengut hegt und pflegt eine Forschungsparzelle. Zum Wohle!

Alles, was ihr wissen müsst

Rundtour: entspannter Spaziergang auf geteerten Weinbergwegen, bei dem auf kurzer Strecke viele Höhenmeter bewältigt werden // mit wetterfestem Aussichtsrastplatz terroir f (am Sonntag oft bewirtet) // **Wanderzeit:** ganzjährig, außer im Hochsommer

Markierung: A in einem grünen Dreieck

Entfernung von Bad Kissingen: 12 Kilometer
ÖPNV: nicht praktikabel
Auto: Wanderpark- und Wohnmobilstellplatz, Am Sportplatz 12, 97729 Ramsthal

Einkehr: **Gasthof Wahler,** Hauptstraße 28, 97729 Ramsthal, www.gasthof-wahler.de // **Weingut Neder,** Urbanusweg 9, 97729 Ramsthal // **Weingut Baldauf,** Hauptstraße 42, 97729 Ramsthal

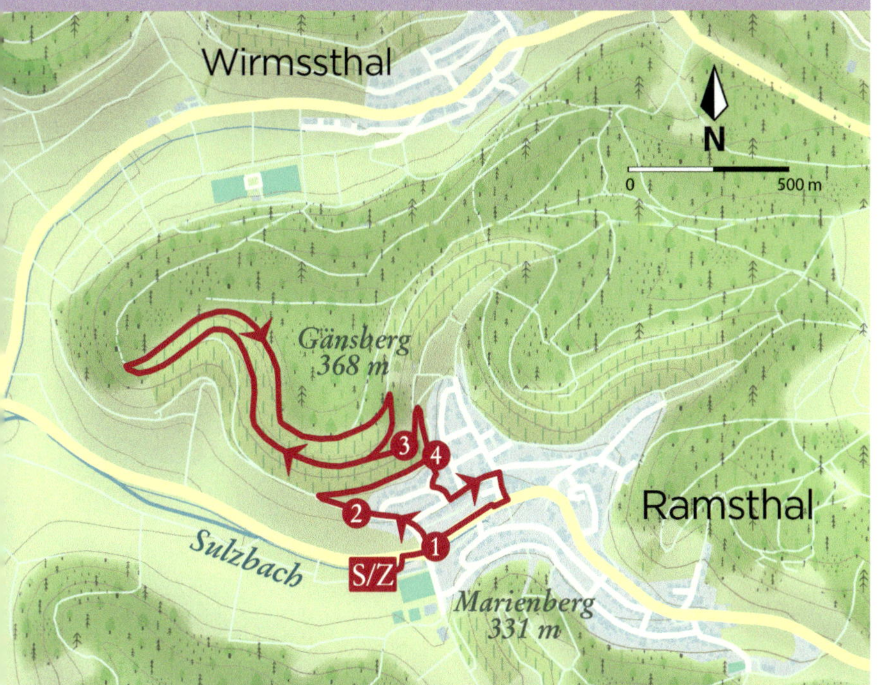

In die Steillagen von Iphofen

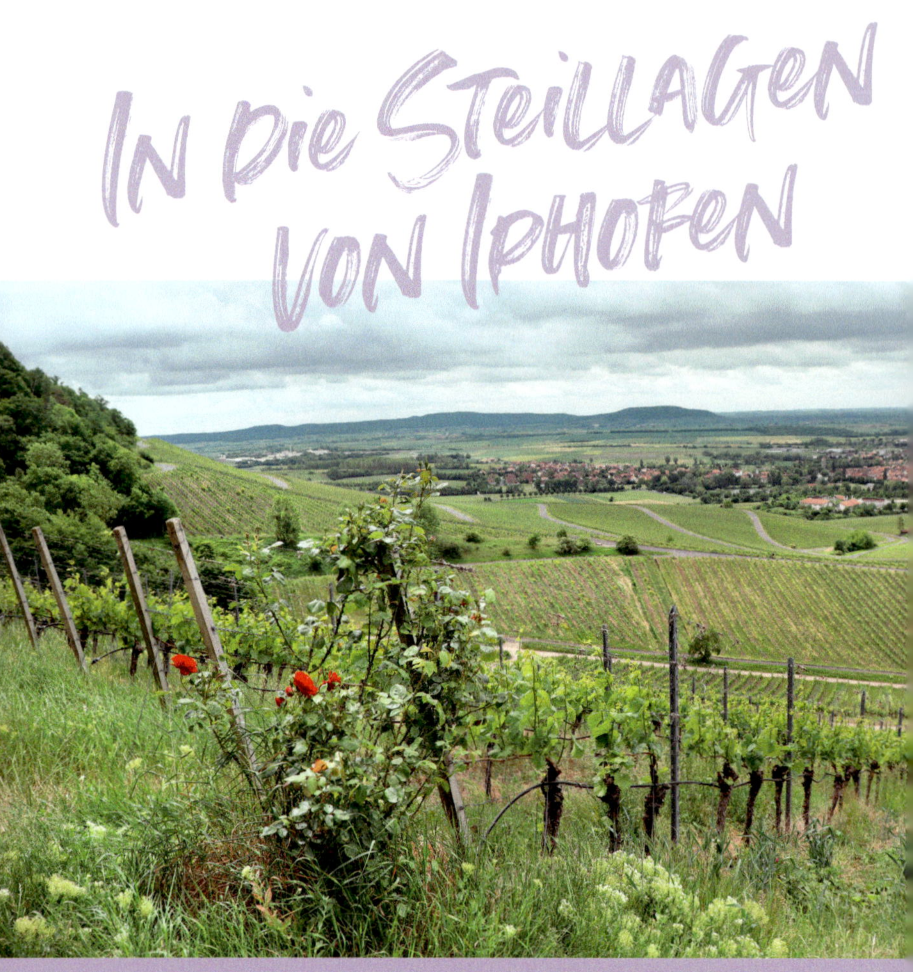

Schwierigkeit: leicht // 6,5 Kilometer // 222 Höhenmeter
Für Familien mit Kindern geeignet

DIE WICHTIGEN SORTEN KENNEN LERNEN, MIT ANBAUMETHODEN VERTRAUT WERDEN – EINE RUNDTOUR MIT PERSPEKTIVEN

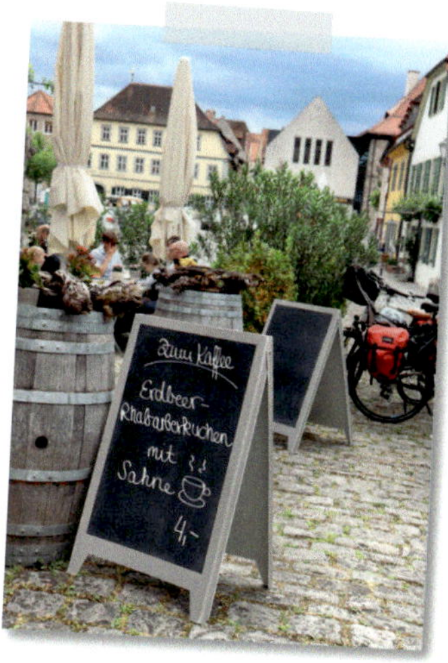

Wie es bei der Spezialdisziplin des Weinwanderns häufig der Fall ist, dürfen auch bei dieser gemütlichen Rundtour die atmungsaktive Funktionsunterwäsche, das feste, halbhohe Schuhwerk und anderer Schnickschnack aus dem Outdoor-Shop daheimbleiben. Sehr zur Freude der Bewegungsmuffel, aber im selben Maß halt auch zum Leid aller echten Naturfreunde, die es lieben, über Stock und Stein zu stolpern. Denn obwohl ihr euch vom bildhübschen Iphofen, einem Mekka des Genusses und der Kunst, in einer weiten Schleife aufs offene Land hinauswagt, werdet ihr permanent auf geteerten Fahrwegen unterwegs sein. Wie könnte es auch anders sein, denn die Agrarlandschaft, durch die die Winzer ihre schweren Traktoren navigieren, um sich an einer Seilwinde zwischen zwei Rebzeilen hinabzulassen, ist für seine extreme Neigung berüchtigt.

MIT 60 PROZENT GEFÄLLE NÄHERT SICH ZUM BEISPIEL DER JULIUS-ECHTER-BERG RECHT DEUTLICH AN JENE 70 PROZENT AN, DIE ALS DAS ENDE DESSEN GELTEN, WAS MIT MASCHINEN BEHERRSCHBAR IST. STEILLAGE. ALLERERSTE GÜTE. VON DER SONNE VERWÖHNT.

An heißen Sommertagen steigt in dieser weltbekannten Lage das Thermometer auf 70 Grad Celsius. Einfache, gestampfte und gekieste Fahrwege würden der Erosion und den Reifen nicht lange standhalten. Freilich dürft ihr eurem Ärger freien Lauf lassen, wer da so alles die schmalen Iphofer Weinbergsträßchen für sich beansprucht. Andernorts sind solche Wege für Autos gesperrt. Auf dieser Tour aber müsst ihr mit hupenden Hallodris rechnen, die es bevorzugen, eine Wanderung in ihrem Blechkäfig zu absolvieren.

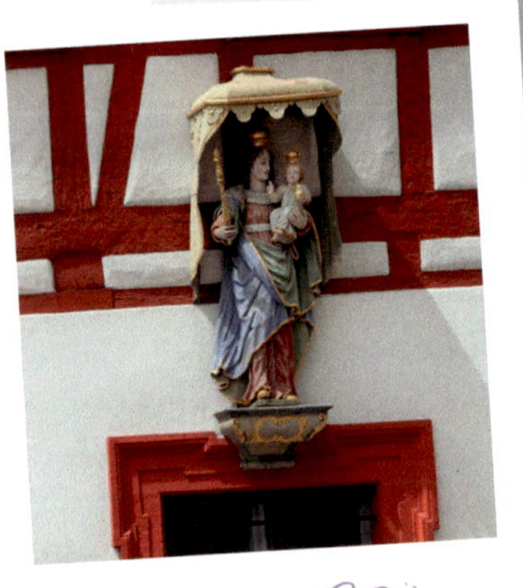
Iphofen: Liebe zum Detail

Ihr selbst stellt euren Wagen an einem der augenfälligsten Wahrzeichen Iphofens ab, dem Rödelseer Tor. Wenn ihr es mit eurem Auto ähnlich haltet wie mit der Funktionsunterwäsche und den Wanderstiefeln, es zu Hause zurücklasst und mit dem Zug anreist – das Städtchen liegt an der Magistrale Würzburg-Nürnberg –, arbeitet ihr euch quer durch die Altstadt zu diesem vor. Der romantische Durchlass wurde im Lauf von 300 Jahren wieder und wieder mit Anbauten versehen. Fachwerk in Schachtelbauweise. Ein Augenschmaus. Euer Wanderzeichen ist schnell gefunden – die »Weinentdeckerrunde«. Vom Rödelseer Tor beziehungsweise der ortsauswärts gelegenen Kreuzung aus gesehen lotst es euch halb rechts in den SCHWANBERGWEG (1). Bald sind die ersten Rebstöcke erreicht. Ein Sortenlehrpfad leitet euch zwischen dem Iphöfer Burgweg (links) und dem Iphöfer Kronsberg (rechts), zwei weiteren weltbekannten Lagen, bis zur oberen Kante des Schwanbergs, einer sagenumwobenen Landmarke (siehe auch Tour 13). Prägt euch an den Infotafeln zu jenen Sorten, die ihr euch am liebsten ins Glas füllt, die Form der Blätter ein. Zum Angeben. An der Blattform liest der Kenner ab, ob eine Parzelle mit Silvaner, Domina, Kerner et cetera bestellt ist.

Euer erstes Etappenziel, eine EINGEZÄUNTE, TERRASSIERTE PFLANZUNG (2), liegt oberhalb jener breiten Kehrwende, mit der ihr eigentlich den höchsten Punkt zu erklimmen geglaubt habt. Iphofens 2.000 Quadratmeter großer Geschichtsweinberg ist der perfekte Ort, um das grobe Halbwissen umzusortieren, das sich – garantiert! – auch in euren Köpfen angesammelt hat. So erzählt man sich in Franken gerne, die antiken Römer hätten Germanien bewusst nur bis zu jener Klimagrenze erobert, bis zu der damals Weinbau Sinn machte. Das heißt aber nicht, dass sie dort auch Wein anbauten. An der Mosel: ja. In Franken: Fehlanzeige! Chronologisch startet der Geschichtsweinberg daher erst mit dem Mittelalter. Auf drei Etagen erweckt er die andersartige Agrarkultur vergangener Jahrhunderte zu neuem Leben. Dass ein Winzer Reben derselben Sorte nebeneinandersetzt, ist eine noch junge Gepflogenheit. Von der Stunde null, dem 8. Jahrhundert bis ins 19. Jahrhundert praktizierte man den sogenannten Gemischten Satz. Man pflanzte heute längst ausrangierte Sorten wie Tauberschwarz, Hammelhoden und den von den Römern an die Mosel mitgebrachten, seit 1935 wegen seines hohes Säureanteils verbotenen Elbling wild durcheinander. Irgendeine der zehn Sorten würde schon reif werden. Heute ist die Qualität das oberste Gebot. Bis ins 19. Jahrhundert hingegen ging es den

Von Iphofen auf den Schwanberg. Der Aufstieg ist geschafft! Danke, Bänkchen, für deine Existenz

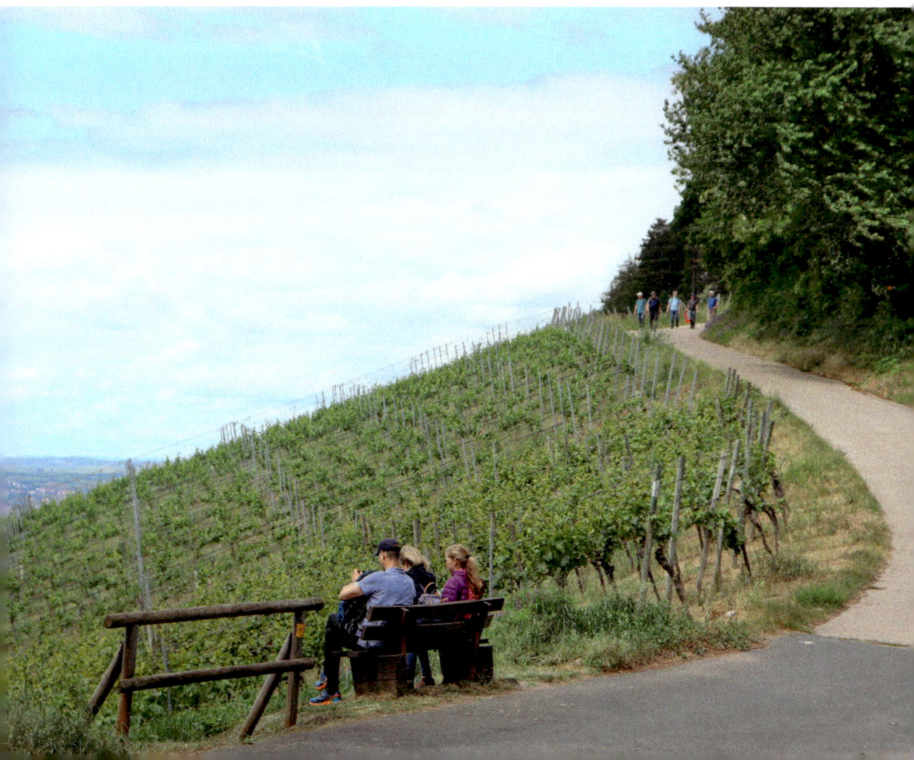

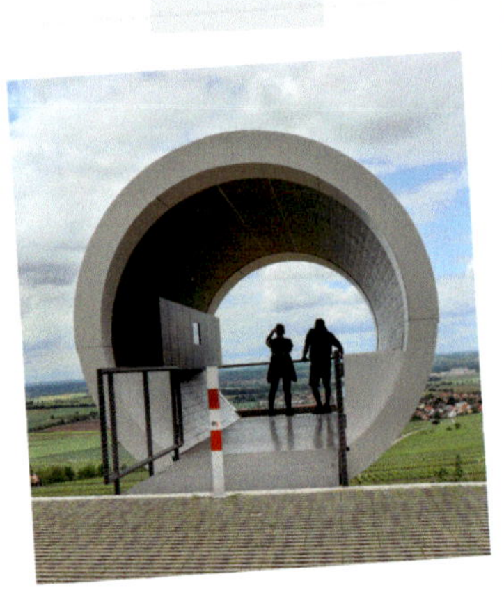
Oberhalb vom Rödelsee

Häckern allein um die Masse. Schon deshalb, weil sich die Abgaben, die sie an ihre hohen Herren zu leisten hatten, nicht in Litern pro Ertrag, sondern in Litern pro Anbaufläche bemaßen. Dass Franken den Wandel hin zur Qualität beinahe verschlafen hätte, ist nur ein Grund für den Niedergang des Weinbaus im frühen 20. Jahrhundert.

1905 VERNICHTETE DIE AUS AMERIKA EINGESCHLEPPTE REBLAUS IPHOFENS WEINKULTUREN. ERST AB DEN 1960ER JAHREN KANN WIEDER VON EINEM WEINBAUORT DIE REDE SEIN. DIE PFLANZRICHTUNG DER REBZEILEN WURDE UM 90 GRAD GEDREHT – FRÜHER PARALLEL ZUM HANG, JETZT BERGAB BZW. -AUF.

Die Äste der Rebstöcke wurden nicht mehr an Pfählen gezwungen, nach oben zu wachsen. Der Gemischte Satz brachte in einem guten Jahr 6.000 Liter Ertrag pro Hektar. Das entspricht in etwa dem eines heutigen Bio-Qualitätsweins. Allerdings lag der Pro-Kopf-Verbrauch damals bei fünf Litern Wein am Tag. Es wundert also nicht, dass die Gesamtanbaufläche im 16. Jahrhundert, der Hochzeit des Frankenweins, mit 42.000 Hektar siebenmal so groß war wie heute.
Nach so viel Theorie wird es Zeit, dass ihr euch dem praktischen Ergebnis zuwendet. In Form eines Schoppens. In knapp einem Kilometer ist es so weit. Zweimal wechselt die Lage bis dahin ihren Namen. Erst wandert ihr am oberen Rand des Julius-Echter-Bergs entlang, dann, nachdem ihr an einem GEMAUERTEN AUSGUCK 3 erneut eine Rast eingelegt habt, um die mehr als grandiose Aussicht zu ge-

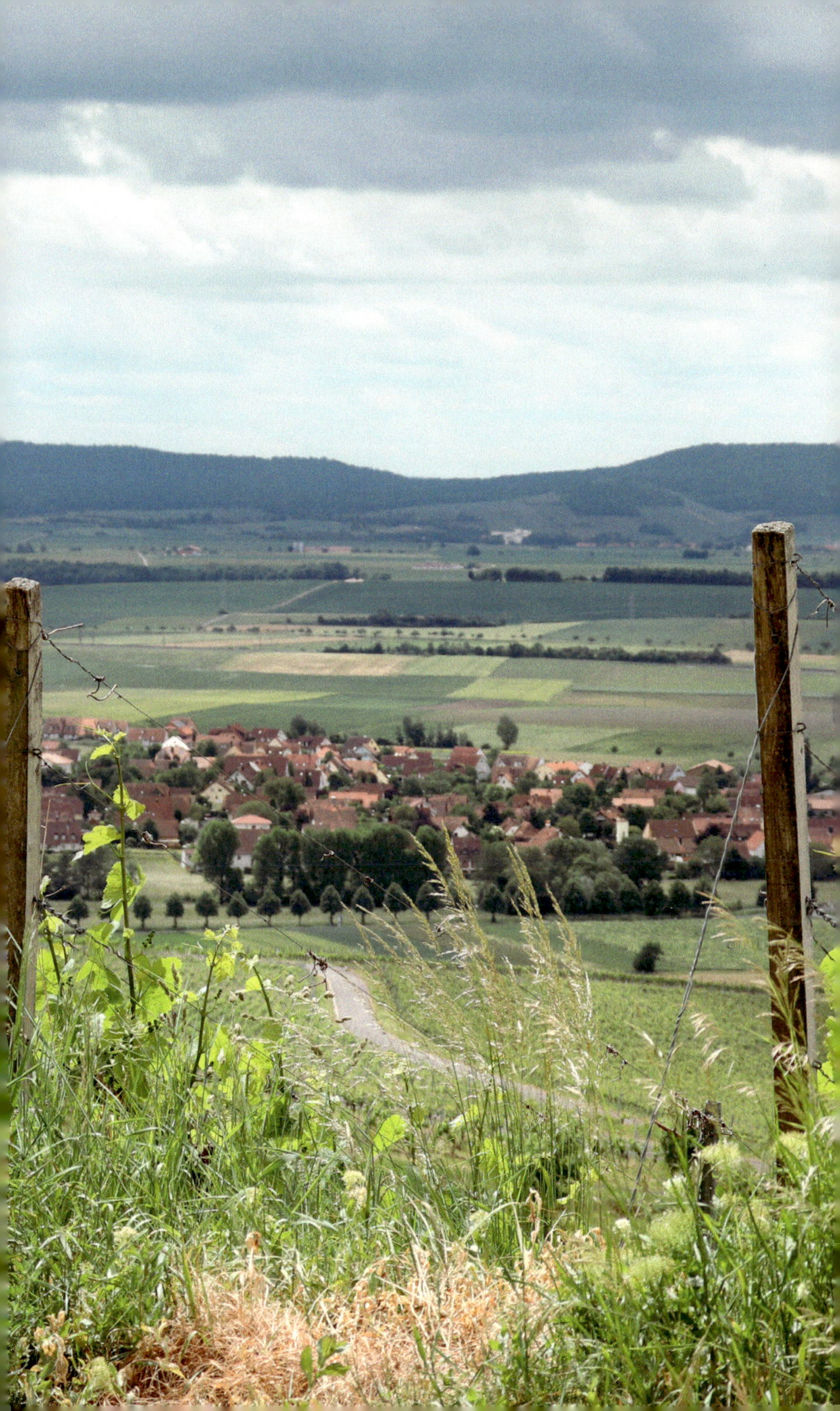

nießen, habt ihr den nach einem vor 600 Jahren ausgestorbenen Adelsgeschlecht benannten Küchenmeister erreicht. Er gehört bereits zum Nachbarort Rödelsee. In der Ferne ein gnadenlos überdimensionierter, außerordentlich hässlicher Bauklotz, der mehr und mehr am linken Bildrand verschwindet: das Gipswerk Knauf, Iphofens ökologischer Fluch und wirtschaftlicher Segen – unten im Ort betreibt es ein Museum. Das ummauerte Geviert, das sich im weiteren Verlauf zu euren Füßen von rechts her ins Blickfeld schiebt, ist der jüdische Friedhof von Rödelsee. Mit über 2.500 Grabsteinen zählt das 1432 erstmals erwähnte, ab 1929 zigmal geschändete Begräbnisfeld zu den größten in Bayern. Ihn auf dem Rückweg nach Iphofen anzulaufen, lohnt dennoch nicht. Sein Tor bleibt generell verschlossen, für Blicke von außen sind die Mauern zu hoch.

Wenn vor euch mitten im Weinberg ein weißes Rohr hockt, habt ihr den Lohn für eure bisherige Mühe vor Augen. Ein kurzer Anstieg noch, und ihr seid beim TERROIR F RÖDELSEE 4 angelangt, einer avantgardistischen, wetterfesten Rast- und Aussichtsstation. Nicht daran gedacht, zu Hause ein Fläschchen Wein einzupacken? Ach, Dummchen! Das macht doch nichts! Sofern ihr an einem Sonn- oder Feiertag unterwegs seid. Dann nämlich klappt der aus Rödelsee heraufgefahrene Wengerts Hänger mittags sein Ausschankfenster auf. Bratwurstduft würzt die Luft. Jeder, der den Weg herauf auf sich genommen hat, bekommt ein Glas in die Hand gedrückt. Und natürlich gerne auch ein zweites.

Und sonst? Ein wenig monoton ist er schon, der Rückweg nach Iphofen, der am Fuß des Schwanbergs durchs immer gleiche Grün der Weinparzellen führt. Das Städtchen mit seinen uralten Häusern selbst präsentiert sich als ein riesiges Wirtshaus! Alle paar Meter lädt ein Café, eine Vinothek oder eine Weinstube ein, doch bitte noch einmal einen Halt einzulegen.

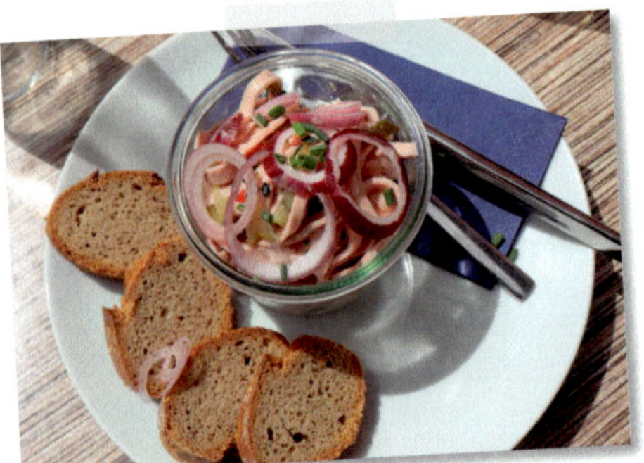

Alles, was ihr wissen müsst

Rundtour: über einen Weinlehrpfad und eine Demonstrationsparzelle für historische Anbauweisen geht es auf einem Panoramaweg zu einem Weinbergausschank // Ausklang im romantischen Städtchen Iphofen // **Wanderzeit:** ganzjährig, außer im Hochsommer // Führung durch den Geschichtsweinberg: siehe www.weingut-bausewein.de

Markierung: Weinentdeckerrunde

Entfernung von Würzburg: 28 Kilometer
ÖPNV: RE 10 ab Würzburg oder Nürnberg
Auto: Parkplatz am Rödelseer Tor, Schützenstraße 1, 97346 Iphofen

Einkehr: **terroir f Rödelsee,** www.gasthaus-winzerstube.de // **Goldene Krone,** Marktplatz 2, 97346 Iphofen // **Vinothek Iphofen,** Kirchplatz 7, 97346 Iphofen, www.vinothekiphofen.de // zahlreiche Winzer, Weinstuben und Restaurants

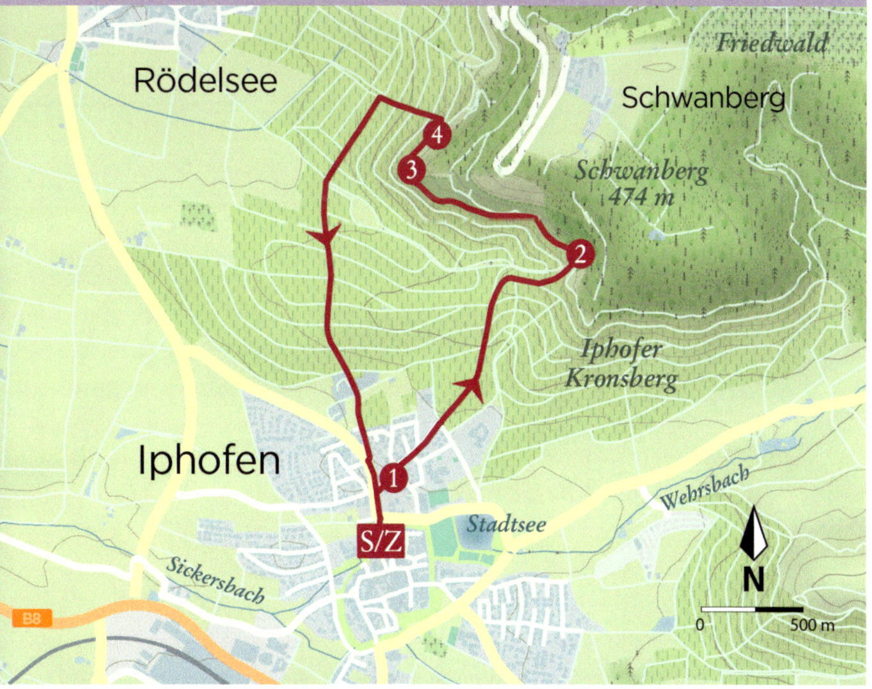

Durch den Rebenozean von Thüngersheim

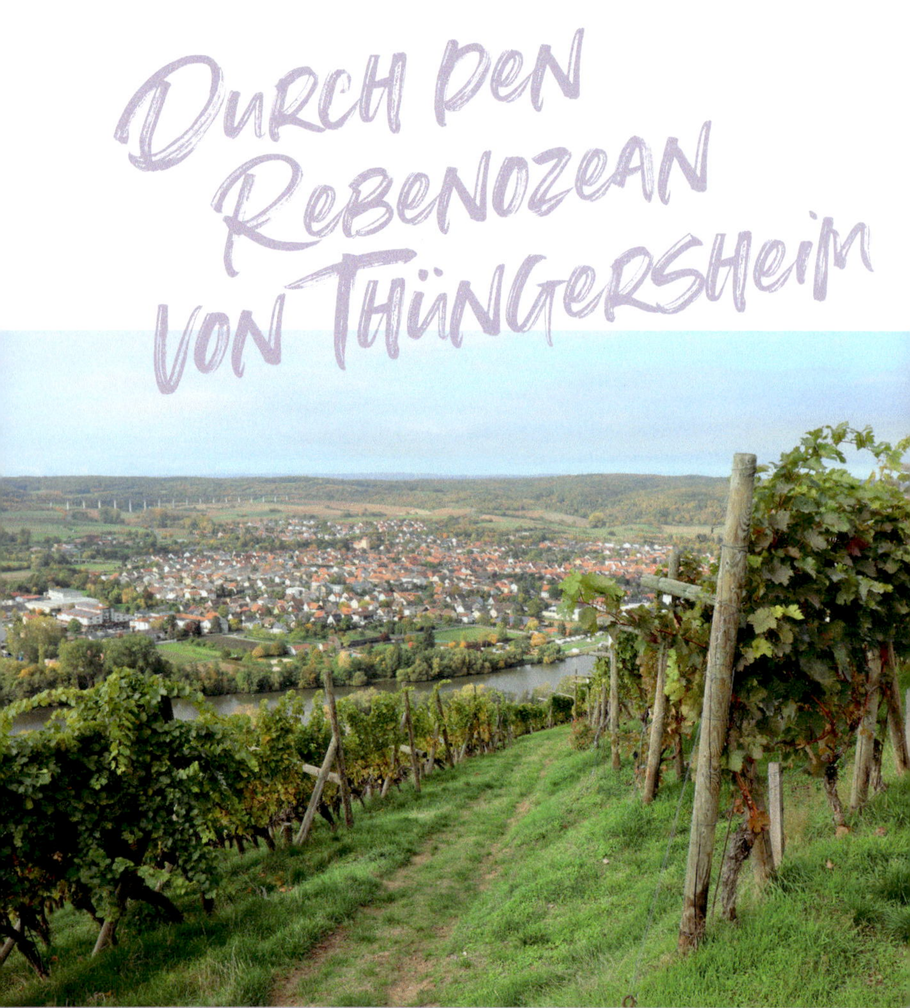

Schwierigkeit: mittel // 10 Kilometer // 273 Höhenmeter
Für Familien mit sportlichen Kindern geeignet

UNTERWEGS IN EINER WELT OHNE MISSERNTEN:
WO EINE OPTIMIERTE NATUR
DIE SORGEN DER AHNEN VERGESSEN LÄSST

Wann genau sich in jenem beschaulichen, äußerst hübschen Weinbaunest, das ein Patriarch aus der Familie der Tuninger wohl im 6. Jahrhundert an einem zweifelhaften Standort anlegen ließ, das erste Mal das Wunder der alkoholischen Gärung vollzog, liegt im Dunkel der Geschichte. Unstrittig hingegen ist, dass die durstigen Kehlen des nur zwölf Kilometer Main aufwärts gelegenen Würzburg ihre Sonntage schon seit 1859 bevorzugt in seinen Gaststuben verhocken. Seit diesem Jahr hält in Thüngersheim die Eisenbahn. Dieses Verkehrsmittel solltet auch ihr für euren Ausflug in das Dorf der 70 Weinbauern wählen. Denn der Rotling, für den Thüngersheim berühmt ist, wird auch euch noch einmal einen Tick besser munden, wenn keiner aus der Reihe tanzen, nüchtern bleiben, den Fahrer machen muss.

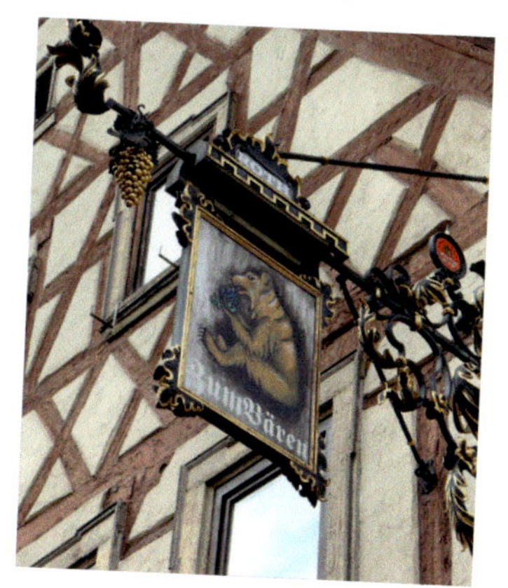

TSCHÜSS BÄRENHUNGER

FÜR DEN REGIONALTYPISCHEN EDELTROPFEN WERDEN WEISSE UND ROTE TRAUBEN GEMISCHT UND GEMEINSAM GEKELTERT. DA THÜNGERSHEIMS REBSTÖCKE SOWOHL IN KALKSTEIN (PERFEKT FÜR WEISS) ALS AUCH IN BUNTSANDSTEIN (KLASSISCHES ROTWEIN-TERROIR) WURZELN, HAT ER DORT EINE LANGE TRADITION.

Das Ungünstige an des Herrn Tuningers Standortentscheidung: So gut wie jedes Jahr spülte der Main, wenn er im Frühjahr zu einem Strom anschwoll, die Straßen des Örtchens durch. Mit der Regulierung des Flusses und dem Bau der Schleuse Erlabrunn 1935 war damit Schluss. Aber noch nicht mit Naturgewalt Nummer zwei, dem Schrecken starken Regens. Nachdem die Thüngersheimer spätestens im 11. Jahrhundert die steilen Hänge des Halsbergs, des Johannisbergs, des Fischbergs und des Scharlachbergs gerodet hatten, die hinter ihren Schlafzimmern bis zu 250 Meter hoch aufsteigen, um Fechser – Rebensetzlinge – in den nun nicht mehr von dichtem Wurzelwerk der Bäume stabilisierten Boden zu stecken, saß ihnen die Angst vor der nächsten Schlammlawine im Nacken. Lässt sich gegen so etwas nicht auch etwas unternehmen? Selbstverständlich, wie ihr sehen werdet.

Gott zum Gruße! Eure Wanderung startet am Stolz des Ortes, der 1601 im regionaltypischen Julius-Echter-Stil neu erbauten KIRCHE ST. MICHAEL 1. Ob vom Bahnhof oder von eurem Parkplatz aus: sie findet sich wie von selbst. Euer Wanderzeichen ist eine Fünf im orangen Kreis, der »Höhenweg«.

Kulturlandschaft als Augenschmaus: ein meditatives Gewebe rhythmisch angeordneter Linien

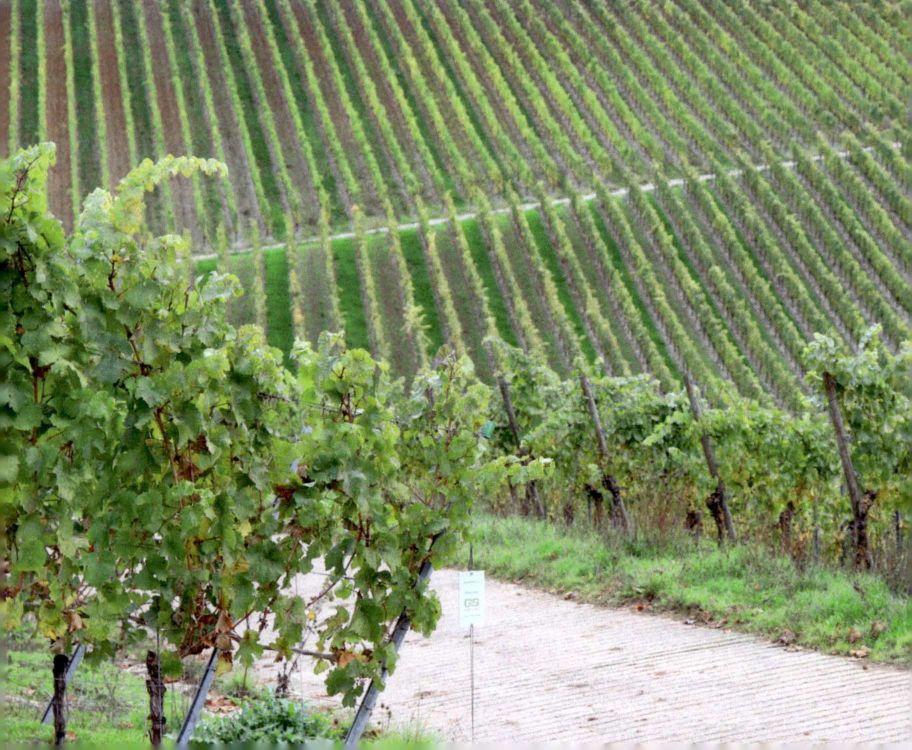

IN DEN GADEN, EINEM UM DEN KIRCHHOF GEZOGENEN KRANZ MITTELALTERLICHER VORRATSHÄUSER, HAT MAN EINE AUSSTELLUNG ZUM LOKALEN WEINBAU EINGERICHTET. UND: DER BENACHBARTE GASTHOF ZUM BÄREN BIETET – EINE SELTENHEIT – AUCH AN DEN MEISTEN WOCHENTAGEN EINEN MITTAGSTISCH.

Der historische Ortskern, der nur aus zwei parallel zum Main geführten Straßenzügen besteht, präsentiert sich als eine Augenweide. Montag bis Samstag ist dennoch kaum ein Mensch zu sehen. Das Heer der Touristen folgt dem Main-Radweg, der am anderen Ufer des Mains an Thüngersheim vorbeizieht.
Wie ein riesiger Faltplan aus der analogen Ära des Ingenieurswesens, der sich immer noch weiter aufblättern lässt, baut sich vor euch das Panorama der Thüngersheimer Weinberge auf, während ihr an den niedrigen Häusern des Außenquartiers vorbei auf die ersten Reben zusteuert. In die Breite. Weit. Dem Himmel zu.

280 HEKTAR BÜROKRATISCH KORREKT LINIERTES GRÜN. IM WINTER UND FRÜHJAHR EINE AKRIBISCH AUSGEARBEITETE KOMPOSITION AUS BRAUNTÖNEN, IN DIE DER MEISTER 1.120.000 NADELN – REBSTÖCKE – GESTECKT HAT. IST DAS NOCH LANDSCHAFT? ODER DOCH SCHON ABSTRAKTE KUNST?

Ein sich jedes Jahr selbst erneuerndes Mahnmal? Vielleicht aber auch im Gegenteil ein Zen-Garten des Sieges. Zur Feier des Triumphs über jenen ganz großen Gegenspieler, der der Menschheit das Leben so gern schwer macht. Dieser Störenfried, der falsches Wetter, Insekten, Pilze und noch mal falsches Wetter vorbeischickt. Nur so zum Spaß. 20 Vollerwerbs- und 50 Mondscheinwinzer zwacken ihm jährlich rund 2.380.000 Liter Wein ab. Diesem Meer, weit wie der Pazifik, mit eigenem Klima und eigenen Naturgesetzen, das in den kommenden Stunden von euch durchschwommen werden will. Damit zählt Thüngersheim zu den fränkischen Großproduzenten. Echte Natur wird euch nur auf den Abschnitten begegnen, die euch durch die Zonen oberhalb der Anbauflächen führen.

Ihr müsst euch nicht mit dem Thema Flurbereinigung befassen, obwohl es sich bei dieser Wanderung geradezu aufdrängt. Der Fluch, den die industrialisierte Agrarwirtschaft mit sich brachte, aber auch ihr großer Segen, beides liegt hier offen zutage. Ihr könnt aber auch einfach nur die schnelle Folge atemberaubender Panoramarundblicke genießen. Erstes Etappenziel ist ein AUSSICHTSNEST ② an der oberen Kante der Lage Johannisberg. Nachdem ihr dieser ein gutes Stück gefolgt seid, arbeitet ihr euch zum AUSSICHTSPUNKT BREIFELDHÖHE ③ hinauf. Bis weit in die Rhön hinein reicht der Blick. Ist das da hinten nicht sogar der heiligste der fränkischen

Einlass ins Örtchen:
Thüngersheimer, ein Bilderbuch

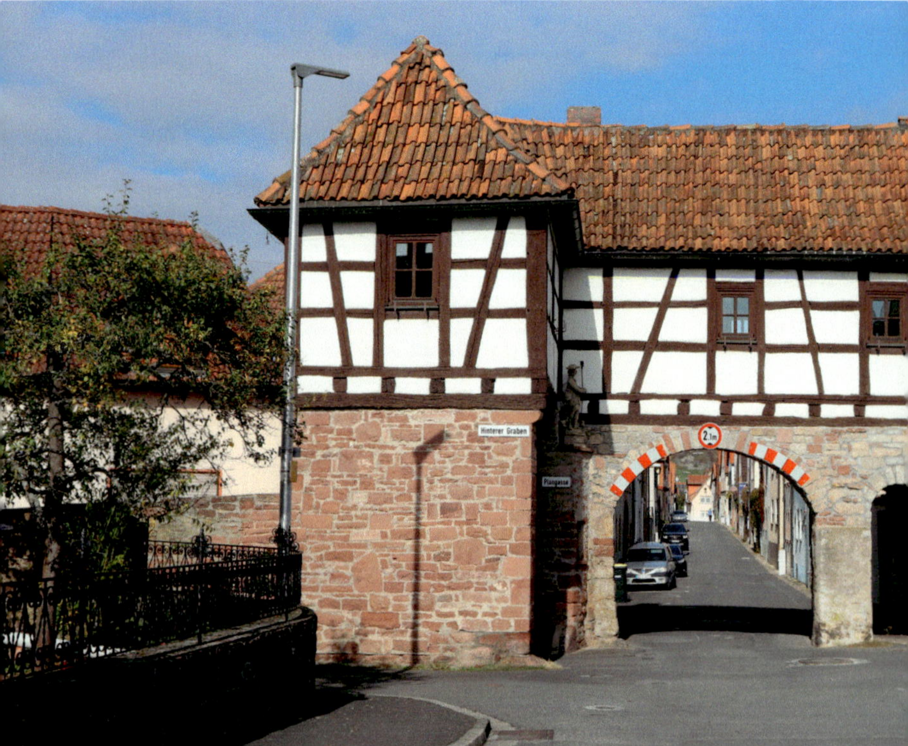

Kreuzberge, in dessen Franziskaner-Kloster Kreuzberg sie die Sensation von einem Bier brauen? Das kastanienbraune Klosterbier, das nur dort ausgeschenkt wird, ist ein Gedicht! Dann über die Felder des Hinterlands und durch Wald zur oberen KANTE DES SCHARLACHBERGS 4. So schön! Erneut Panoramablicke. Wellness für die Augen. Zu euren Füßen ein Taleinschnitt, der Rotlauf. Dann geht es abwärts, zurück durch den Rebenozean nach Thüngersheim.

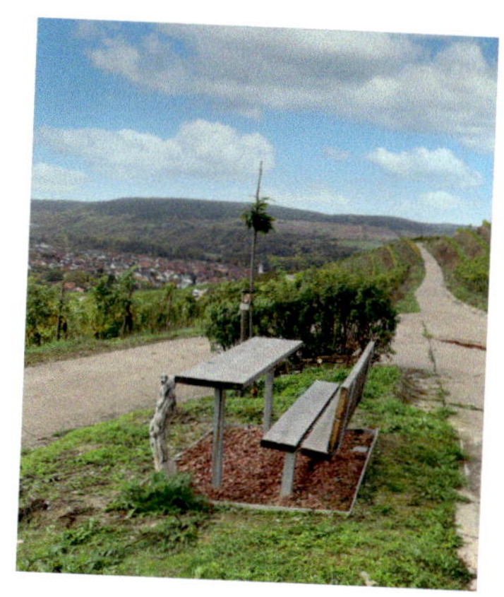

Pause im Johannisberg

Jenes Rotlauftal war schon immer Thüngersheim Achillesferse. Es mag hier nur selten regnen. Schütteln sich die Wolken aber doch einmal so richtig aus, schießt alles Wasser sogleich die Hänge hinab. Alles in dieselbe Richtung. Drohende Schlammlawinen waren nur ein Grund, weshalb die absolute Mehrheit der Weinbauern 1964 für einen radikale Umgestaltung ihrer Rebflächen stimmte. Viel angebaut wurde damals nicht. Ende des 19. Jahrhundert waren in Franken neue Schimmelpilze und Schädlinge aufgetaucht: 1885 der aus den USA eingeschleppte Mehltau, dann der Peronospora, der die Beeren verkümmern lässt. Das Wüten der beiden erklärt, weshalb Thüngersheim der großen Reblaus-Epidemie von 1900 entging. Man war bereits auf Obst und seine Veredelung zu Schnaps umgestiegen.

DANN, IN DEN 1950ER JAHREN, STELLTE DER STAAT GROSSE SUMMEN BEREIT, UM DEN WEINBAU WIEDER IN GANG ZU BRINGEN – UNTER DER VORGABE, NICHT MEHR AUF MASSE ZU SETZEN. THÜNGERSHEIM WURDE VERSUCHSKANINCHEN. ABER AUCH VORREITER.

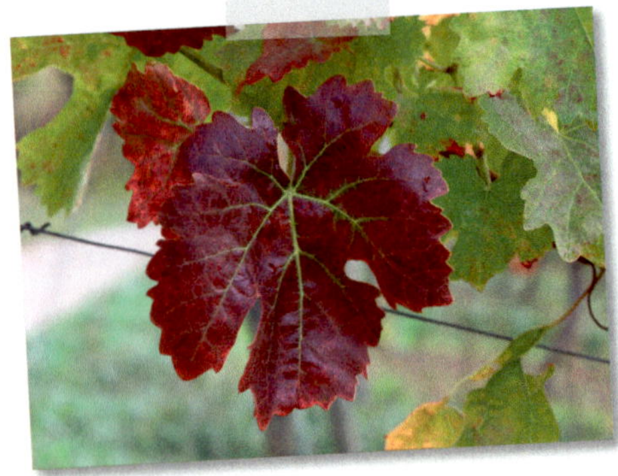

Der erste Schritt, die Neuparzellierung der Anbauflächen, die durch Erbteilung in nur handtuchgroße Stücke zerrissen worden waren, erwies sich ganz klar als Segen. Ebenso, dass man die bis dato oft nur zu Fuß erreichbaren Rebzeilen durch ein Netz aus Straßen erschloss, die zugleich das alte, unzureichende Abwassersystem ersetzten. Ende der 1960er aber verloren die Landschaftsingenieure jedwedes Augenmaß. In den Obst- und Walnussbäumen, die zwischen den Weinparzellen standen, sahen sie nur noch Hindernisse. Ebenso in den Treppen und Terrassen, die dem Hang ebenfalls Halt gaben. Weg damit! Wodurch die Weinberge endlich maschinell bestellt werden konnten. Weinbau- und Winzerkultur gerettet. Für den Preis, dass neue Erosionsrekorde drohten.

Wie weit die 25 Jahre dauernde Flurbereinigung in Thüngersheim über das Ziel hinausschoss, lässt sich aus den Worten herauslesen, mit denen Bezirkstagspräsident Franz Gerster ihr offizielles Ende kommentierte: »Hier ist urtümlich fränkische Mainlandschaft so zerstört worden, dass auch die Anlegung von ein paar Hecken nichts mehr retten kann. (…) man hat eine Fläche geschaffen, in der kein einziges Tier einen Lebensraum findet.« Millionen wurden seither in Biotope und Rückbaumaßnahmen investiert.

Allerdings – auch das will und muss gesagt sein – wären all diese Fehler nicht gemacht worden, könntet ihr euch, zurück im Dorf der 70 Winzer, wohl keinen Frankenwein genehmigen. Denn es gäbe keinen. Ausschließlich Handarbeit wie auf den althergebrachten Terrassen von Klingenberg, (siehe Wanderung 4), solche Arbeitsbedingungen macht kein Weinbergerbe lange mit. Qualität, wie sie in Thüngersheims Kellern reift, tut dem Geldbeutel nicht weh. Am Ende hat aber doch alles seinen Preis.

Alles, was ihr wissen müsst

Rundtour: sportlicher, abwechslungsreicher Marsch durch die Weinberge zu einem Aussichtspunkt im Hinterland und durch einen zweiten Weinberg zurück // schnelle, schier endlose Abfolge weiter Panoramablicke // Ausstellung zum lokalen Weinbau in den WeinKulturGaden, Kirchgasse 2, 97291 Thüngersheim // **Wanderzeit:** ganzjährig, außer im Hochsommer

Markierung: eine Fünf im orangen Kreis

Entfernung von Würzburg: 12 Kilometer
ÖPNV: RB 53 ab Würzburg oder Gemünden
Auto: Parkplatz an der Sporthalle, Dorfplatzstraße 1, 97291 Thüngersheim

Einkehr: **Landgasthof zum Bären,** Kirchgasse 1, 97291 Thüngersheim // Weingüter mit Ausschank und Direktverkauf siehe www.thuengersheim.de

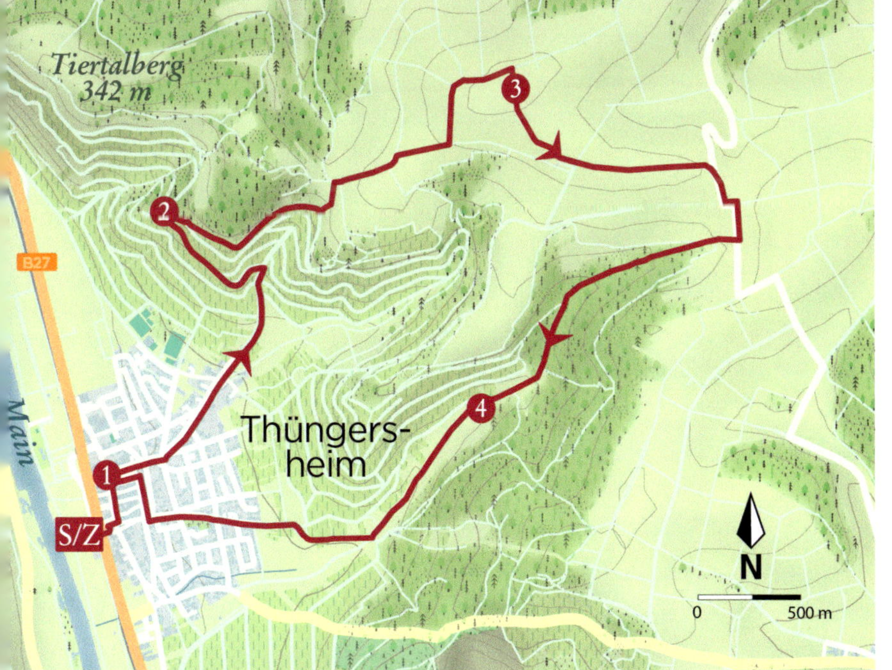

Rotweinstadt Klingenberg

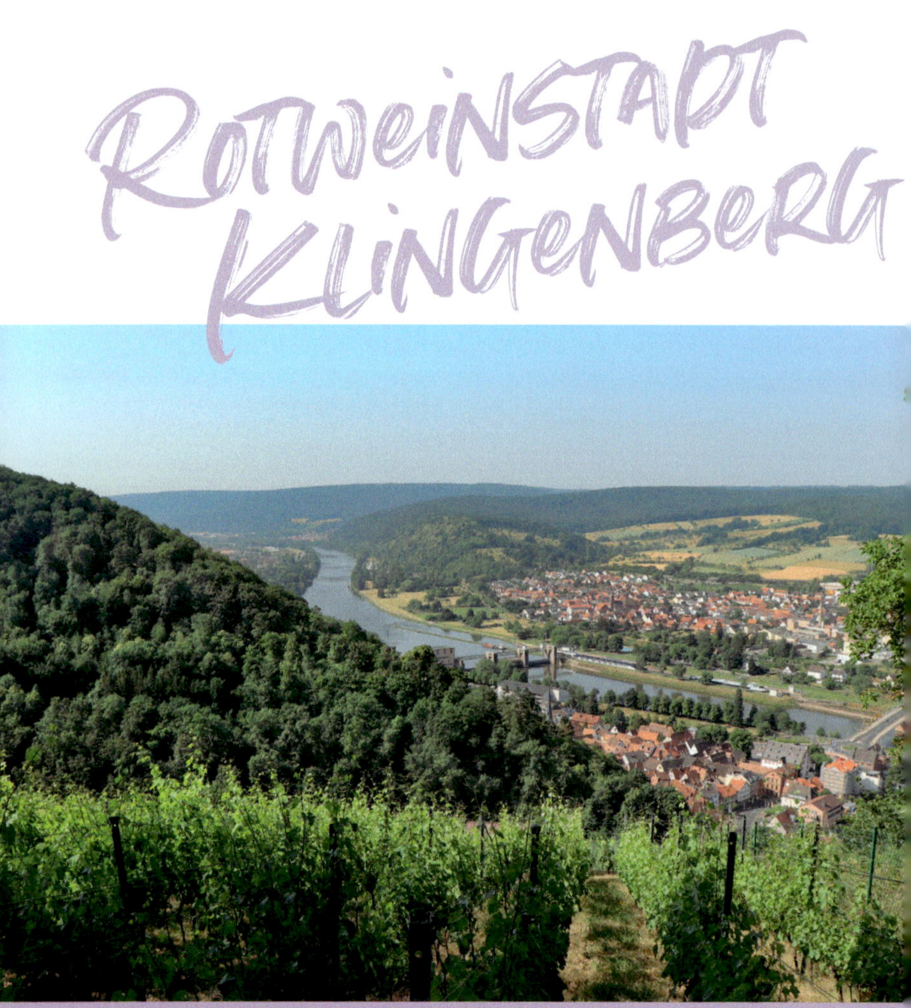

Schwierigkeit: schwer // 6 Kilometer // 160 Höhenmeter
Für Familien mit trittsicheren, wandererfahrenen Kindern geeignet

KEINE MASCHINE WEIT UND BREIT: DURCH EINE TIEFE SCHLUCHT IN FRANKENS LETZTEN GROSSEN TERRASSENWEINBERG

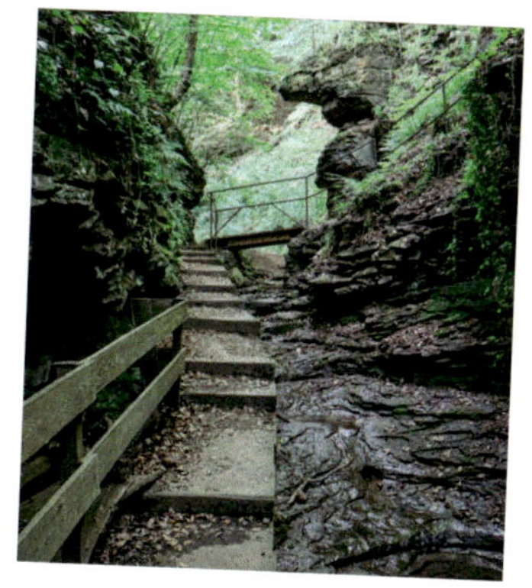
SCHLUCHT(Z) ... SO SCHÖÖÖN

Gleich ein ganzes Gebirge aus Superlativen – darunter will sich das pittoreske Städtchen Klingenberg nicht verkaufen, das sich dort in den churfränkischen Abschnitt des Maintals schmiegt, wo die Natur besonders brachial vorgehen musste, als sie vor Jahrmillionen ein mächtiges Gesteinsschild in zwei Teile zerschnitt, den Spessart und den Odenwald.
Wie auch ihr im letzten Abschnitt dieses kurzen, aber anspruchsvollen Rundwegs feststellen werdet, sind die Hänge, aus denen die lokalen Winzer Herbst für Herbst Tonnen von Trauben heraustragen, um jenen Tick mehr geneigt, der einen steilen Abstieg von einer Strapaze unterscheidet. Mit im Schnitt 60 Prozent und in der Spitze satten 100 Prozent Steigung genügte bereits die Androhung einer Ortsbegehung, um der Technikbegeisterung der 1960er/70er Jahre einen Riegel vorzuschieben.

DIE VOLLSTRECKER DER FLURBEREINIGUNG, DIE AUCH DIESES STÜCKCHEN AGRARLAND FÜR EINE MASCHINENGERECHTE ZUKUNFT UMPFLÜGEN WOLLTEN, KAPITULIERTEN. DER SCHLOSSBERG, SO DER NAME DER GROSSLAGE, BLIEB, WIE ER WAR: TERRASSIERT UND DAMIT NICHT FÜR TRAKTOREN, VOLLERNTER UND ANDERES HILFSGERÄT BEFAHRBAR.

Zum Vergleich: Die laut Guinness-Buch steilste Straße der Welt, die Baldwin Street in Dunedin, Neuseeland, bringt es gerade einmal auf schlappe, ja lächerliche 33 Prozent.
Wenn ihr mit der Bahn anreist, überquert ihr erst einmal einfach die Mainbrücke, die direkt vor dem Bahnhof von Klingenberg auf euch

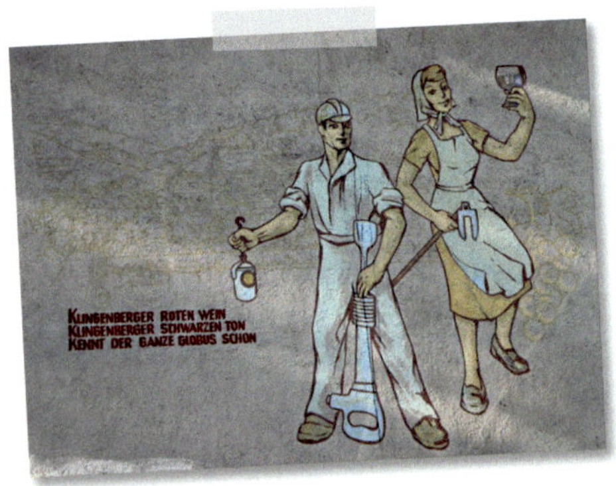

wartet. Am anderen Ufer angekommen, quert ihr den Großparkplatz. Auf ihm beginnt die Runde für all jene, die mit dem Pkw anreisen. Rechts neben einem indischen Restaurant lotst euch eine Gasse in die überschaubar kleine, aber bildhübsche Altstadt. Es ist Klingenbergs einziges Restaurant, das auch unter der Woche schon am Mittag zuverlässig geöffnet hat. So einladend sich das hübsche Örtchen auch zu geben vermag, Leben kehrt erst am Abend ein, wenn die immer gleiche Frage, welche Häckerwirtschaft aktuell an der Reihe ist, die Menschen durch die Gassen treibt.

WIE ES DIE TRADITION VERLANGT, ÖFFNEN DIE ÖRTLICHEN WINZER IHREN AUSSCHANK NUR TEMPORÄR, WECHSELN SICH AB. WANN IHR SÜFFIGER PORTUGIESER UND IHR VOLLMUNDIG WUCHTIGER SPÄTBURGUNDER – DER SCHLOSSBERG IST ROTWEIN-TERROIR – WO INS GLAS KOMMT, WEISS DER HÄCKERKALENDER AUF WWW.CHURFRANKEN.DE (UNTER: URLAUB MACHEN).

Biegt, wenn das von uralten Häusern gesäumte Sträßchen endet, nach links. Bald trefft ihr auf die viel befahrene Durchfahrtsstraße. Nach nur ein paar Metern schickt euch ein Hinweisschild nach rechts zur Seltenbach-Schlucht. Spätestens jetzt entdeckt ihr auch euer Wanderzeichen, es zeigt einen Eisvogel im Flug.

Habt ihr denn auch etwas Warmes zum Überziehen dabei? Eine Jacke? Hoffentlich! Denn euch erwartet eines der kühlsten Naturwunder Frankens. Vor zwei Millionen Jahren begannen sich mit dem Main auch dessen Zuflüsse immer tiefer in den weichen Untergrund aus Buntsandstein einzugraben. Am spektakulärsten geriet ein Zulauf, der sich auf den nur drei Kilometern, die seine Quelle von der Mündung trennen, 180,5 Höhenmeter nach unten stürzt. Gewaltige Kräfte formten ein Kerbtal, in dessen dunkelsten Winkel es der Sonne nicht gelingt, bis zum Boden durchzudringen. Kein Wunder, ist es doch an seinen bauchigsten Stellen auch nur 20 Meter breit. Wer ein Faible für Farne und Moose hat, wird nur extrem langsam vorwärtskommen. Wichtig: Ignoriert bitte euer Wanderzeichen an jener Stelle, an der es euch unterhalb einer STEINERNEN BRÜCKE 1 nach links aus der Schlucht herauslotsen will. Es lohnt sich, dem Hauptweg für einen kurzen Abstecher rechtsherum zu folgen. Goldfunde ließen 1861 Dunedin zur reichsten Stadt Neuseelands aufsteigen. Der Schatz, der Klingenberg Anfang des 18. Jahrhunderts in die reichste Stadt in Franken verwandelte, wurde in dem vor euch liegenden Industriedenkmal gefördert. Im Untertagebau.

Das ideale Terroir für rote Sorten: mögen den Buntsandstein zu ihren Füßen

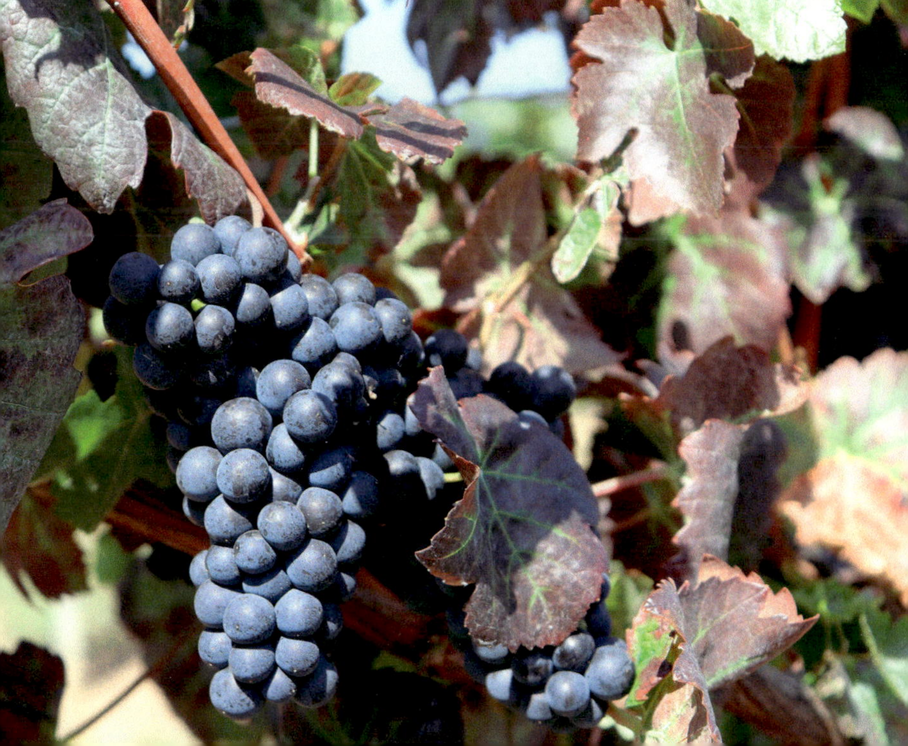

AB DEN 1860ER JAHREN VERZICHTETE KLINGENBERG DARAUF, DEN BEWOHNERN STEUERN ABZUKNÖPFEN. JA NOCH BESSER: IHNEN WURDE SOGAR JAHR FÜR JAHR EIN BÜRGERGELD AUSBEZAHLT. DENN DIESER SEHR SPEZIELLE TON WAR FÜR DIE HERSTELLUNG VON BLEISTIFTMINEN UNENTBEHRLICH.

Zurück auf eurem eigentlichen Weg, erwartet euch, nachdem ihr eine größere Straße überquert habt, dichter, dunkler Wald. Immer noch höher kommt ihr an einen Ort, an dem euch der Atem stocken wird, so spektakulär, so rauschhaft, ja bewusstseinserweiternd ist der AUSBLICK 2. Unter euch das Grün des Schlossbergs, der hier fast senkrecht abfällt, und als blassblaue Linie der Main, auf dem sich die Lastschiffe so langsam wie Weinbergschnecken vorwärtsschieben.

In den Weinberg-Terrassen: Stein für Stein von Hand herbeigeschleppt und aufgeschichtet

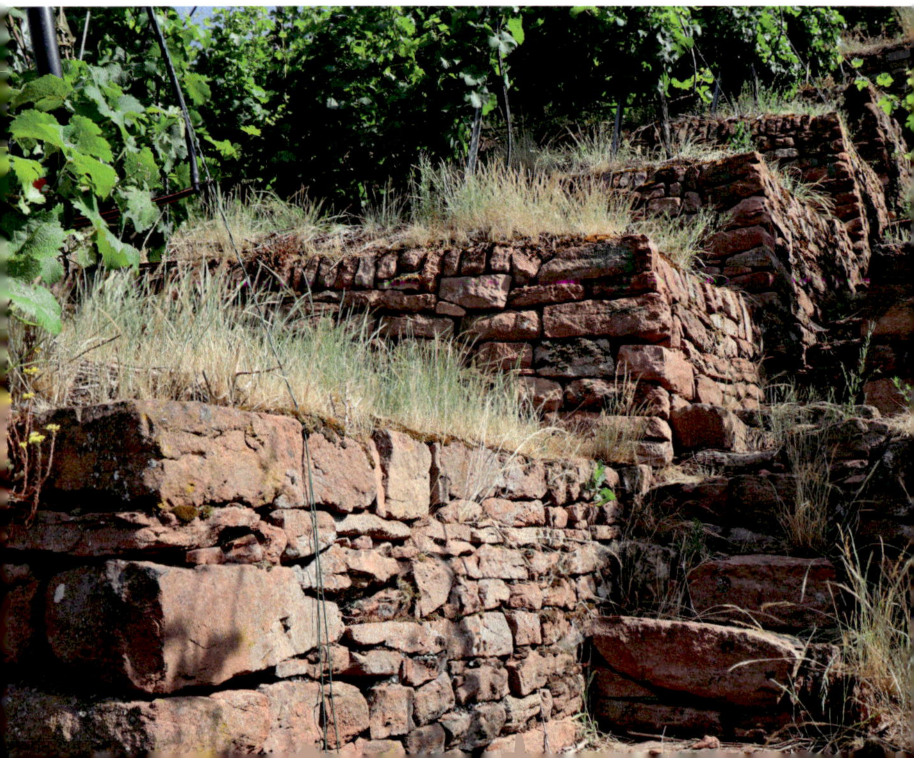

Selbst das mit sensationellen Panoramablicken mehr als gesegnete Weinfranken kennt kaum einen Platz, der die Augen so sehr begeistert. Obwohl es bei Weinwandern ja eigentlich üblich ist, an genau so einer Stelle ein mitgebrachtes Fläschchen zu öffnen: Macht bitte diesmal eine Ausnahme! Auch, wenn es schwerfällt. Weiter geht es durch Wald. Sanft bergab. Es zieht sich. Dann eine SPITZE KEHRE 3. 100 Meter später wisst ihr, warum es gut war, nüchtern zu bleiben. Vor euch öffnet sich der Schlossberg – und mit ihm Frankens letzter großer Terrassenweinberg. Krass!

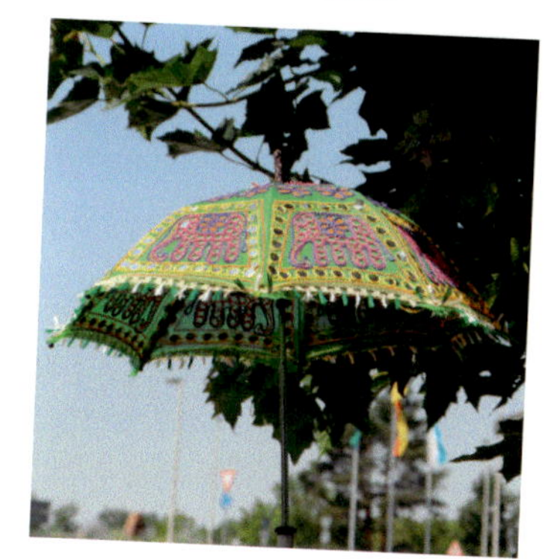
AM INDISCHEN RESTAURANT

DASS ES FÜR DIE WINZER UND DAMIT AUCH FÜR EUCH EINEN REGELRECHTEN WEG GIBT, DER ZU DEN KLEINEN, VON BRUCHSTEINMÄUERCHEN GESTÜTZTEN REBPARZELLEN FÜHRT, DAVON KANN KEINE REDE SEIN. DA IST LEDIGLICH EIN SCHMALER, MIT GROBEN STEINKLÖTZEN AUSGELEGTER PFAD, DER SICH MIT NICHT MINDER SCHMALEN TREPPEN ABWECHSELT.

Ja, gestikuliert nur hilflos mit den Armen! Als wären sie Schwebfliegen, die sich nicht verscheuchen lassen, liegen die Worte Bänderriss und Knochenbruch in der Luft.

Wann sich die Klingenberger die Mühe gemacht haben, diese einmalige Kunstlandschaft aus Millionen von Bruchsteinen aufzuschichten, liegt übrigens im Dunkel der Geschichte. Die gerne kolportierte Behauptung, dass schon im Mittelalter Mäuerchen die Weingärten vor Erosion schützten, kollidiert mit dem Wissen um die Ingenieurs-

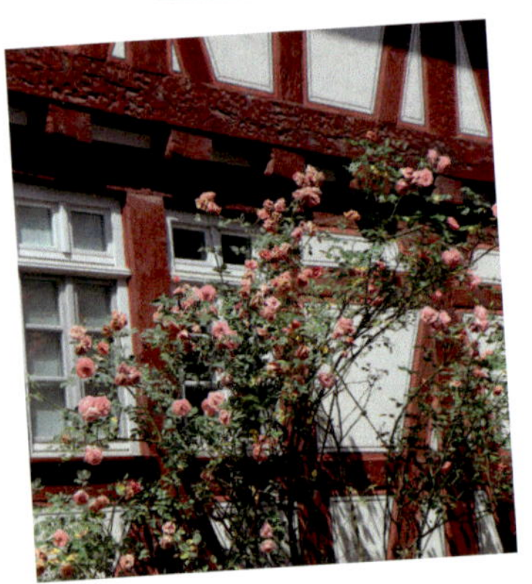

Liebeserklärung

kunst, die in dieser Epoche noch lange nicht so weit war, ein derart komplexes Projekt zu stemmen. In Stichen aus der ersten Hälfte des 17. Jahrhunderts fehlen sie. Am wahrscheinlichsten ist, den Beginn der Terrassierung nach dem Ende des Dreißigjährigen Krieges, um 1650, anzusetzen und davon auszugehen, dass es mehrere Generationen gebraucht hat, bis das Stützkorsett aus Trockenmauern seine heutige Ausdehnung erreicht hatte.

Schmiert euch, bevor ihr euch in das Labyrinth hineinwagt, noch einmal dick mit Creme ein. Die Sonne schießt aus vollen Rohren. Wie eine Zielscheibe werdet ihr euch vorkommen. Wie damals beim Schulsport. Bei diesem Fußballturnier, bei dem sie ausgerechnet euch ins Tor gestellt hatten. Gnadenlos schleudert die Sonne mit allem, dessen sie habhaft wird. Wie eine dieser zornigen Kinderbanden, die das Böse durchs Dorf hetzt. Gezielt auf euren Kopf, der schon auf den ersten Metern heiß läuft, zu überhitzen droht. Der Kreislauf schlägt Alarm. Nicht hinhören! Denn sobald ihr euch auf ein Mäuerchen setzt, ist es, als ob ein gutes Dutzend der Knirpse auch noch ihre Steinschleudern auf euch abfeuern. Ihr müsst da jetzt durch! Ohne Deckung und steil bergab. Hoffentlich unversehrt hat euch dann die bereits erwähnte Durchfahrtsstraße wieder, die euch zur KLINGENBERGER ALTSTADT (4) zurückbringt.

Wenn ihr euch für das nette Städtchen Zeit nehmen wollt: Auf der Burg, die auf Klingenberg herabblickt, verwöhnt ein Edelrestaurant eure Gaumen (Mi – Fr ab 16 Uhr, Sa/So ab 12 Uhr). Unten zieht erst nach einer langen Siesta Leben ein. Als läge das Maintal in Italien. Abends wird euch an jeder Ecke Wein serviert.

Alles, was ihr wissen müsst

Rundtour: auf kurzer Strecke viele Höhenmeter // Durch eine Schlucht geht es bis zur Oberkante des Maintals // Der Abstieg ist für Ungeübte nicht ungefährlich und setzt festes, geeignetes Schuhwerk und Trittsicherheit voraus // **Wanderzeit:** ganzjährig, bei trockenem Wetter, außer im Hochsommer

Markierung: Eisvogel im Flug

Entfernung von Aschaffenburg: 28 Kilometer
ÖPNV: RE 87 & RB 88 ab Aschaffenburg, Miltenberg oder Wertheim
Auto: Parken am Winzerfestplatz oder im Parkhaus, Brückenstraße 12, 63911 Klingenberg

Einkehr: Weingüter mit Parzellen auf dem Schlossberg: **Bastian Hamdorf,** www.weingut-bastian-hamdorf.de // **Hofmann-Herkert,** www.hofmann-herkert.de // **Möckl,** www.weinbau-moeckl.de // **Steintal,** www.weingut-steintal.de // **Stritzinger,** www.weinbau-stritzinger.de

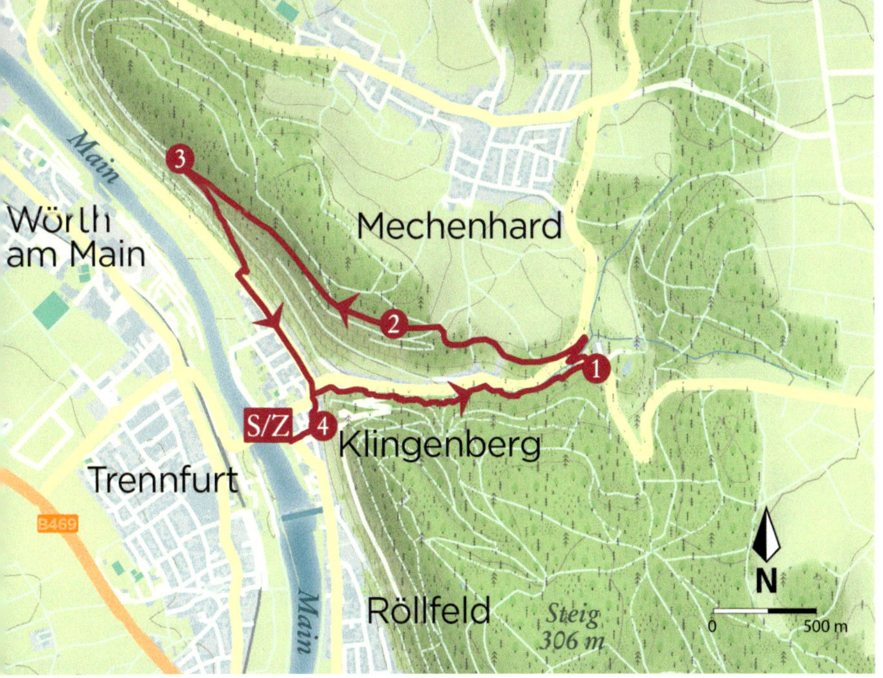

Fürstlich flanieren in Castell

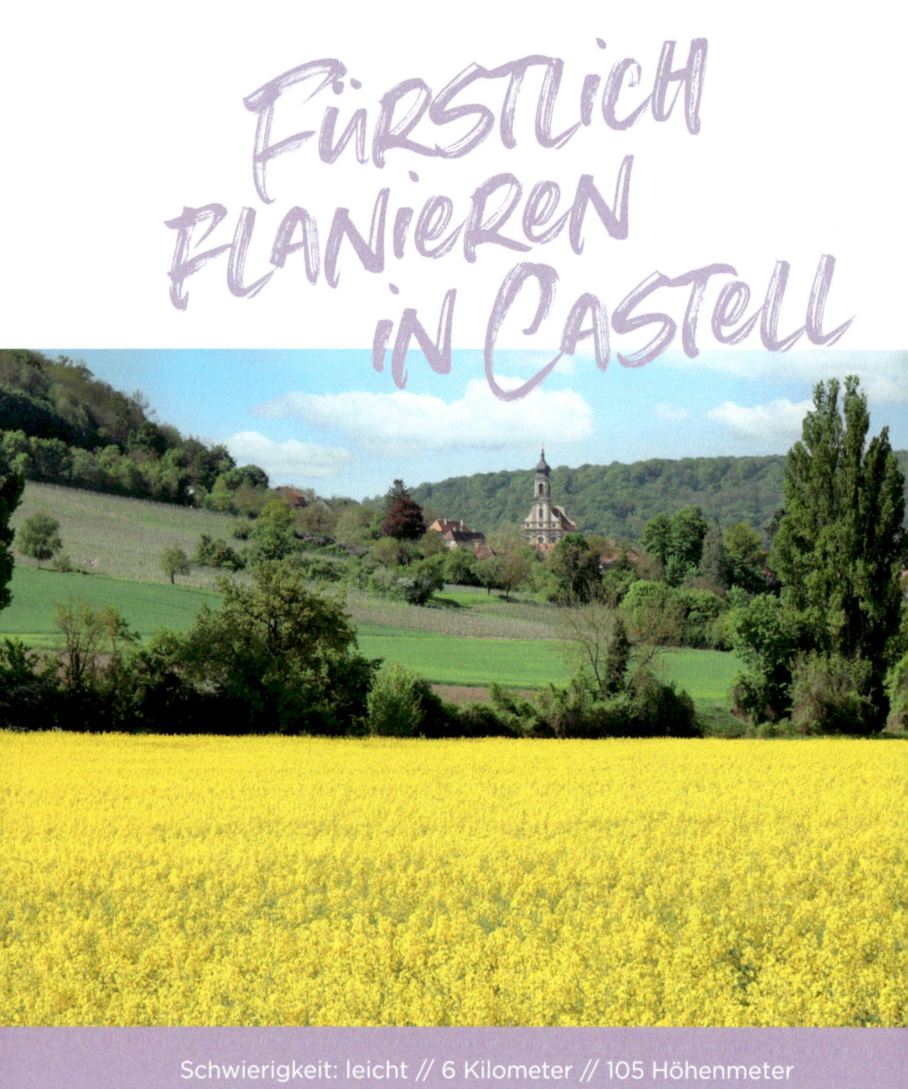

Schwierigkeit: leicht // 6 Kilometer // 105 Höhenmeter

Für Familien mit Kindern geeignet

ALS DIE KÖNIGIN DER WEISSEN NACH FRANKEN KAM: AUF SPURENSUCHE NACH IHREM ERSTEN QUARTIER

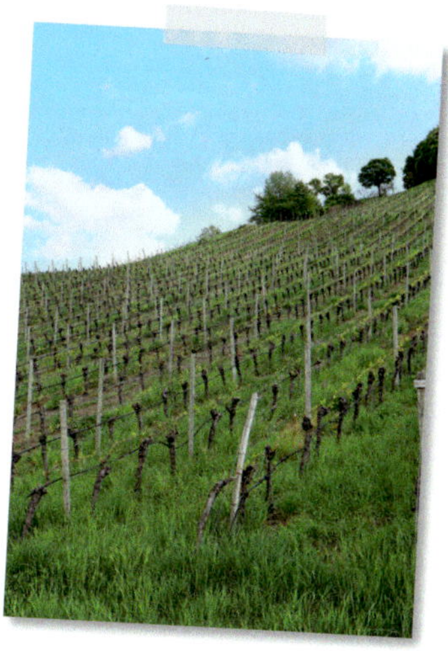

Dem Franken wird gemeinhin ein eigenbrötlerisches, unterm Strich aber doch freundliches Wesen zugeschrieben. Zu Recht! Zwar falle es ihm schwer, sich mit dem Gedanken anzufreunden, dass auch auf der anderen, der abgewandten Seite von Spessart und Rhön ein glückliches Leben möglich ist. Aber im Gegensatz zu seinem Erzfeind, dem Münchner, der von Folklore spricht, wenn ein Maßkrug an einem Schädel zerbricht, streitet er nicht gerne. Reklamieren mehrere Parteien die Urheberschaft für eine epochale Idee für sich – darin kann der Franke noch lange keinen Verstoß gegen die Gesetze der Logik erkennen. Auch dann nicht, wenn sich die Alphatiere mit Beweisen gegenseitig ausstechen. Haben sie halt beide recht. Ob auch euch dieser diplomatische Spagat gelingen mag?

BITTE SEID EUCH BEI DIESER RUNDTOUR BEWUSST: IHR UMKREIST JENEN SCHAUPLATZ, AN DEM DER FRÄNKISCHEN WEINBAUGESCHICHTE BEREITS VOR 350 JAHREN DIE ENTSCHEIDENDE KEHRWENDE WEG VOM SAUREN-RUNTER-DAMIT UND HIN ZU HIMMLISCH SINNLICHEN GAUMENFREUDEN GELUNGEN IST. VIELLEICHT!

Während ihr sechs legendäre, zumeist schon seit 800 Jahren mit Rebstöcken besetze Lagen inspiziert, vor allem aber im Anschluss, wenn ihr euch, ein wenig durchgeschwitzt, durch die Kollektion der lokalen weißen und roten Edeltropfen probiert, gilt es abzuwägen, ob sie euch die ganze oder lediglich eine zurechtgebogene Version der Wahrheit aufzutischen gewillt waren. Kleiner Tipp: Reagiert typisch fränkisch. Haltet euch zurück, eure Einschätzung offen zu artikulieren, solange ihr dem kuriosen, bildhübschen Dörfchen Castell eure Auf-

wartung macht. Dass zwei Kandidaten für das Copyright in Betracht kommen, hört man dort nicht gerne. Aber dazu später mehr.
Eure Rundtour startet am Fuß des mit großem baulichen Aufwand an einen steil aufsteigenden Ausläufer des Steigerwalds befestigten, uralten Dorfs. Dort, wo die große Durchfahrtsstraße, die B 286, einen Bogen macht und sich ein kleiner Parkplatz als hoffentlich noch nicht überfüllt erweist. Ein Info-Pavillon lädt euch ein, euch einen Überblick zu verschaffen. Dass man eurer Tour den Namen »Traumrunde C5« gegeben hat, ist keine Übertreibung. Ihr könnt das Smartphone ausschalten, sie ist perfekt ausgeschildert. Als beste Wanderzeit empfiehlt sich Ende April/Anfang Mai, dann öffnen hier Millionen wilder Weinbergtulpen ihre Blüten. Im Hochsommer bitte, wenn, dann am späten Abend loslaufen, Castell liegt in einer der heißesten Zonen Weinfrankens.

Bescheidener Garten hinterm Häuschen:
wo der Adel zu Hause ist

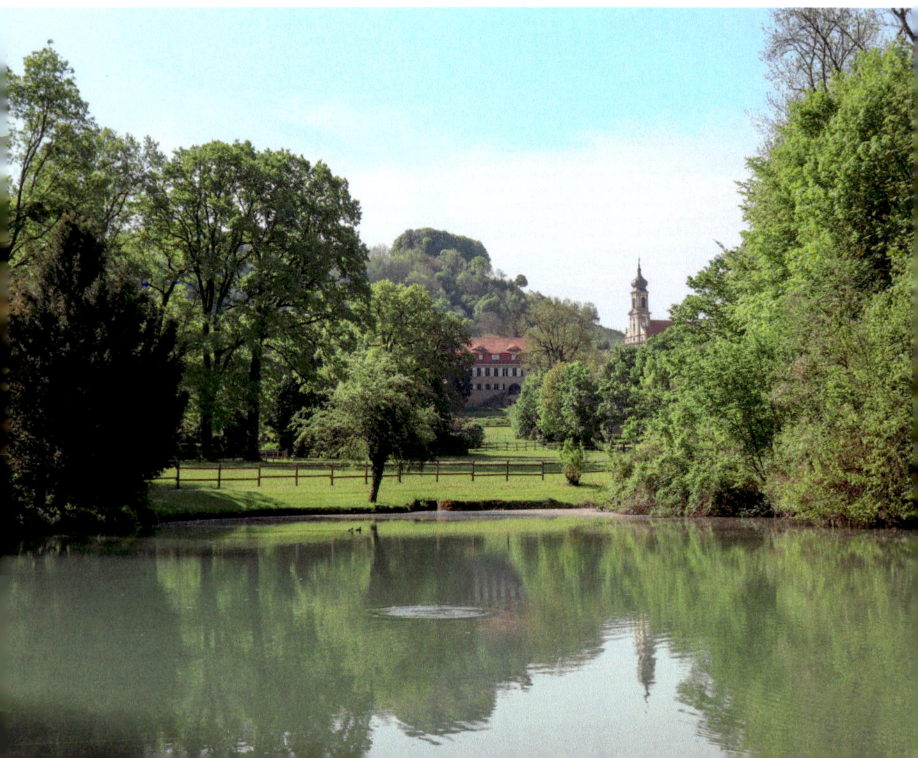

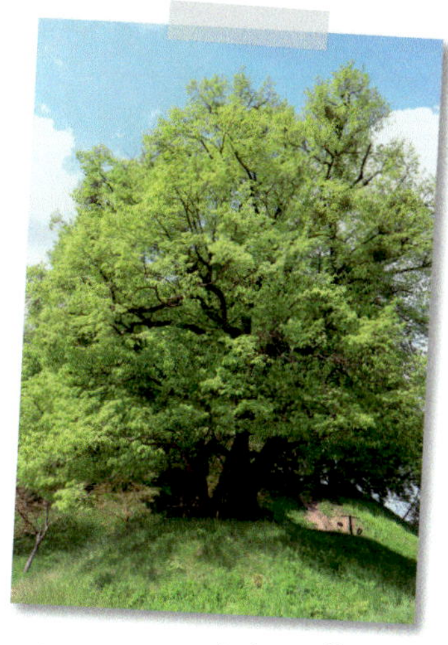

Das Wanderzeichen C5 lotst euch durch das flache Unterdorf an den Fuß eines SCHLOSSPARKS 1. Eine Blickachse auf den im Frühbarock erbauten Adelssitz öffnet sich, der der Familie Graf Castell noch immer als Zuhause dient. Über die Weinberge Hohnart und Bausch arbeitet ihr euch zu einem magischen Areal vor, einer Mulde, die die Natur zwischen zwei Gipfel eingeschoben hat. Keine Reste haben sich von jener Burg erhalten, die einst auf dem Schlossberg stand. Dem Hügel und dem Hang, der euch vom Dorf trennt, die beste der Casteller Lagen, die für ihre sinnlich würzigen Silvaner weltberühmt ist. In der Mulde hält eine LINDE 2 seit 800 Jahren die Stellung. Von Castells zweiter Burg steht noch der Bergfried auf dem Gipfel, der hinter euch aufsteigt. Ein sensationeller Panoramablick über das Dorf und das weite, nur sanft gewellte Mainbecken jagt den nächsten. Über die Lagen Reitsteig, Kirchberg und KUGELSPIEL 3 kehrt ihr nach Castell zurück, das nun darauf wartet, genauer unter die Lupe genommen zu werden. Am besten ihr biegt, wenn ihr gleichzeitig mit der Bundesstraße 286 den Dorfrand erreicht habt, sogleich rechts in die KIRCHBERGSTRASSE 4 ein, die euch hinauf ins Zentrum bringt. Im Schatten des Kirchturms findet ihr den bodenständig urigen Grünen Baum mit Biergarten, das edle Restaurant Weinstall, im Schloss eine Vinothek und auf dem Weg zu eurem Parkplatz ein Café.

CASTELLS GRÖSSTEN GASTRONOMISCHEN SCHATZ, EIN CHARMANTES, AUS DER ZEIT GEFALLENES FAMILIEN-KLEINWIRTSHAUS, FINDET IHR AUSSERHALB IM EINGEMEINDETEN NACHBARDORF WÜSTENFELDEN. WENN DAS WETTER PASST, VERZEHRT IHR IM STORCH EUREN SCHWEINSBRATEN UNTER OBSTBÄUMEN.

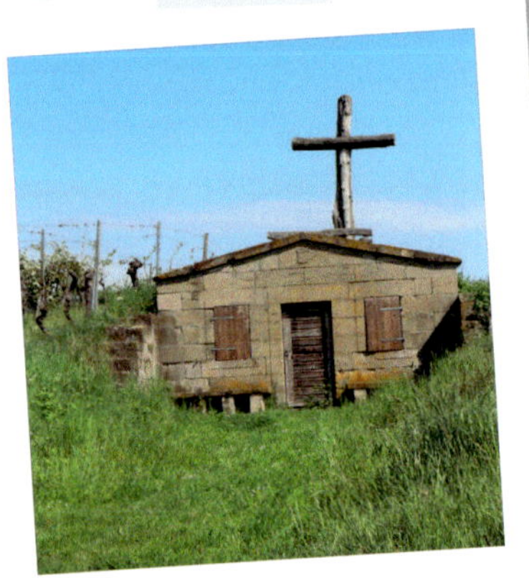
FÜR DAS SCHÄFERSTÜNDCHEN

Zurück nach Castell – und zu jener Sternstunde, ohne die es den Franken im 17. und 18. Jahrhundert wohl kaum gelungen wäre, sich auf einen der vordersten Plätze unter den Weinregionen vorzukämpfen. Nie käme man auf die Idee, dass jenes beschauliche Nest, das heute keine 800 Menschen ihr Zuhause nennen, einst mit Wien, Paris und London auf einer Stufe stand. Zumindest theoretisch. Bis Napoleon die Landkarte Europas in Stücke riss, war Castell Hauptstadt und Regierungssitz eines unabhängigen Staates. Wann und wie genau das Kleinstfürstentum im frühen Mittelalter entstanden war, liegt im Dunkel der Geschichte. Obwohl seine Oberhäupter nicht viel aufbieten konnten, gelang es ihnen stets, die territorialen Gelüste des Würzburger Fürstbischofs und der Nürnberger Burggrafen, die ab dem 15. Jahrhundert als die Herrscher Ansbach-Brandenburgs in den Lauf der Geschichte eingriffen, abzuwehren. Sogar im Dreißigjährigen Krieg sah es lange so aus, als vermochten die Grafen ihre 10.000 Untertanen vor dem Schlimmsten zu bewahren. Castell schloss sich den protestantischen Schweden an, blieb dadurch von Plünderungen verschont. Allerdings nur, bis sich das Blatt zugunsten der Kaiserlich-Katholischen wendete.

ALS DAS GROSSE SCHLACHTEN 1648 VORBEI WAR, GLICH DER ORT EINEM SCHUTTHAUFEN. ALLE EINWOHNER TOT. ODER KRANK. ODER TRAUMATISIERT. ALLE HÄUSER ZERSTÖRT. DIE KELTERN. DIE FÄSSER. DIE TRAUBEN FAULTEN AN DEN WEINSTÖCKEN VOR SICH HIN.

Die Herkulesaufgabe des Wiederaufbaus überantwortete Wolfgang Georg I. zu Castell-Remlingen, der 1631 den Thron des Miniaturreichs bestiegen hatte, seinem Amtmann Georg Körner. Dieser musste des Öfteren auch in Obereisenheim nach dem Rechten sehen, einem Dorf bei Volkach, da dessen Höfe, Häuser und Menschen zum einen Teil seinem Herrn gehörten. Obereisenheims zweiter Eigentümer, das Kloster Ebrach, das im Jahr 1127 fleißige Mönche 15 Kilometer nordöstlich von Castell in den dunklen Steigerwald gesetzt hatten, war ebenfalls nur knapp der totalen Vernichtung entgangen. Dort dafür zuständig, dass es den Brüdern dennoch nicht an Speis und Trank mangelte, war der spätere Abt Alberich Degen. Ob der Mönch oder der Casteller Amtmann Körner (und dieser wiederum über einen Wirt und Weinhändler aus Obereisenheim, Georg Kraus) als Erster davon erfuhr, dass sie in Österreich gerade

Wuchs er genau hier,
Frankens erster Silvaner-Rebstock?

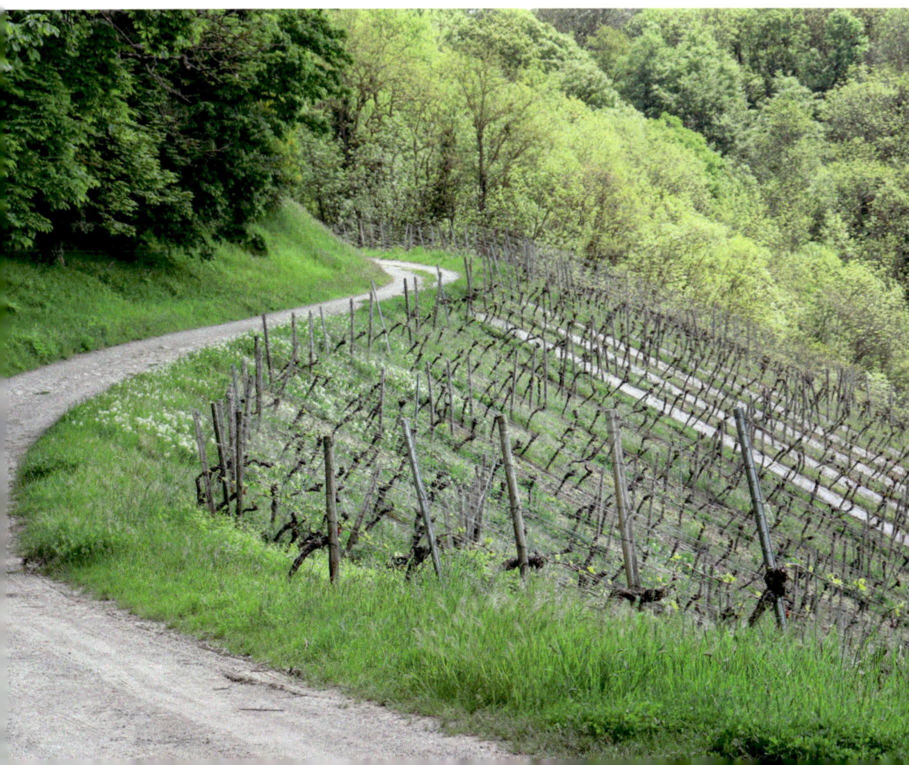

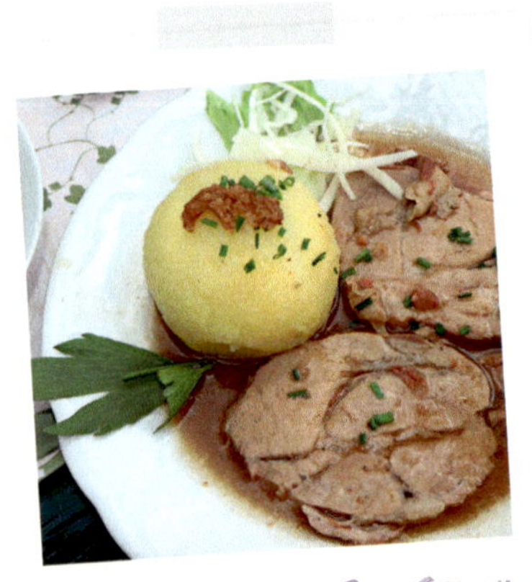

Sonntagsbraten im Zum Stroch

eine neue Rebsorte ausprobierten? Es lässt sich nicht mehr rekonstruieren. Da man annimmt, dass sich dort Geistliche der Kreuzung aus Traminer und der heute verschwundenen Sorte Österreichisch Weiß angenommen hatte, dürfte Alberich Degen im Vorteil gewesen sein. Er konnte sich auf ein engmaschiges Netzwerk stützen, das die Filialen seines Ordens europaweit verband. Dennoch spricht die Quellenlage für Castell und seine Blaublütler.

EINE URKUNDE BEZEUGT NÄMLICH, DASS AMTMANN KÖRNER GEORG KRAUS BEAUFTRAGTE, IHM PFLANZMATERIAL ZU BESORGEN, UND DASS AM 5. APRIL 1659 »25 ÖSTERREICHER FECHSER« – SETZLINGE – IN CASTELL EINTRAFEN. NACHWEISLICH FANDEN SIE SCHON AM NÄCHSTEN TAG AUF DEM SCHLOSSBERG IHREN PLATZ.

Dass jene Gedenktafel, die im Würzburger Weinberg Stein lange jene Stelle markierte, an der Abt Degen 1665 seine ersten Silvaner-Reben anpflanzen ließ, hält dessen Parteigänger bis heute nicht davon ab, die Einführung dieser Sorte für ihn und das Kloster Ebrach zu reklamieren. Da es mindestens fünf Jahre gedauert haben muss, bis sich die Frage klären ließ, ob sich die neue Sorte in ihrer neuen Heimat denn auch wohlfühlen würde, sagt Körners Pioniertat nichts darüber aus, wer sich anschließend die Mühe machte, sie zu Frankens Hauptsorte weiterzuentwickeln. Es waren beide. Parallel. Ganz sicher! Ein Hoch auf die Kellermeister des Fürstlichen Castell'schen Domänamtes und des Klosters Ebrach.

Alles, was ihr wissen müsst

Rundtour: Ihr passiert alle wichtigen Lagen des berühmten Weinbaumekkas und die wichtigsten Hinterlassenschaften seiner kuriosen Geschichte // sensationelle Panoramablicke // **Wanderzeit:** ganzjährig, außer im Hochsommer // Ende April/Anfang Mai blüht in den Weinbergen eine seltene wilde Tulpe

Markierung: Kürzel C5

Entfernung von Würzburg: 36 Kilometer
ÖPNV: nicht praktikabel
Auto: Parkplatz auf Höhe des Gasthauses Zum Schwan, Birklinger Straße 2, 97355 Castell

Einkehr: **Grüner Baum,** Kirchplatz 4, 97355 Castell // **Weinstall und Vinothek,** Schloßplatz, 97355 Castell // **Gin & Coffee,** Breite Straße 2a, 97355 Castell, www.ginandcoffee.cafe // **Zum Storch,** Wüstenfelden 8, 97355 Castell, www.storch-castell.de

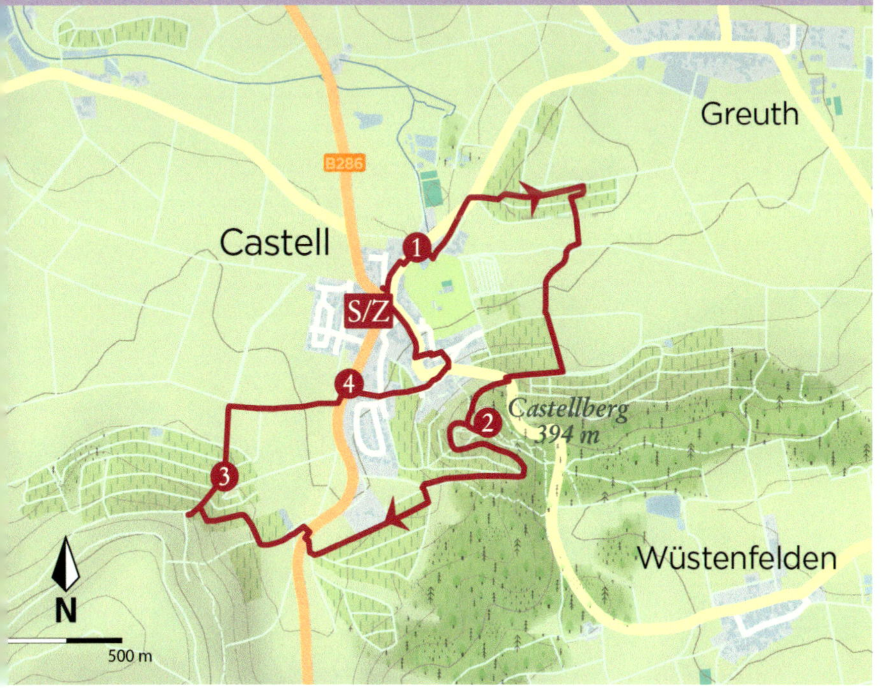

Sulzfelder Weinberg- und Waldrunde

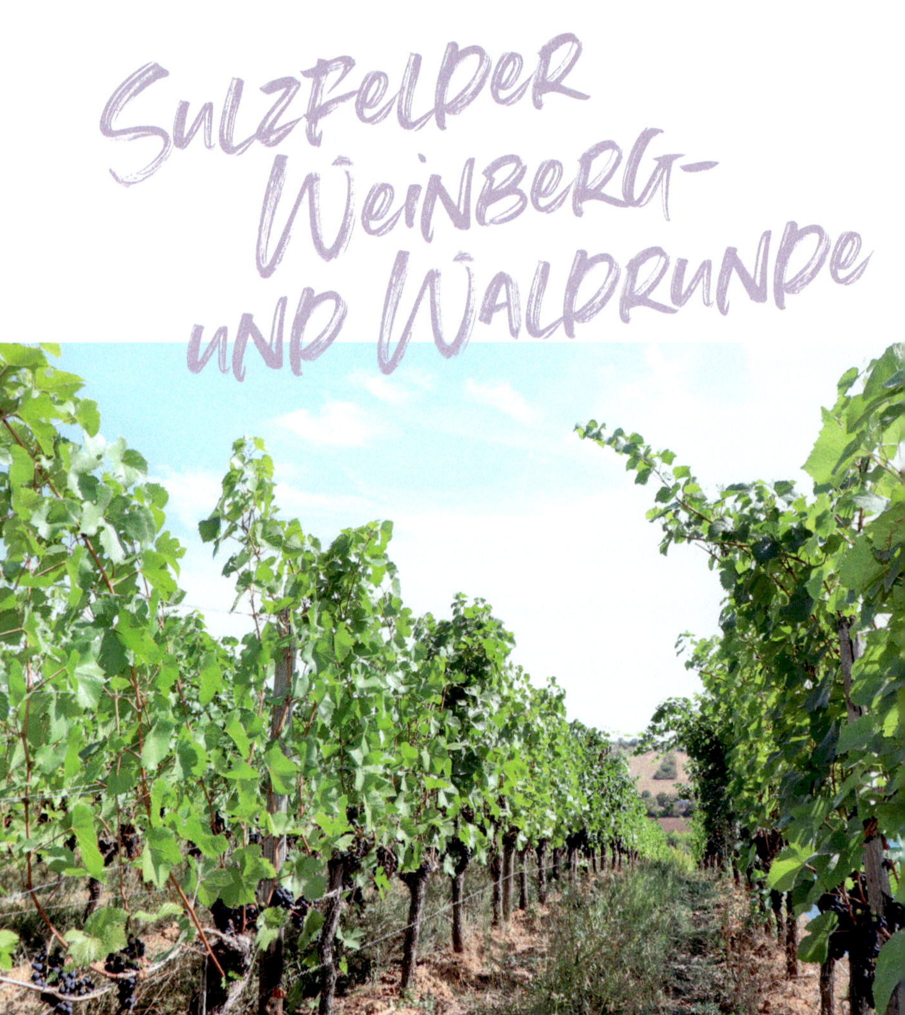

Schwierigkeit: leicht // 12 Kilometer // 163 Höhenmeter

Für Familien mit Kindern geeignet

REBSTÖCKE, ROMANTIK UND ROTER LEBENSSAFT: ÜBER DEN CYRIAKUSBERG INS HINTERLAND VON KITZINGEN

Wein hat die mit einem fast schon mediterranen Klima gesegneten Dörfer und Städte, die sich im Einzugsbereich der Via Publica ins Maintal zwängten, reich gemacht. Eine der großen Überlandrouten des Mittelalters, die Nürnberg, die Stadt der Reichstage, via Würzburg mit dem Wirtschaftszentrum Frankfurt, der Krönungsstadt Aachen sowie mit Köln und Brüssel verband. In der Bundesstraße 8 hat sich ihr Verlauf erhalten. Das hübsche, vor Leben nur so strotzende Kitzingen, das heute recht erfolgreich nach Touristen fischt, schöpfte die größte Marge ab. Dank seiner alten Mainbrücke, die dort spätestens ab 1300 eine Fähre ersetzte und von der aus heute Scharen von Ausflüglern den Frachtkähnen sehnsuchtsvolle Blicke zuwerfen, die die Strömung eilig mit sich fortträgt. Das von prächtigen Bürgerhäusern geprägte Stadtbild lässt keine Zweifel, dass die Geschäfte glänzend liefen.

Natürlich sollt auch ihr das Maximum an Genuss herausholen. Deshalb plant Zeit für einen Spaziergang durch die Gassen ein, dem Handicap zum Trotz, dass diese mit zwölf Kilometern recht gemütliche Wanderung so gemein ist, euch zwar ins Kitzinger Hinterland, aber am Mekka der Weinhändler vorbeizuführen, in dem 1482 das weltweit erste Reinheitsgebot für Wein erlassen wurde. Zwischen Kitzingens guter Stube, dem intim engen Marktplatz, und dem nahen Flussübergang findet ihr etliche Cafés, Weinstuben und Restaurants.

IM 15. JAHRHUNDERT HATTE DER LOCKRUF DES GELDES FRANKENS WIRTE, WEINBAUERN UND -HÄNDLER ZU KREATIVEN HÖCHSTLEISTUNGEN ANGESPORNT. IN SACHEN PANSCHEREI. FIEL EIN JAHRGANG NICHT NACH IHREN WÜNSCHEN AUS, VERHALFEN SIE IHM HALT AUF DIE SPRÜNGE.

Hätten sie ihn nur mit Honig, Schnaps und Birnenwein gesüßt, hätte ihnen Frankens Großkopferte die Schandtat wohl durchgehen lassen. Aber Kalk und Alaun, ein mit Tonerde durchsetztes Salz! Und noch schlimmer: Blei! In Anbetracht dieser Ingredienzien ließen

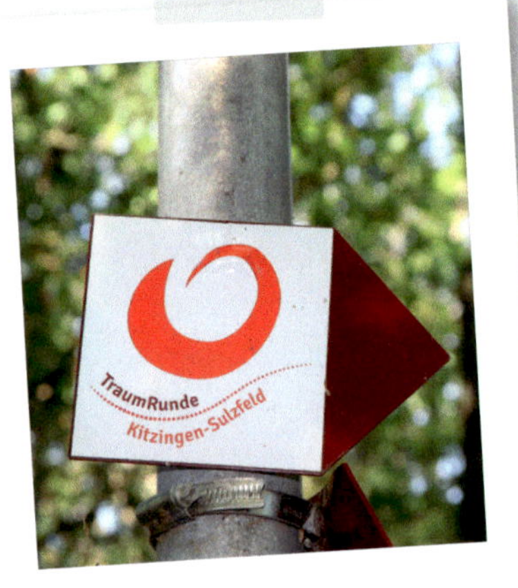

DA GEHT'S LANG

der Würzburger Bischof, Ansbachs kriegslüsterner Markgraf Albrecht Achilles, der Nürnberger Stadtrat und etliche weitere Landesherren ihre Feindschaft für ein Arbeitstreffen ruhen. Am 29. September 1482 einigten sie sich auf eine Liste an erlaubten Zusatzstoffen – und auf eine zweite mit drakonischen Strafen. Ganz Süd- und halb Mitteldeutschland übernahm die Verordnung. Wie beim berühmten Reinheitsgebot für Bier von 1516 gehört die Vorstellung, es mit der ersten Regelung ihrer Art zu tun haben, freilich ins Reich der Märchen.

DIE FREIE REICHSSTADT FRANKFURT HATTE SCHON 1402 EINE LISTE VERBOTENER ZUSÄTZE AUFGESTELLT. SIE ERLAUBTE INGWER, WARMES BROT, MILCH UND EIWEISS, BEENDETE ABER DIE PRAXIS, WEIN MIT SENF AUFZUPEPPEN.

Ausgang und Zielort eurer Wanderung ist Kitzingens kleine Schwester, das benachbarte, nicht minder hübsche Weindorf Sulzfeld, das seinen mittelalterlichen Charme sogar noch besser bewahrt hat, aber erst am Abend zum Leben erwacht. Das Kleinod versteckt sich hinter einer komplett erhaltenen Stadtmauer und wirkt ein wenig, als würde es sich vor Fremden genieren. Seine Uferpromenade, die sich vor den Toren breitmacht, gehört zu den schönsten, mit denen Mainfranken aufwartet. So viel Platz! Für Fußball, zum Schiffegucken und für einen Kiosk-Biergarten, der schon am Nachmittag öffnet. Autos sind dort ebenso willkommen wie Camper.

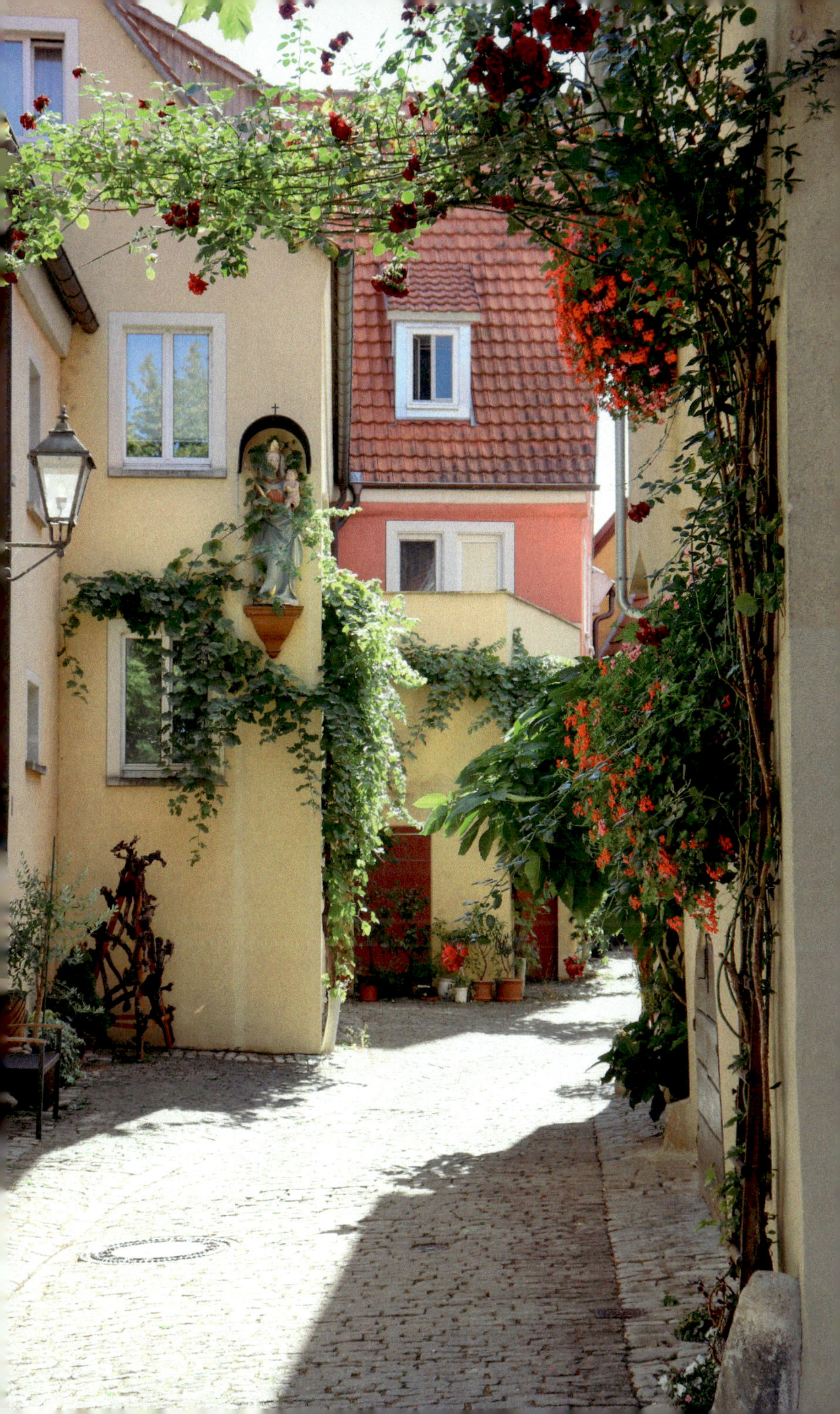

Auf eurem Wegzeichen ist ein Versprechen geschrieben: Traumrunde Kitzingen-Sulzfeld. Ihr findet es, wenn ihr der Durchfahrtsstraße folgt, die Sulzfeld von der Uferpromenade trennt – entgegen der Fließrichtung des Mains. Über den CYRIAKUSBERG 1, den bekanntesten der drei Sulzfelder Lagen, steigt ihr zum Klingenwald auf. Der Name des Gehölzes verrät, dass es sich um einen Naturraum handelt, der aus Sicht unser aller Ahnen nur für Brennholz taugte. Das Gehölz sitzt auf der oberen Kante einer Klinge, eines tief eingeschnittenen Seitentals, durch das das Regenwasser zu leicht abfließen kann. Ihr kommt an einem 2006 aufgelassenen Militärgelände mit Flugfeld vorbei, einem Lager für Spezialmunition, von dem es heißt, dass die US-Army dort heimlich Atomraketen stationiert hätten. Logisch, dass der für seine Eichen bekannte Wald mit dem sprechenden Namen Nonnenholz einst einem Kloster gehörte. Hinter

Im Mainufer-Park von Sulzfeld:
Nicht ganz leicht, hier wieder wegzukommen

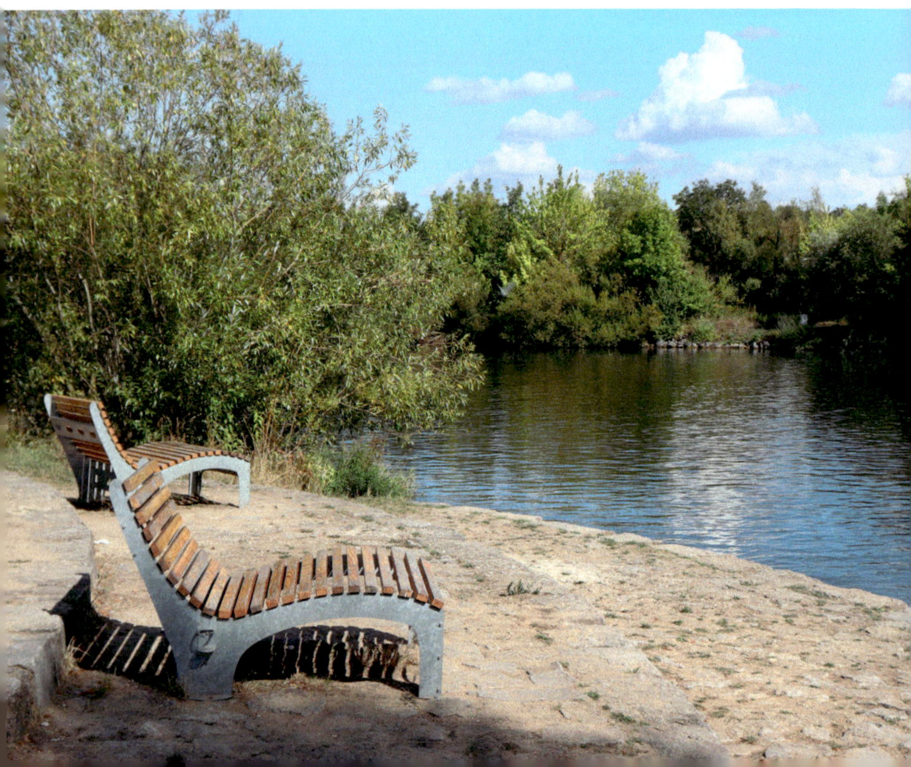

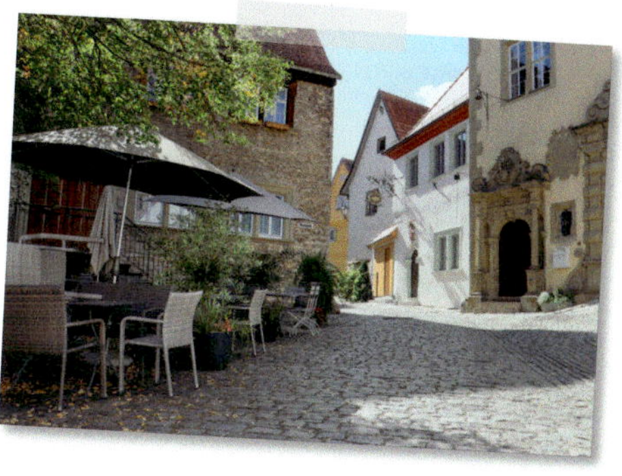

ihm öffnet sich ein flaches, fruchtbares, von Wiesen, Äckern und Weingärten geprägtes Tal, in dem euch ein SCHILD 2 auf die Ehrenrieder Mühle hinweist, ein Weingut. Hat es geöffnet, ist der Abstecher ein Muss. Durchs Nonnenholz (nicht wirklich lohnenswert: der Abstecher zum NONNENBRÜNNLA 3), den Klingenwald und über karges Bauernland erreicht ihr Sulzfelds zweitgrößte Lage, den SONNENBERG 4. Unten in Ort angelangt, solltet ihr unbedingt auch ein Tröpfchen aus dem Mausfeld probieren. Wo? Im mit Preisen überschütteten Weingut Zehnthof Luckert, das sich im vornehmsten Haus des ungemein schmucken Winzerdorfs, dem alten Amtspalast des Würzburger Bischofs, eingenistet hat. Die dritte Lage ist Sulzfelds kleinste, aber feinste. Wer ein modern designtes Ambiente bevorzugt, holt sich seinen Schoppen ein paar Gassen weiter in der Vinothek. Terminiert die Wanderung unbedingt so, dass ihr dabei seid, wenn sich das verschlafene Örtchen abends in eine quirlige Freilufttrinkstube verwandelt. Wer sich nicht ein paar Stunden durch die engen Sträßchen treiben lässt, da und dort ein Gläschen zwitschert, dem entgeht, was Weinfranken so einzigartig macht.

Und jetzt eine Bitte: Wer einen empfindlichen Magen hat, der höre an dieser Stelle bitte auf zu Lesen. Oder ein arg sensibles Gemüt. Buch zuklappen! Aus Gründen des Selbstschutzes. Wie für Kitzingen war die Via Publica nämlich auch für Sulzfeld zugleich ein Fluch. Ständig wurden die beiden Orte von Heeren überrannt, die auf ihr marschierten. Obwohl sich beide mit dicken Mauern schützten, nahmen die Schweden beide 1631 im Handstreich. Genau in jenen Tagen, in denen man eigentlich mit der Traubenlese beginnen wollte. Kriegsbedingt viel ein ganzer Jahrgang aus. Und mit ihm das Entgelt für ein Jahr Schufterei. Wen die Soldaten am Leben gelassen und die von

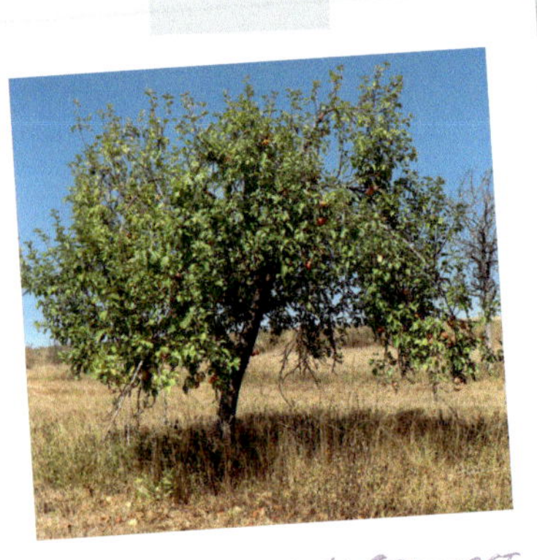

IM HINTERLAND GIBT'S STREUOBST

ihnen eingeschleppte Pest verschont hatte, den holte sich der Hunger. Am Ende des Dreißigjährigen Kriegs war die Bevölkerung von Sulzfeld auf 66 Einwohner geschrumpft. Und jetzt noch einmal knapp vier Jahrhunderte weiter zurück. Da die Kitzinger ihren Mainübergang für jene Krieger blockierten, die sich am 7. August 1266 vom Steigerwald her näherten, sollte einem Weinberg jenes Ortes nicht gut bekommen, an dem die Ritter die nächstgelegene Fähre wussten: Sulzfeld. Denn ihre Gegner nutzten die Zeit, die der Umweg kostete, um sich in Stellung zu bringen.

GEKÄMPFT WURDE UM DEN TITEL UND DIE PFRÜNDE DES BISCHOFS VON WÜRZBURG. AUF DER EINEN SEITE: 600 FUSSSOLDATEN UND 50 RITTER ZU PFERDE. WIE VIELE RITTER IN SULZFELD ÜBERSETZTEN, UM SICH IHNEN ENTGEGENZUWERFEN, LÄSST SICH NUR SCHÄTZEN: MINDESTENS 300, ZEITGENÖSSISCHE QUELLEN ZUFOLGE SOGAR 1400 REITER.

Unstrittig ist, dass die meisten von ihnen am 8. August eines gewaltsamen Todes starben, und wo ihr Blut im Boden versickerte. Ja, genau dort, wo heute Rebstöcke die Nährstoffe für ihre Trauben aus der Erde saugen. Als Cyriakus-Schlacht ist das Gemetzel in die Geschichte eingegangen. Am Ende dieses Wandertags dürft ihr es gerne auf Instagram verkünden: Ich war an diesem Ort! Es ist gespenstisch, wenn man es weiß. Nehmt ein Glas Roten mit ins Bild. Damit es krass authentisch wirkt. Empfehlung: Diese Tour mit einem Besuch der direkt benachbarten Stadt Kitzingen kombinieren.

Alles, was ihr wissen müsst

Rundtour: mal auf Fahrwegen, mal auf Trampelpfaden und durchs Unterholz vom romantischen Winzerdorf Sulzfeld ins Hinterland und zurück // vorbei an Erinnerungsorten an einen heißen und einen kalten Krieg // **Wanderzeit:** ganzjährig

Markierung: Traumrunde Kitzingen-Sulzfeld

Entfernung von Würzburg: 19 Kilometer
ÖPNV: nicht praktikabel
Auto: Parkplatz an der Mainlände, Kitzinger Straße 2, 97320 Sulzfeld

Einkehr: **Kiosk-Biergarten Mainlände Imbiss,** An der Mainlände, 97320 Sulzfeld // **Restaurant und Garten des Weinguts Ehrenrieder Mühle,** www.weingut-hassold.de // **Zehnthof des Weinguts Luckert,** Kettengasse 3–5, 97320 Sulzfeld, www.weingut-zehnthof.de // **Vinothek und Vinobistro Luckert,** Maingasse 22, 97320 Sulzfeld, www.vinoluckert.de

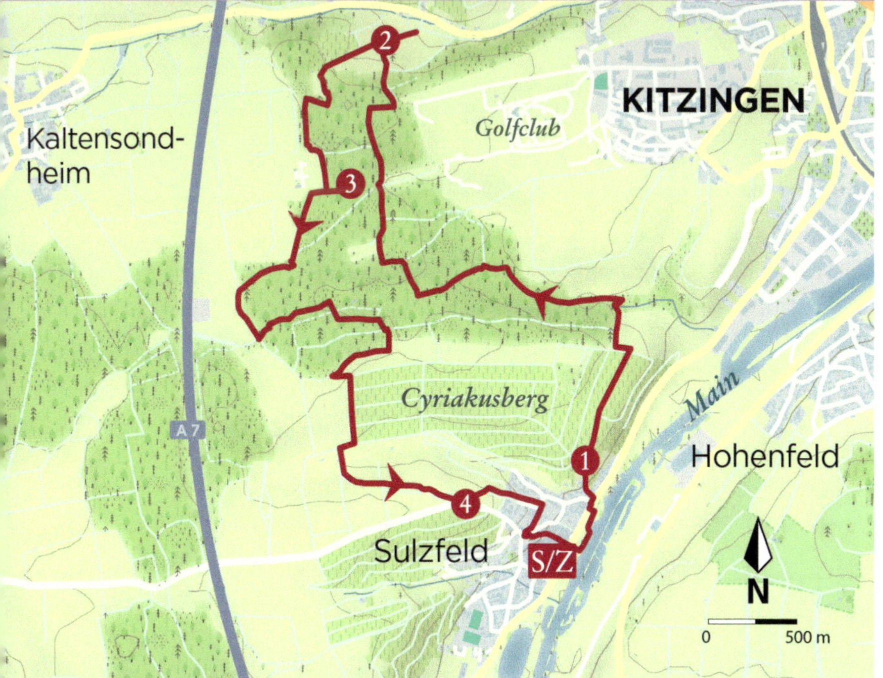

Zum Stettener Stein und nach Karlstadt

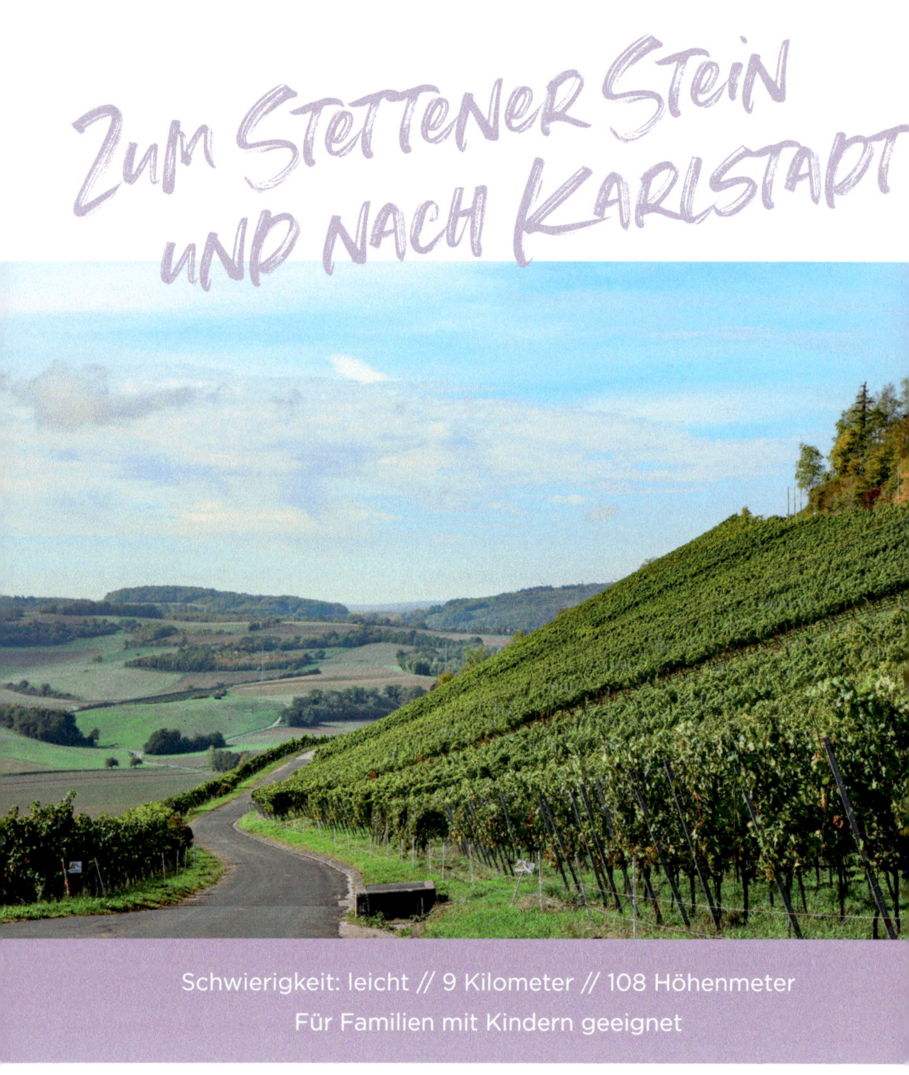

Schwierigkeit: leicht // 9 Kilometer // 108 Höhenmeter
Für Familien mit Kindern geeignet

DER WEINBERG MIT DEM EXTRA WOHLIGEN MIKROKLIMA: WO SICH RIESLING NACH DER HERBSTSONNE STRECKT

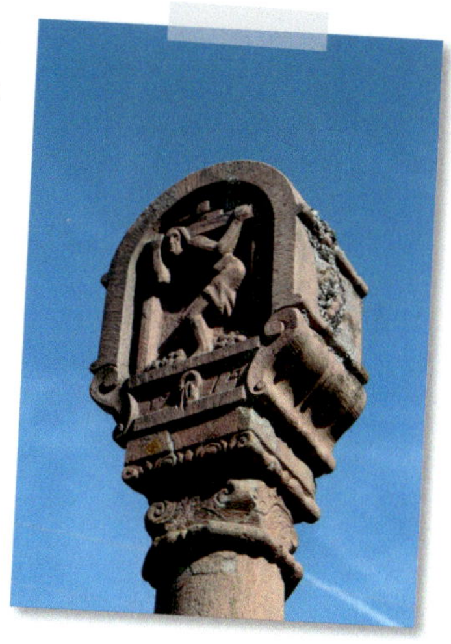

Wo genau in Franken wächst eigentlich der beste Wein? Und warum ist das so? Schon nach wenigen Exkursionen in die Welt der Reben, ihrer strengen Herren, der Winzer, und der Vinotheken werdet ihr feststellen, dass ihr auf diese Frage einen bunten Strauß an Antworten angeboten bekommt. Gerade den großen und ambitionierten Weingütern ist es eine Herzensangelegenheit, ihre Parzellen mit den optimalen Lagen gleichgesetzt zu wissen. Denn so geht Marketing. Einmal davon abgesehen, dass der beste Wein natürlich der ist, der euch am besten schmeckt, ist jener eigenwillig aufgebaute Westhang mit Sicherheit ein Synonym für Spitzenqualität, der südlich des sagenumwobenen Touristenmekkas Karlstadt vom Ufer des Mains aufsteigt.

AUF DEN MUSCHELKALKBÖDEN DES STETTENER STEINS WÄCHST DER STOFF, AUS DEM MIT DAS FEINSTE VOM FEINEN GEKELTERT WIRD. UND DAS NACHWEISLICH SEIT ÜBER 1200 JAHREN.

816 pflanzten die Bewohner jenes Dorfes, das dem mit einem idealen Mikroklima gesegneten Gebilde seinen Namen gab, die ersten Rebstöcke. Die Qualität der Trauben entschädigte sie für die zusätzliche Mühe, für jeden Handgriff einen Kilometer Weg zurücklegen zu müssen. Aufs Jahr umgerechnet summierte sich der Mehraufwand zur Schinderei auf, denn ein Weinberg verlangt nicht nur einem Sprichwort zufolge, seinen Herrn täglich zu sehen. Egal! Denn der Stettener Stein machte Stetten reich, bis 1870 bislang unbekannte, aus Amerika eingeschleppte Pilzsporen und die Reblaus den Wein-

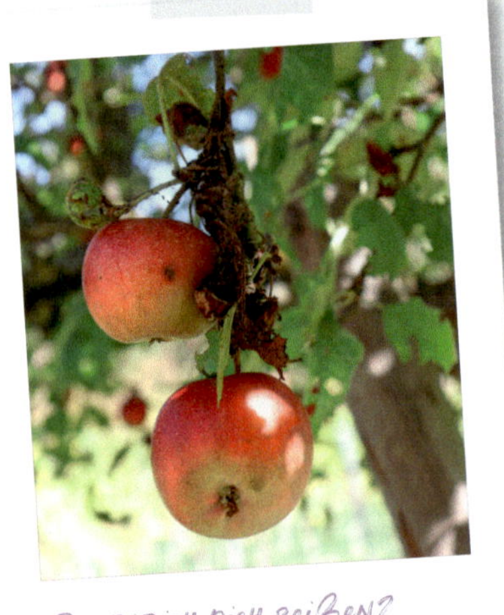

DARFST ICH DICH BEIßEN?

berg für sich entdecken. Man sieht es dem Ort bis heute an, dass seine Häcker, wie man die einfachen Weinbauern damals nannte, sich entscheiden mussten, welches von zwei Übeln ihnen ihr Leben vergällen sollte: Armut oder Auswanderung. Das späte 19. und die erste Hälfte des 20. Jahrhunderts, als man dort, wo es sich die Menschen leisten konnten, den Wert des Alten zu schätzen begann und durch verspielte Nettigkeiten ergänzte, sind im Ortsbild kaum vertreten. Anders formuliert: Dem uralten Ort, der heute wieder immerhin gut 1000 Einwohner zählt, mangelt es an Gebäuden, die die lange Phase des Wohlstands bezeugen können. Leider, eine Schönheit ist er nicht.

Natur und Stein heißt eine Rundtour, die den Stettener Stein auf demselben Weg für Wanderer erschließt, den einst die Häcker genommen haben. Alternative Routen lässt der spektakuläre Aufbau des Geländes auch gar nicht zu. Damit ihr das Mikroklima versteht, das diesen lang gezogenen Hang zu etwas ganz Besonderem macht, solltet ihr den Startpunkt, die Kirche im Zentrum von Stetten, unbedingt von Maintal heranfahren. Nehmt euch die Zeit und steuert mit eurem Auto zunächst Karlstadt an. Folgt von dort aus der Bundesstraße 27 in Richtung Würzburg. Auch wenn das einen Umweg bedeutet. Fahrt lieber mehrmals als gar nicht auf der Bundesstraße 27 das kurze Stück zwischen Karlstadt und dem Abzweig nach Stetten den Main entlang. Denn nur von unten springt ins Auge, dass dieser Weinberg auf einem Podest sitzt – einer imposanten Schicht aus beigem Kalkstein.

80 METER DICK, STEIGT DIE FELSWAND IM MITTELTEIL KERZENGERADE NACH OBEN. PFLANZEN FINDEN HIER KEINEN HALT. DAS GESTEIN LIEGT OFFEN DA. MUSCHELKALK IST EIN GUTER WÄRMESPEICHER. SCHEINT DIE SONNE, HEIZT SICH DIE FELSWAND AUF.

Wenn ihr später oben an der Abbruchkante steht, könnt ihr die warmen Aufwinde spüren, die erklären, warum die Luft dort noch einen Tick heißer ist als in anderen Weinbergen. Obendrein ist das Maintal und mit ihm das Podest leicht gekrümmt. Der Stettener Stein hat die Form eines Hohlspiegels. Er bündelt die Sonnenstrahlen. Obwohl es tagsüber wie ausgestorben wirkt, findet ihr in Stetten einen Bäcker und einen Metzger. Beide warten an der Hauptstraße auf euch. Für einen so kleinen Ort fast schon eine Seltenheit. Wenn

Erinnern an eine Zeit, in der gegen Schädlinge nur Beten half: Weinbergkapellen

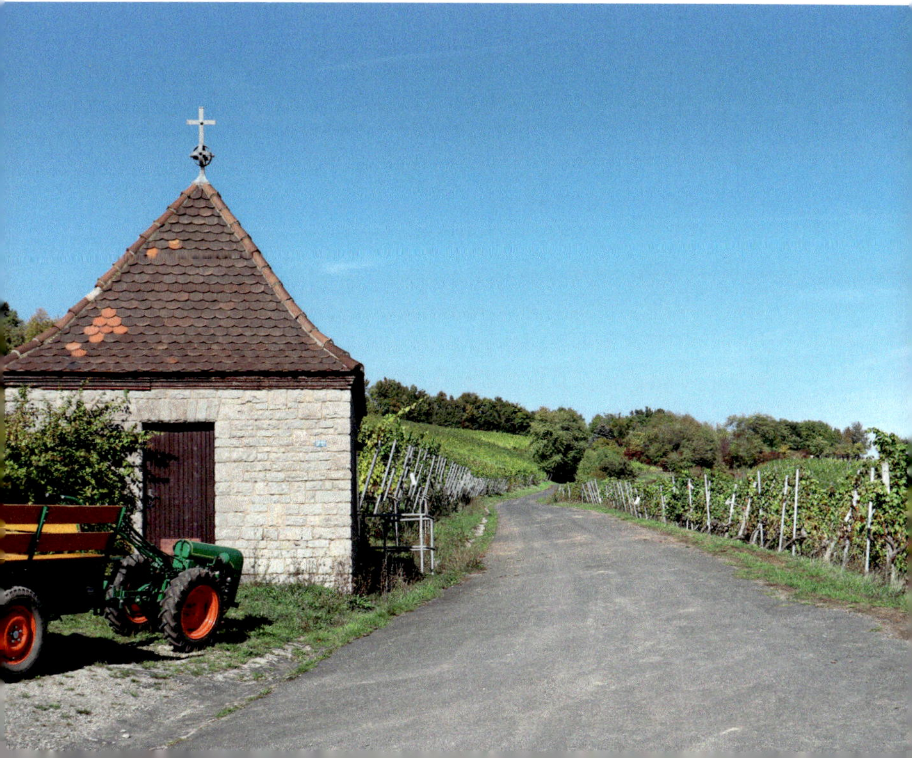

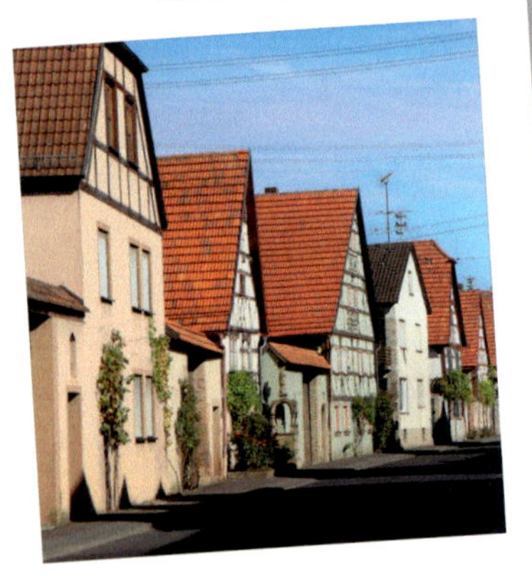

Stettener Hausparade

ihr euch hinter der KIRCHE 1, an der euch euer Wanderzeichen zu sich winkt, kurz nach rechts wendet, entdeckt ihr sogar eine Weinhandlung, den Winzerkeller. Euer Picknick ist also schon mal gesichert. Übers Bauernland, das die Stettener Häcker mit Getreide, Gemüse, Obst und Viehfutter versorgte, arbeitet ihr euch auf das bewaldete Dach des HANGS 2 und weiter in die mit Rebzeilen besetzten Steilhänge vor. Je weiter ihr auf einen Gipfel zusteuert, der wie eine Kugel geformt ist, die Kürbishöhe, um euch anschließend den Rotberg hinaufzuschleppen, desto mehr erklärt sich euch, weshalb diese Tour nicht nur wegen der Weinlagen legendär, ja sogar Kult ist. Die wahrlich grandiosen Panoramablicke ins Hinterland werden im weiteren Verlauf von solchen ins Maintal abgelöst und dabei noch deutlich getoppt. Euer Weg führt euch ans Südende des STETTENER STEINS 3, von dem aus ihr ins Zentrum des Hohlspiegels hineingeht. Auch wenn euch eure Augen alle paar Meter trotzig anbetteln, ein Päuschen einzulegen, um sich mit derselben Gier am Ausblick zu weiden, mit der sich ein Pferd die Blumen am Wegrand einverleiben würde, spart euch euer Picknick auf, bis ihr nach gut 7,6 Kilometern einen der besten Rastplätze überhaupt erreicht, die sich in Frankens Weinbergen finden lassen. Am TERROIR F 4 schützt euch ein elegant geschwungenes Dach vor einem zu gut gemeinten Level an Sonnenenergie und liegt euch die Welt zu Füßen.

Längst mit allen Facetten der fränkischen Weinkultur vertraut ist euch, als ihr die Parzellen unterhalb des Aussichtsnests abgegangen seid, natürlich aufgefallen, dass am Stettener Stein so manches anders ist. Bei den meisten Pflanzungen informiert ein Schild, zu welchem Weingut sie gehörten. Nun gut, das ist überall üblich. Aber nicht, dass ein

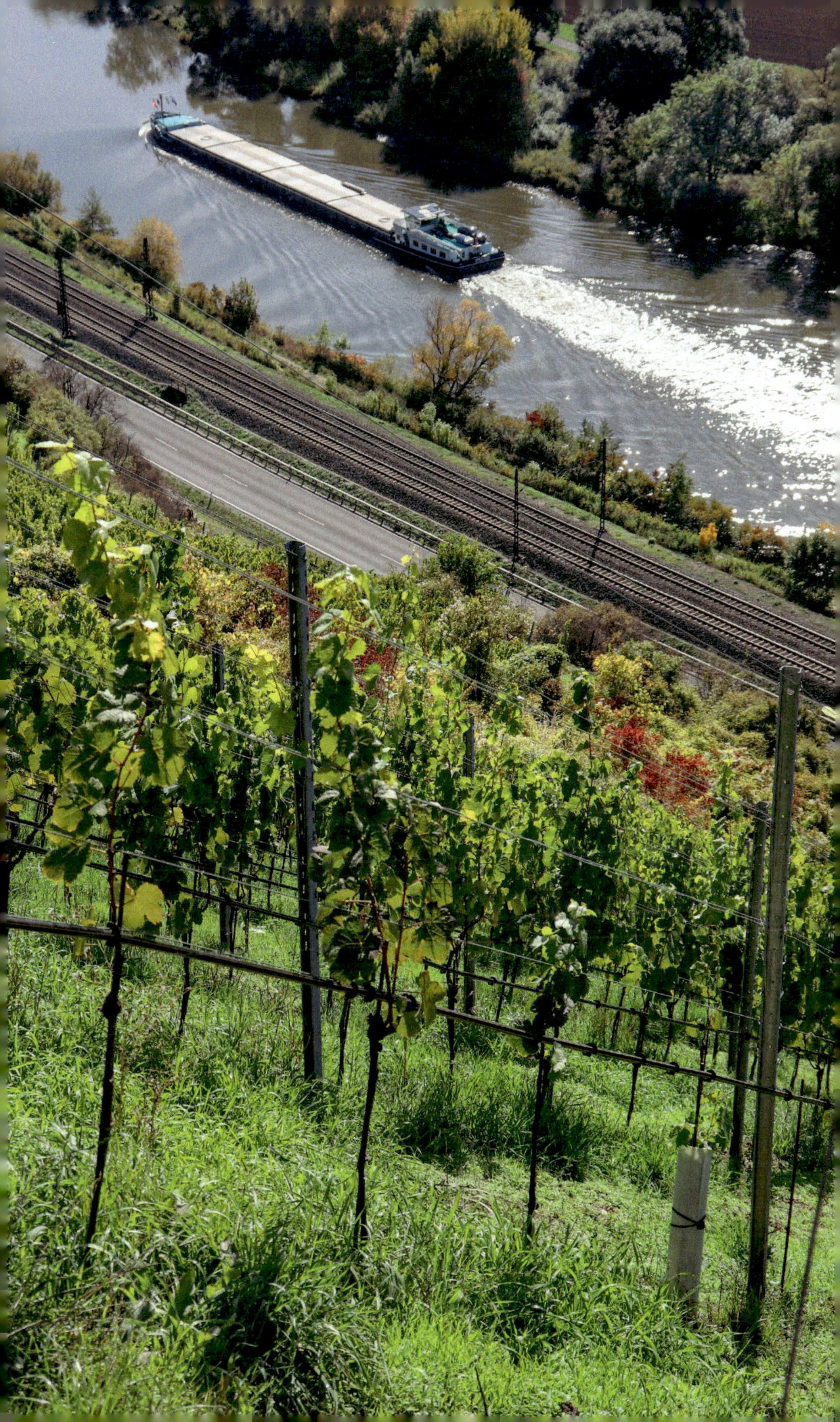

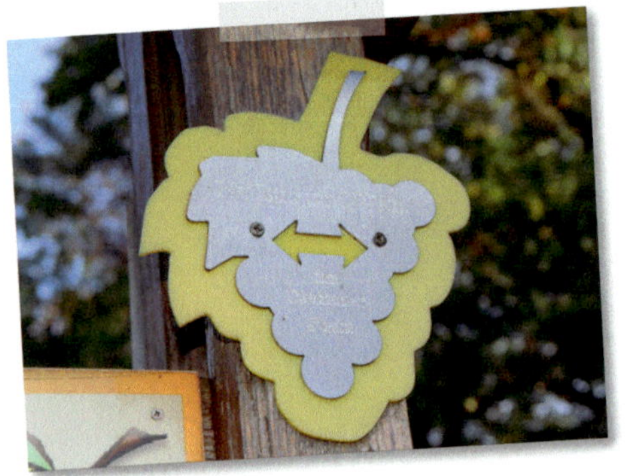

Großteil der Fläche von auswärtigen Winzern gehegt und gepflegt wird. Spätestens 1978, als man das Areal im Zug der Flurbereinigung umzukrempeln begann, beschloss ein Teil der Stettener Mondscheinwinzer, ihre ohnehin nur noch zum Teil genutzten Flächen abzugeben. Auf Spitzenqualität bedachte Häuser wie der Staatliche Hofkeller aus Würzburg griffen zu. Zudem habt ihr natürlich bemerkt, dass im Zentrum des Hohlspiegels der in Franken sonst omnipräsente Silvaner in der Minderheit ist. Es dominiert eine Rebsorte, die als eigentlich schon einen Tick zu anspruchsvoll für Franken gilt. Der Riesling erreicht die für ein Spitzenprodukt erforderlichen Öchslegrade vergleichsweise spät, kann erst dann gelesen werden kann, wenn sich die Herbstsonne bereits als ausgebrannt erweist. Soll er sich halt Zeit lassen! Denn auch »der sehr skelettreiche, karge Oberboden« des Stettener Steins »stellt einen großen Wärmespeicher dar«, so Ludwig Knoll, der kreative Kopf eines weiteren, hierher expandierten Würzburger Weinguts, in einem viel zitierten Interview. Erfahrene Sommeliers beschreiben sein Stöffchen als fast schon viskos, mit einem betörenden Duft nach Mirabelle gesegnet, als krautig, rauchig und mineralisch, ja sogar als salzig. An Knolls Keller kommt ihr vorbei, wenn ihr bei Wanderung Nummer 10 zum nicht minder berühmten Namensvetter des Stettener Weinbergs aufsteigt. Knolls Weingut am Stein liegt am Würzburger Stein.

Und nach eurer Rückkehr ins nur mäßig charmante Dorf im Hinterland? Da ihr mit Sicherheit hungrig seid, empfiehlt es sich, in die ungemein schmucke, lebendige City des nahen Karlstadt zu wechseln. Eine große Auswahl an Restaurants, Cafés und Weinlokalen lässt keinen Zweifel, dass man sich dort auf Ausflügler eingestellt hat. Das Kleinod ist übersichtlich, in seinen mittelalterlichen Gassen werdet ihr finden, wonach eurem Gaumen der Sinn steht.

Alles, was ihr wissen müsst

Rundtour: aus dem in eine Talmulde eingepassten Dorf Stetten in einen außergewöhnlichen Weinberg, den legendären Stettener Stein // Dank seines idealen Mikroklimas gedeiht an seinen Steilhängen sogar der in Franken seltene Riesling prächtig // **Wanderzeit:** ganzjährig, außer im Hochsommer

Markierung: stilisierte Weintrauben

Entfernung von Würzburg: 27 Kilometer
ÖPNV: nicht praktikabel
Auto: Parkplatz im Umfeld der Kirche von Stetten, Am Torbogen 4, 97753 Karlstadt

Einkehr: **Bäckerei Hubert Schraut,** Werntalstraße 36, 97753 Karlstadt // **Landmetzgerei Udo Müller,** Werntalstraße 73, 97753 Karlstadt, www.metzgerei-mueller.de // **Weinhandlung Winzerkeller**, Urbanusstraße 29, 97753 Karlstadt

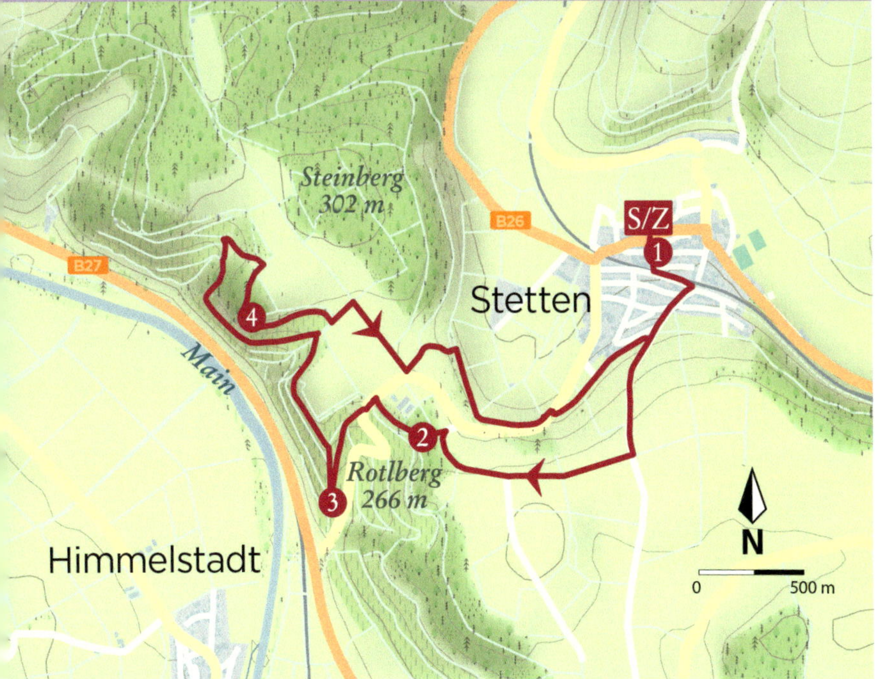

Von Miltenberg zum Kloster Engelberg

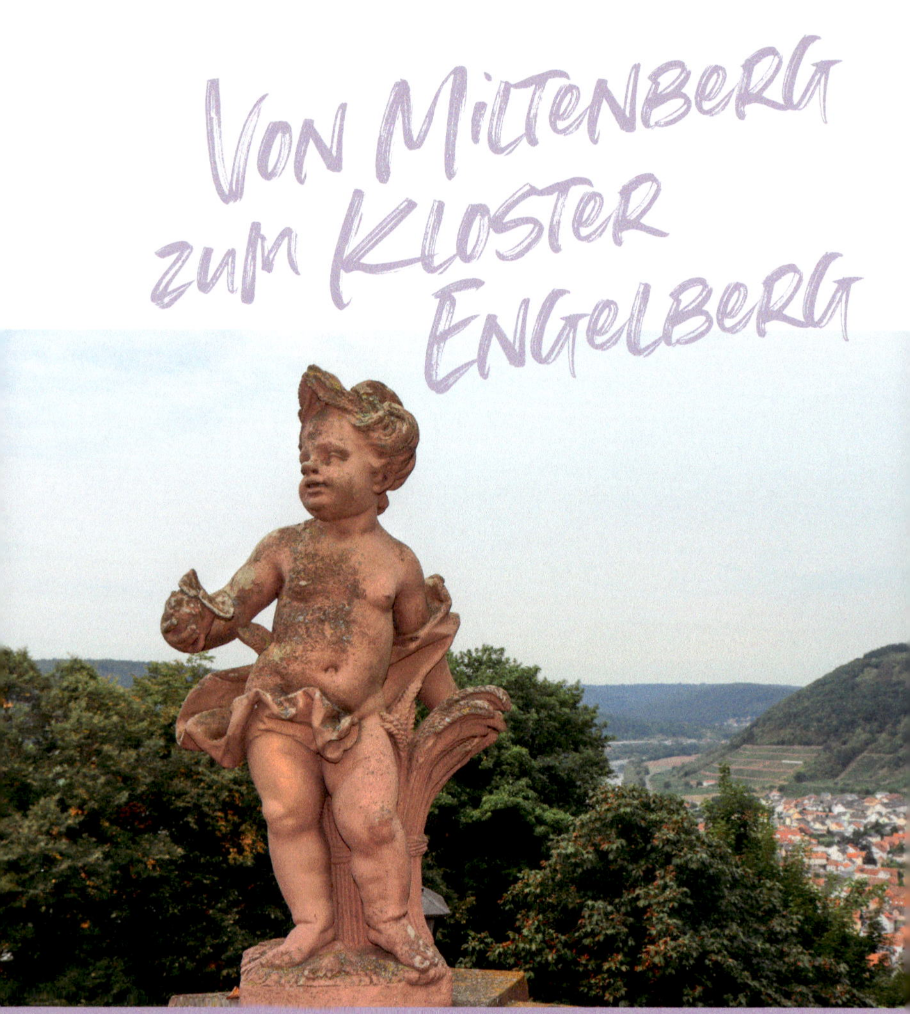

Schwierigkeit: leicht // 13 Kilometer // 153 Höhenmeter
Für Familien mit Kindern geeignet

DURCH DIE AUEN DES MAINS
ZUR GRÖSSTEN TREPPENANLAGE,
DIE JE VON MÖNCHEN GEBAUT WURDE

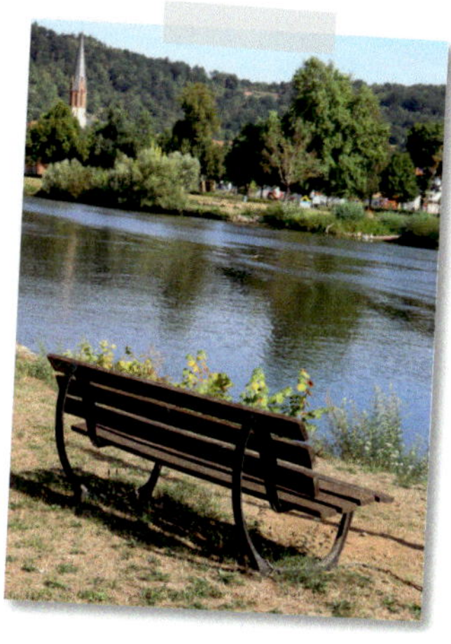

Als ein »artig Städtchen« beschrieb einer der berühmtestes Reiseschriftsteller des 17. Jahrhunderts, Balthasar de Monconys, eines der beliebtesten Ausflugsziele Weinfrankens, das Fachwerkwunder Miltenberg. Mag schon sein, dass die lang gezogene, dafür extrem schmale Altstadt, aus der an den Wochenenden Tausende von Tagesausflüglern ein Selfie nach dem nächsten posten, so gar keinen Charme versprühte, als ihr der französische Arzt und Diplomat am 3. Dezember 1663 seine Aufwartung machte. Er hatte sich den Ort ja eigentlich auch gar nicht ansehen wollen. Aber eine Achse seiner Kutsche war gebrochen. Dass sich der weit gereiste Lebemann so gar nicht für das Schatzkästlein begeistern konnte, hat natürlich seine Gründe. Fachwerkbauten galten zu seiner Zeit als Zeichen großer Armut. Man fand sie hässlich, schämte sich für sie. Wie fast alle Städtchen in Franken, war auch das mittelalterliche Miltenberg im Dreißigjährigen Krieg in Flammen aufgegangen. Es nach der neuesten Mode aus Stein neu aufzubauen: viel zu teuer. Aus Holzbalken zusammengesteckte Häuser wertzuschätzen, das wurde erst im 18. Jahrhundert salonfähig.
Sicher hat auch euch der legendäre Ruf Miltenbergs schon vor längerer Zeit erreicht, hab ihr das traumhaft schöne Städtchen längst für euch entdeckt und erkundet (siehe auch Wanderung 19). Deshalb führt euch diese Rundtour buchstäblich zu neuen Ufern.

IHR DURCHSTREIFT MILTENBERGS WEITGEHEND UNBEKANNTES UM- UND VORLAND. ABER AUCH DIE NATUR KOMMT NICHT ZU KURZ. HÖHEPUNKT IST JENE LANDMARKE, DIE DAS FLACHE BECKEN, DAS DER MAIN IN JAHRMILLIONEN JENSEITS DES MAINS AUSGEWASCHEN HAT, OPTISCH BEHERRSCHT. DAS KLOSTER ENGELBERG WIRD EUCH AUF EUREN WEG STETS IM AUGE BEHALTEN.

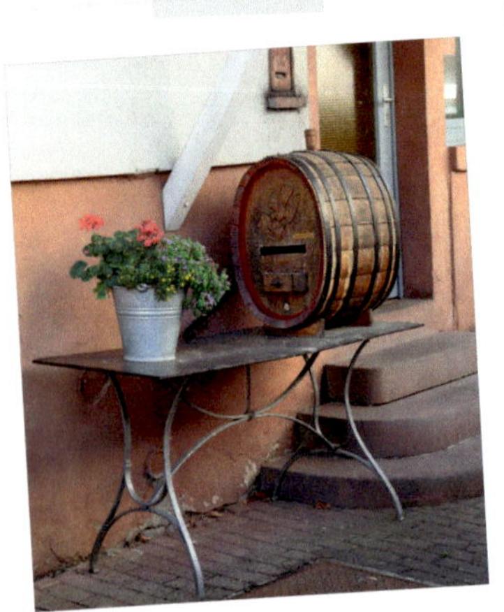

Upcycling hat Stil

Startpunkt ist Miltenbergs jüngstes Wahrzeichen, die Mainbrücke. Erst seit dem Jahr 1900 ersetzt sie jene Fähre, mit der de Monconys 1663 endlich jenes Ufer erreichte, an dem es ihm deutlich besser gefiel, weil es »mit lauter Weinbergen besetzt« war. Sowohl vom nahen Bahnhof als auch von Miltenbergs Besucherparkplätzen aus findet sich der Zugang von der Brücke in die Altstadt wie von selbst. Die Miltenberger Burg weist euch die Richtung, in die ihr der quirligen Flaniermeile, der Hauptstraße, folgt. Ihr behaltet die Richtung auch noch dann bei, wenn sich das Bild abrupt ändert, die von Gewerbebetrieben geprägte Vorstadt die Regie übernimmt. Orientiert euch an den Wander- und Radwegschildern. Ihr wollt nach Kleinheubach. Ihr müsst euch für diese Wanderung aber auch unbedingt den GPS-Track aufs Smartphone herunterladen.

Im Laufe von nur 13 Kilometern passiert ihr eine spektakuläre Vielzahl historischer Grenzen. Eure erste Demarkationslinie – ihr weicht gerade von der Hauptstraße ins Grüne ab – ist zugleich die älteste der Tour. Eine Info-Tafel und ein paar rekonstruierte Grundmauern bezeugen, dass die antiken Römer hier ein MILITÄRLAGER 1 errichteten, als sie um das Jahr 159 die Außengrenze ihres Weltreichs, den Limes, ein paar Kilometer nach Osten verschoben. Zwischen dem 50 Kilometer flussabwärts gelegenen Seligenstadt und einem zweiten Miltenberger Kastell, das am anderen, östlichen Ende der Stadt lag, markierte der Main, wo ihr Imperium zu Ende war. Keine Bange, schon seit dem Jahr 249, in dem sich die Weltmacht aus diesem Teil Germaniens zurückzog, muss hier niemand mehr seinen Ausweis vorzeigen.

Keine 500 Meter später, am Ende einer Schleusenanlage – ihr wandert am unbebauten Ufer entlang – die nächste imaginäre Passkontrolle. Heute mag die Grenzlinie unsichtbar sein, an der das Gebiet der Stadt Miltenberg endet, Kleinheubach beginnt. Bis 1816, als beide bayerisch wurden, stießen hier zwei Staaten aufeinander. Ihr kommt gerade aus den Landen des mächtigen Fürstbischofs von Mainz. An welches Adelsgeschlecht die Kleinheubacher gerade ihre Steuern zahlen, hängt davon ab, wie weit zurück ihr in eurer Phantasie euren Wandertag datiert. Nach etlichen Wechseln plünderten 1721 die bis dato in der Region Heilbronn ansässigen Grafen von Löwenstein-Wertheim ihre Portokasse und kauften sich den Ort. Ihr taucht jetzt in den Park des großzügigen Schlosses ein, das sie sich gönnten. Dann gelangt ihr auf die Rück- beziehungsweise Schauseite des gelungenen Versuchs, das französische Königsschloss Versailles nach Franken zu transferieren,

Heimat eines Weinguts mit Weltklasse: Schloss Kleinheubach

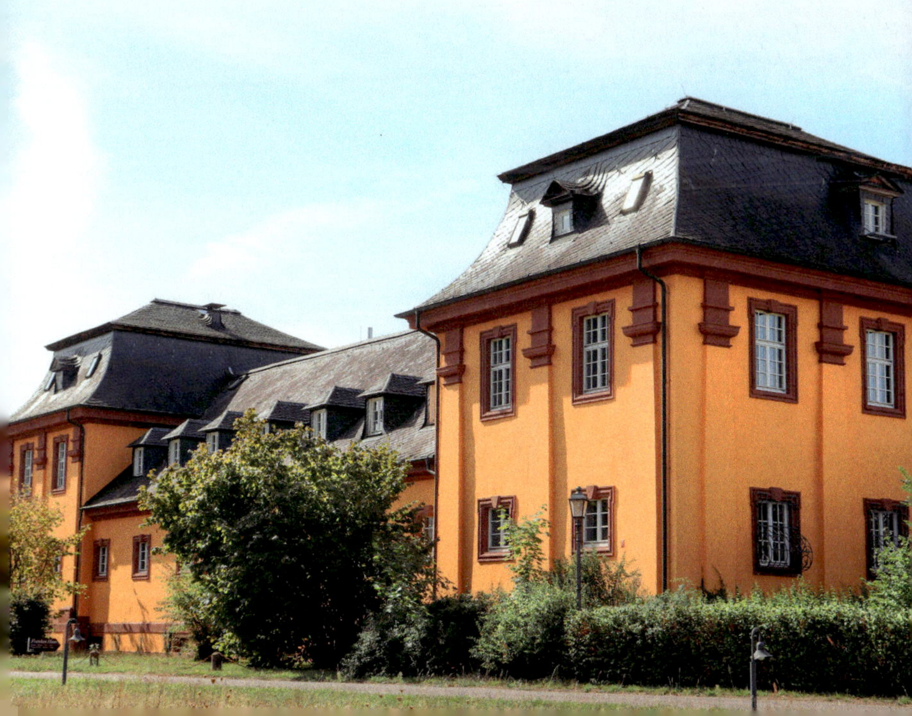

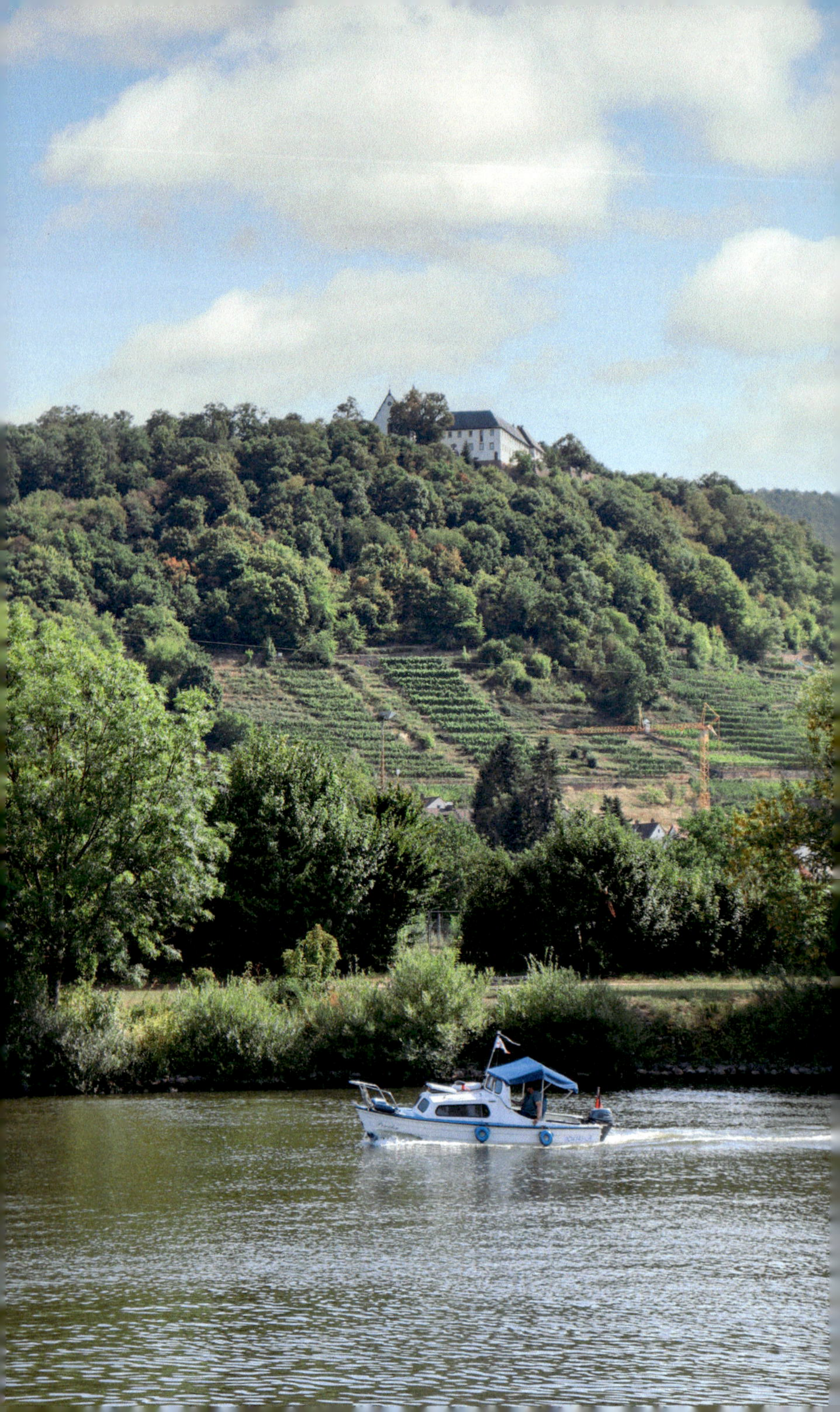

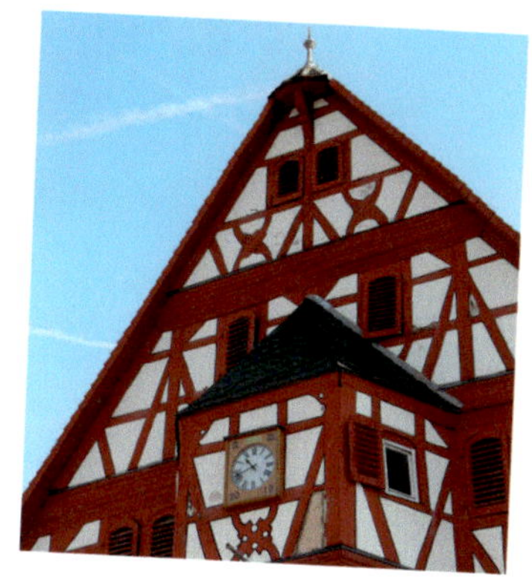

GROßHEUBACHER WOHNTRAUM

und schließlich auf die HAUPTDURCHFAHRTSSTRASSE 2, auf die ihr ein Stückchen in Richtung Miltenberg zurückgeht. Haltet jetzt nach dem Wanderzeichen blaue Raute Ausschau. Obwohl Schloss Löwenstein zu den stilprägenden Herrschaftssitzen des Spätbarocks zählt, ist die gelbe Schönheit nicht zugänglich. Sehr schade. Und leider auch nicht die Vinothek des fürstlichen Weinguts, sie öffnet ihre Türen nur für Gruppen. Ein Abstecher in den Ort selbst lohnt nicht wirklich, aber im Uferpark die Seele baumeln zu lassen und den Schiffen nachzusehen umso mehr.

Wenn ihr die blaue Raute gefunden habt, könnt ihr euer Smartphone mindestens für die nächsten drei Kilometer wegstecken. Sie lotst euch über den Main bis zum Kloster Engelberg. Sollte euch eure Phantasie in das Jahr 1806 versetzt haben, wird es auf der Mitte der Brücke chaotisch. Dort verlief bis 1816 eine weitere Grenze. Wie Miltenberg wurde Kleinheubach in diesem Jahr badisch. 1810 vielen beide an Hessen-Darmstadt. Nun wollt ihr nach Großheubach weiter. Napoleon beanspruchte die von ihm eroberten Gebiete links des Rheins für Frankreich. Die deutschen Fürsten, die er von dort vertrieb, sollten aber eine Entschädigung erhalten. Deshalb teilte er die Staaten der Bischöfe, die Fürstbistümer Mainz, Würzburg, Bamberg et cetera unter ihnen auf, entschied aber, dass auch der Kirche eine Entschädigung zustand. Zu diesem Zweck wurde das Großherzogtum Frankfurt gegründet, in das ihr jetzt einreist, das allerdings 1814 nach nur vier Jahren schon wieder Geschichte war.

Großheubachs größte Attraktion ist eine TREPPE 3. Nach seinen Winzern, natürlich! Was die Aneinanderreihung von Stufen so besonders macht, erschließt sich euch, sobald ihr ihren Namen kennt:

SEINEN LIEBEN KATHOLIKEN HAT GOTT DIE MÖGLICHKEIT GEGEBEN, SICH EINEN PLATZ IM HIMMELREICH ZU SICHERN, INDEM SIE MINDESTENS EINMAL IM JAHR, AN KARFREITAG, DEN KREUZWEG BETEN. DIESES RITUAL VERLANGT DAS LEIDEN, DAS JESUS AM TAG SEINES TODES AUF SICH GENOMMEN HAT, AN SICH SELBST NACHZUVOLLZIEHEN.

Wie? Indem man sich, zunehmend leidend, die 14 letzten Stationen seines Lebens vorarbeitet. Die blaue Raute hat euch an den Fuß der größten Anlage geführt, die je speziell für dieses Ritual gebaut wurde. Seit 1637 garantieren die Engelsstaffeln, dass sowohl der Aufstieg ins Paradies als auch der Weg in das legendäre Wirtshaus des Klosters kein leichter ist, vor dem ihr steht, wenn ihr die 612 Stufen – süddeutsch Staffeln – hinter euch gebracht habt. 1630 zur Betreuung der zahllosen Pilger gegründet, die hier oben eine Madonna um ein Wunder anflehten, wird die Landmarke noch heute von Mönchen bewohnt. Berauscht euch an der Aussicht. Aber lieber nicht am Wein aus dem klostereigenen Weinberg, denn ihr habt noch einiges vor euch. Folgt ab jetzt dem Marienweg, der euch durch dichten Wald und einen Weinberg ins flache Auenland und schließlich nach Miltenberg und dort zum Bahnhof zurückbringt. Wer mit dem Auto angefahren ist, sollte, sobald die ersten Häuser des STÄDTCHENS 4 erreicht sind, erneut auf den GPS-Track umschalten. Es lohnt, sich auf den Umweg am Main entlang einzulassen, den euch dieser vorschlägt.

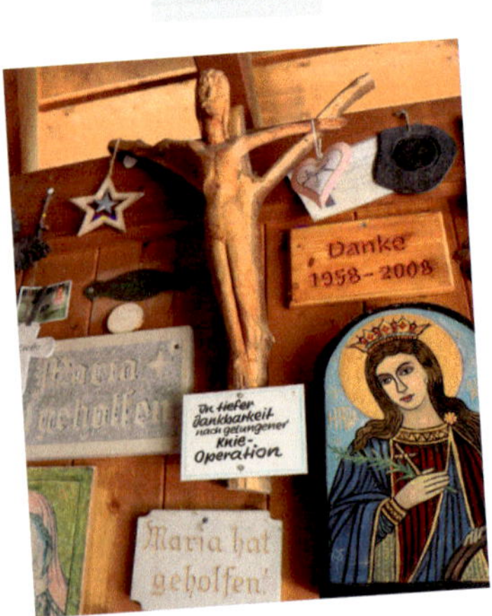

GLAUBENSSACHE(N)

Alles, was ihr wissen müsst

Rundtour: durch die pittoreske Altstadt von Miltenberg und vorbei an Klein- und Großheubach zu einer spektakulären Treppenanlage // hinauf zum Kloster Engelberg, das für sein Wirtshaus und seinen sensationellen Ausblick berühmt ist // **Wanderzeit:** Mai bis Oktober

Markierung: nicht durchgängig // GPS-Track unentbehrlich

Entfernung von Aschaffenburg: 40 Kilometer
ÖPNV: RE 87 & RB 88 ab Aschaffenburg und Wertheim
Auto: reichlich Parkplätze, Mainstraße 21, 63897 Miltenberg

Einkehr: **Kloster Engelberg** mit Klosterladen, 63920 Großheubach, www.kloster-engelberg.com // **Weingasthof Zipf,** Hauptstraße 42, 63897 Miltenberg, www.weinhof-zipf.de // **Weinlokal Schmuckkästchen,** Hauptstraße 185, 63897 Miltenberg, www.hotel-schmuckkaestchen.de

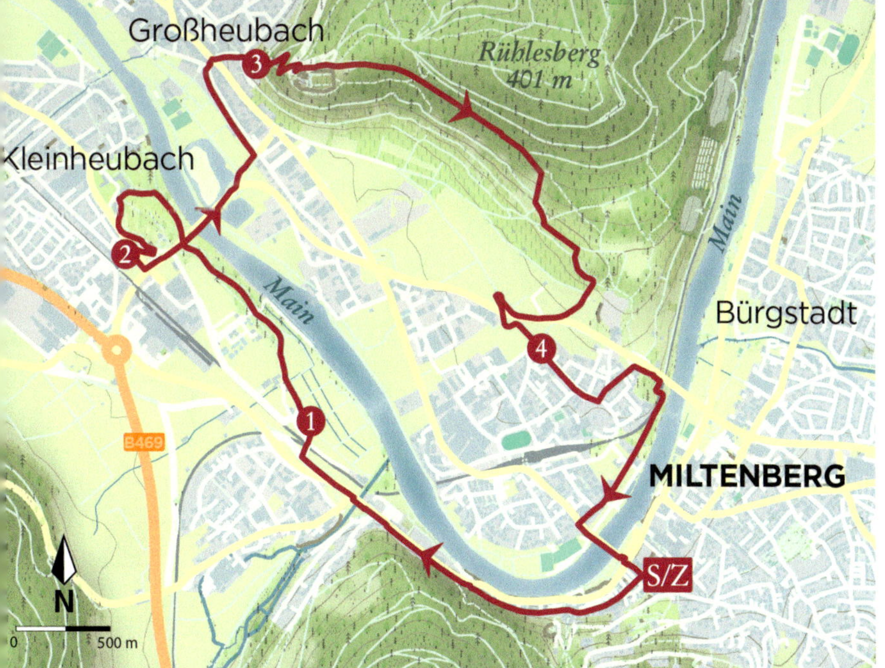

Würzburger Weinerkundung

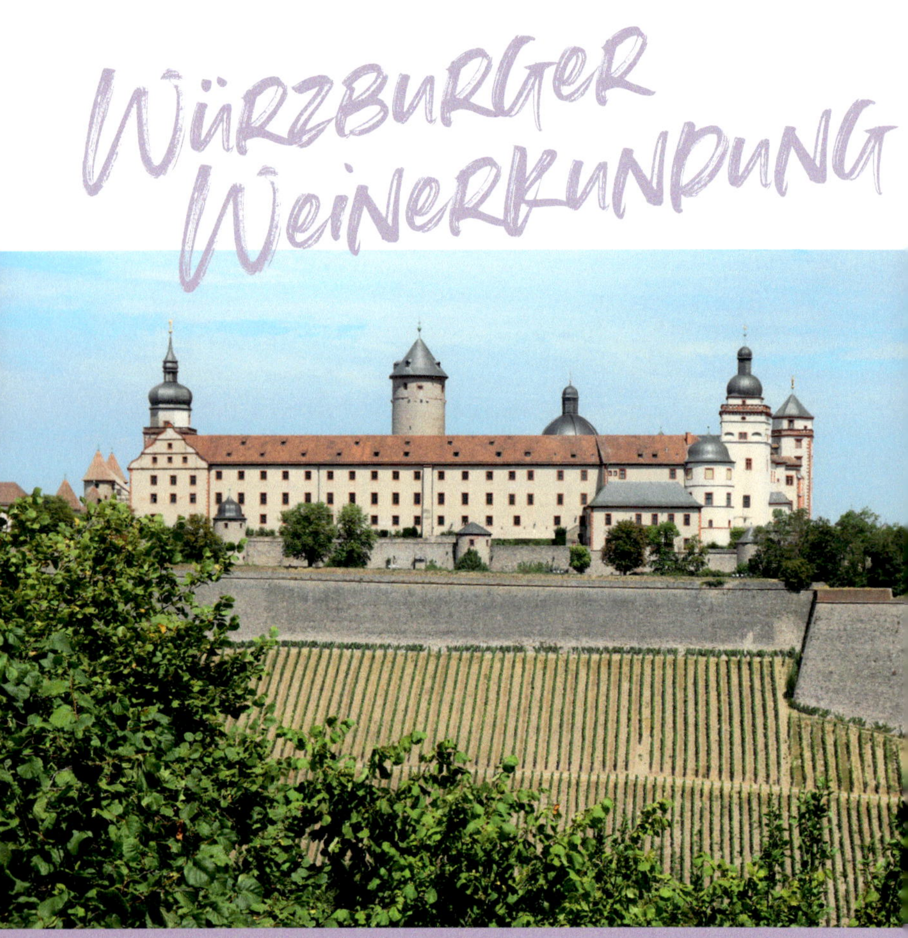

Schwierigkeit: mittel // 6,5 Kilometer // 140 Höhenmeter
Für Familien mit Kindern geeignet

WELTBERÜHMTE INNENSTADT-LAGEN UND UNTERIRDISCHE KATHEDRALEN: WO DER RAUSCH SEIT MENSCHENGEDENKEN HEILIG IST

Am Anfang war jene Frühlingswoche, in der ein Wanderprediger in Jerusalem Quartier nahm, um dort mit seinen zwölf treuesten Anhängern ein Festbankett zu zelebrieren. 2.000 Jahre ist das jetzt her, und das letzte Abendmahl ist ohne Wein nicht denkbar: »Und er nahm den Kelch …«. Der bekanntlich mit Wein gefüllt war.
Was das mit der Idee zu tun hat, nach all den Weinwanderungen draußen auf dem Land nun auch Rebhängen einen Besuch abzustatten, die inmitten einer Großstadt liegen? Ein Streifzug durch das von der Sonne verwöhnte Würzburg verspricht zuallererst, in ein mediterranes Flair abzutauchen, ohne die Alpen überqueren zu müssen. Wann immer es das Wetter zulässt, trifft sich auf der Alten Mainbrücke, wo auch euer Rundweg beginnt, Alt und Jung zum Aperitivo. Überhaupt findet in Frankens Mainmetropole das Leben draußen statt. Ihr bummelt ein Stückchen, trinkt hier einen Schoppen, dort einen weiteren, strandet an einem Rastplatz mit Panoramablick, an dem ihr die Seele baumeln lasst und habt schon wieder ein kunsthistorisches Highlight von Weltrang vor euren Augen.

DIE NÄCHSTE HAUSMADONNA. DER NÄCHSTE BEWEIS, DASS DER KATHOLIZISMUS HIER ÄHNLICH TIEF VERWURZELT IST WIE DIE WEINSTÖCKE, DIE SICH AUF DER SUCHE NACH WASSER BIS ZU 15 METER TIEF INS ERDREICH GRABEN.

Gehen wir es an! Wendet euch am Startpunkt, der weltberühmten Alten Mainbrücke, dem auf einen schmalen Uferstreifen gezwängten Mainviertel zu. Seit 1133 verbindet sie die weitläufige Altstadt mit der historischen Keimzelle der Stadt. Unweigerlich wird euer Blick die mächtige Burg des Bischofs ins Visier nehmen, die euch aus 100 Metern Höhe her zulächelt. Es wirkt, als würden Rebstöcke die Festung Marienberg tragen. Geschmiedet wurde die Allianz zwischen Glauben, Herrschaft und Wein 742, als der Benediktinermönch Burkhard ein Bistum aus der Taufe hob, das es im Laufe von 1.000 Jahren zu unermesslichem Reichtum und großer Macht bringen sollte.

BURKHARDS VORLÄUFER, DER WÜRZBURGER STADTHEILIGE KILIAN, DER DIE FRANKEN 689 MIT DEM CHRISTENTUM BEKANNT MACHT, BRAUCHTE NUR EINE KLEINE MENGE AN MESSWEIN. WEIL ABER UNTER BURKHARD WIRKLICH JEDER – VOM HERZOG BIS ZUM BETTLER – SONNTAGS ZUR ABENDMAHLFEIER ZU GEHEN HATTE, EXPLODIERTE DER BEDARF.

Anstatt sich weiterhin in Italien dicke Fässer zu bestellen, importierte man jetzt Setzlinge.

Überquert die dicke Straße, die die Brücke vom Mainviertel trennt, haltet euch rechts – und biegt bei der ersten Möglichkeit links in den Tellsteig ein. Durch einen mit Wehranlagen durchsetzen Park geht es steil hinauf auf die obere Kante des Weinbergs, der in Richtung Altstadt zeigt. Wie genau sich der Weinbau dann entwickelte, liegt im Dunkel der Geschichte. Der an der Grenze zum Nachbarort Randersacker gelegene Teufelskeller wird als ältester Würzburger Weingarten gehandelt. Aber nur, weil die Urkunde von 779, die ihn erwähnt, erhalten blieb. Während Tausende andere verloren gingen. Die Wahrscheinlichkeit, dass die ersten Trauben in etwa dort gereift sind, wo ihr euch gerade von der Aussicht berauschen lässt, ist groß. Ein 1128 verfasstes Dokument belegt, dass diese vier Hektar kleine Lage, der Schlossberg, bereits zu dieser Zeit den Weinkeller des Bischofs füllte. Heute gehört sie dem Staatlichen Hofkeller. Die erste Bischofskirche der Stadt, in der der Messwein benötigt wurde, lag zum Greifen nahe. Sie ist in der Festung aufgegangen, die ihr halb umkreisen müsst, bevor euch EINLASS ① gewährt wird.

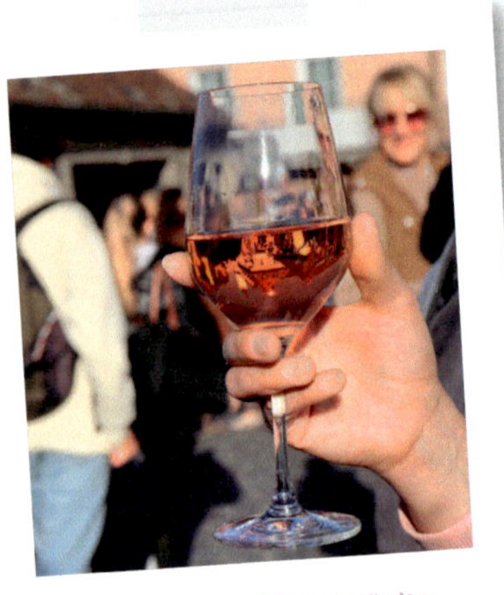

AUF DER ALTEN MAINBRÜCKE

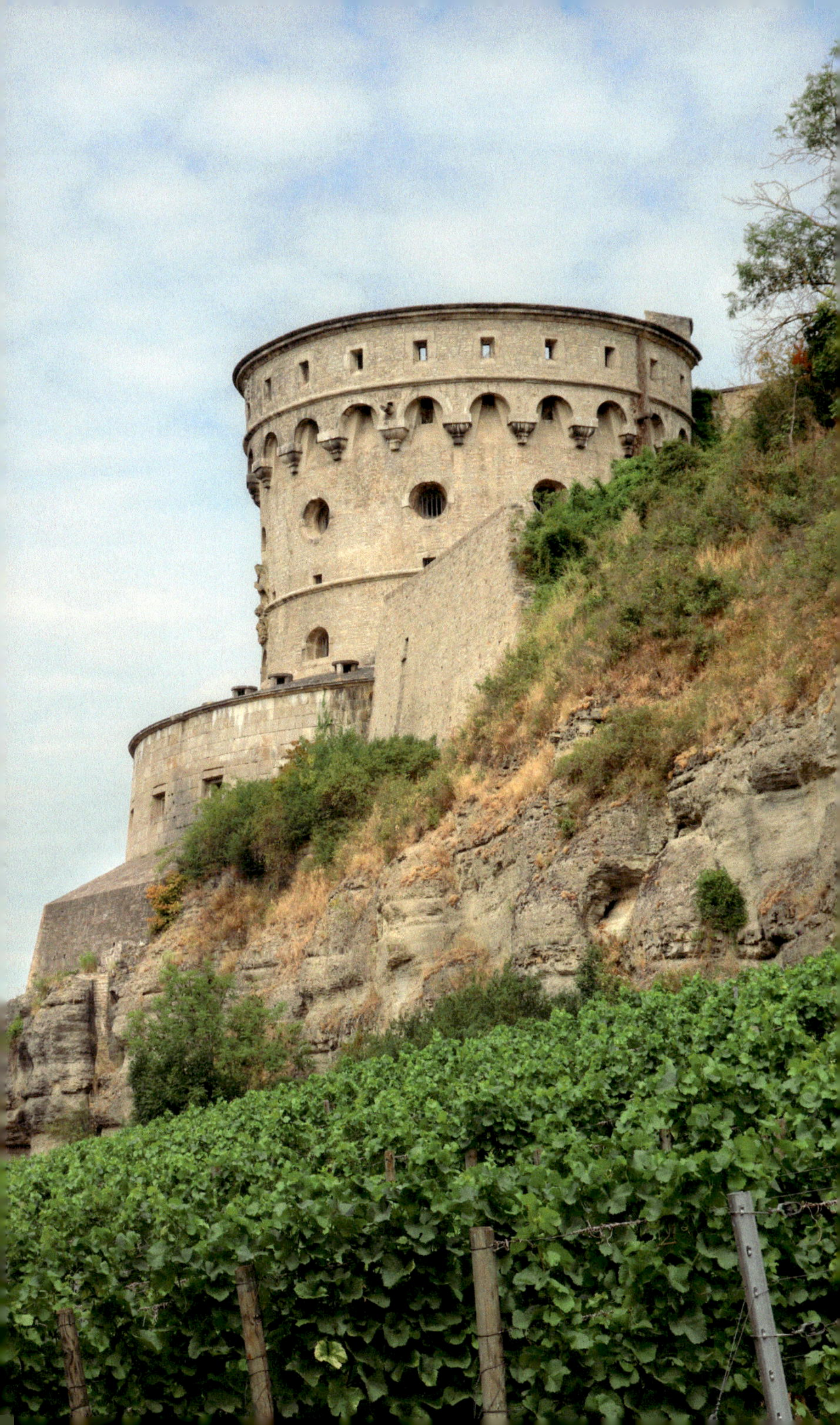

Mit einer Gehzeit von zwei bis drei Stunden ist die von einem abwechslungsreichen, aber nicht zu unterschätzenden Auf und Ab geprägte Rundtour so gewählt, dass euch viel freie Zeit bleibt, um sie mit weiteren, der Jahreszeit entsprechenden Out- und Indoor-Erlebnissen zu kombinieren. Speziell an arg heißen Tagen und bei Regen empfiehlt es sich, sich für ein, zwei Stunden ins wohltemperierte, im äußersten der drei Burghöfe gelegenen MUSEUM FÜR FRANKEN 2 zurückzuziehen. Der GPS-Track, der auf dieser Tour unverzichtbar ist, zeigt euch, dass ihr die gigantische Anlage an ihrer Schwachstelle, die durch ein massives Vorwerk geschützt ist, verlassen müsst. Wenn sich zu eurer Linken ein PARKPLATZ 3 auftut: einbiegen. An seinem Ende findet ihr einen Durchlass. Er bringt euch auf die obere Kante der Inneren Leiste, der zweiten Innenstadt-Weinlage. Sie ist für ihr besonderes Klima berüchtigt. Im Sommer

Wenig bekannt, aber Architektur von Weltrang: Treppe zum Käppele

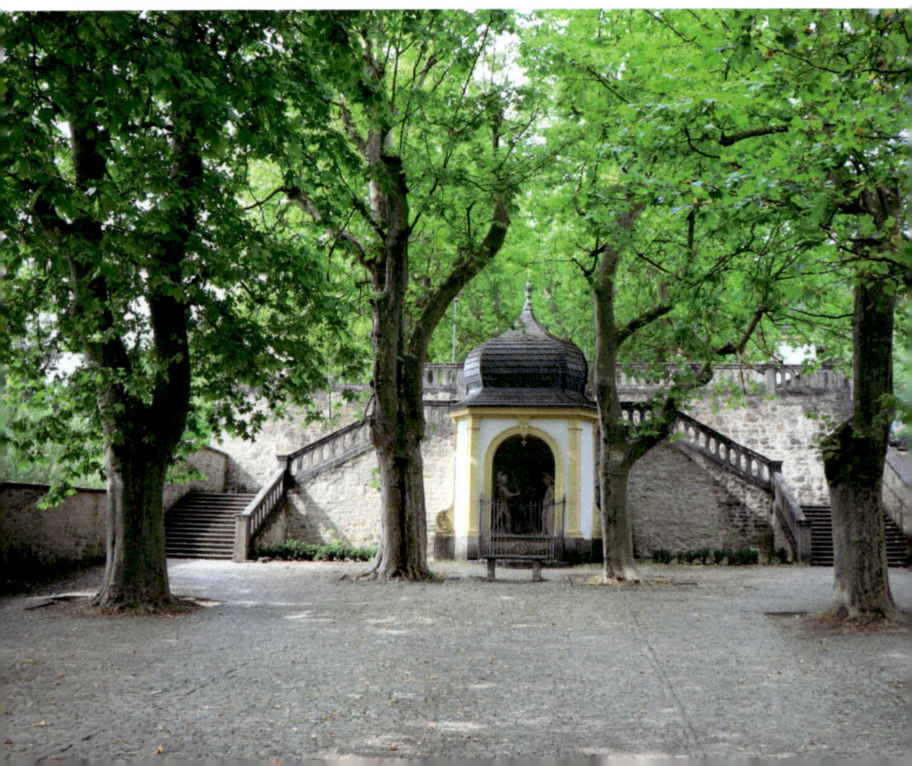

kann es hier bis zu 60 Grad heiß werden. Auch deshalb steigt ihr bereits bei der ersten Möglichkeit ins Tal ab, um sogleich auf Würzburgs höchste Erhebung aufzusteigen, den bewaldeten, schattigen Nikolausberg. Wann immer sich Feinde des Bischofs gegen die Festung Marienberg wandten, stellten sie an dessen Flanke ihre Geschütze auf. Dass das gute Schussfeld ab circa 1640 buchstäblich wie durch ein Wunder blockiert war, hätte eurem letzten exponierten Zwischenziel, dem Käppele, beinahe die Existenz gekostet. Zuletzt wurde ihr Abriss im Preußisch-Österreichischer Krieg von 1866, in dem die Wallfahrtskirche den preußischen Belagerern optimale Deckung bot, gefordert.

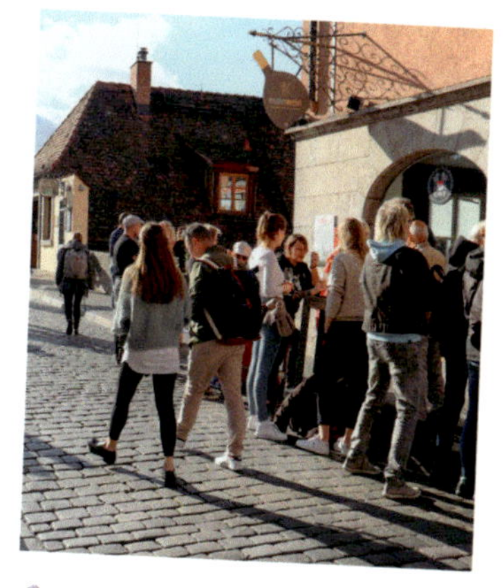

So geht Schöppeln

EINE STATUE, DIE EIN FISCHERJUNGE IM SCHLICK DES MAINS FAND UND HIER OBEN AUFSTELLTE, HEILTE VIER SCHWER KRANKE GLÄUBIGE. DAS HAUS, DAS MAN DER MADONNA BAUTE, KONNTE DEN STROM DER PILGER BALD NICHT MEHR FASSEN. 1748 ERHIELT DAS ARCHITEKTURGENIE BALTHASAR NEUMANN DEN AUFTRAG, ES IM STIL DES ROKOKOS ZU ERNEUERN.

Auf der vorgelagerten Terrasse befindet sich der Einstieg in den ab 1761 angelegten Stationsweg, über den ihr zur zweiten Würzburger Bischofskirche, ST. BURKHARD (4), und von dieser wieder zur Alten Mainbrücke gelangt. Der heutige Dom, der aus der Ferne heraufgrüßt, ist die fünfte Bischofskirche. Er ersetzte ab 1040 einen Vorgängerbau des benachbarten Neumünsters.

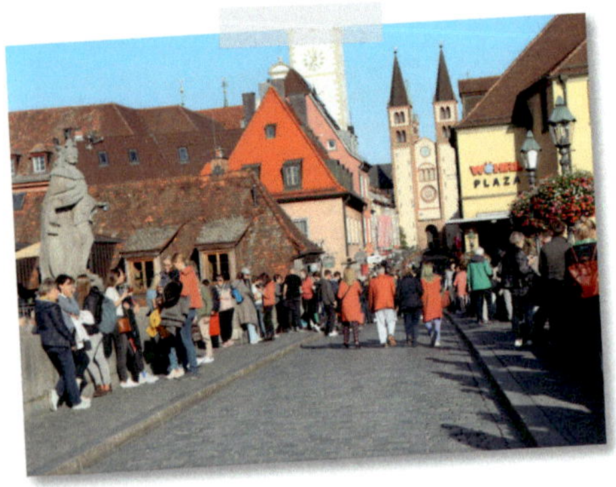

Auf der Terrasse des Käppele liegt euch die Stadt zu Füßen und damit auch die Frage im Mund, wie der Tag denn weitergehen soll. Erste Empfehlung: Mischt euch unter die illustre Meute, die sich auf der Alten Mainbrücke ein Gläschen Silvaner gönnt. Ist es dazu noch zu früh: Hinten am Rand der Altstadt erkennt ihr die Residenz. Ihr Bauherr, der Würzburger Fürstbischof, ließ sie aus gutem Grund unterkellern.

DAS 4557 QUADRATMETER GROSSE LABYRINTH, IN DEM ER SEINE WEINE LAGERTE, IST HEUTE DAS HERZSTÜCK DES EDELSTEN DER WÜRZBURGER WEINGÜTER, DES STAATLICHEN HOFKELLERS, UND KANN BESICHTIGT WERDEN.

Von euch gesehen aus im rechten Seitenflügel der Residenz: das Restaurant des Weinguts. Am linken Rand des Residenzplatzes: die Vinothek. Ein Stück links von der Residenz: das 1316 eingerichtete Bürgerspital. Damit es seine Bestimmung – die Pflege von Kranken – finanzieren konnte, wurde es von seinen Stiftern mit Weinbergen beschenkt. Ihr habt die Wahl, ob ihr auch dort an einer Kellerführung teilnehmen wollt und euch im eleganten Restaurant, im traumhaft schönen Innenhof-Garten oder im urigen Stehausschank durch seine preisgekrönten Weine durchprobiert. Bleibt noch einmal einen Tick weiter links das 1576 gegründete Juliusspital, das ebenfalls bis heute seine karitativen Pflichten durch den Anbau edler Weine finanziert. Auch dort lässt es sich aufs Feinste dinieren, auch sein historischer Keller kann besichtigt werden.

Alles, was ihr wissen müsst

Rundtour: Von Frankens quirligstem Freiluftwirtshaus geht es über die Weinberge unterhalb der Festung Marienberg und die Festung selbst auf den Nachbarberg // Von der Wallfahrtkirche Käppele bietet sich ein berauschender Blick auf die Stadt // Ausklang in einem der Traditionsweingüter // **Wanderzeit:** ganzjährig

Markierung: GPS-Track nutzen // Zwischenziele ausgeschildert

Entfernung von Nürnberg: 90 Kilometer
ÖPNV: mit dem ICE aus allen Richtungen gut erreichbar
Auto: Parkhaus Alte Mainbrücke, Zeller Straße 3, 97082 Würzburg

Einkehr: **Weinausschank auf der Alten Mainbrücke** // **Staatlicher Hofkeller,** www.hofkeller.de, Residenzgaststätte, www.b-neumann.com // **Bürgerspital,** www.buergerspital.de, Restaurant, www.buergerspital-weinstuben.de // **Juliusspital,** www.juliusspital-weingut.de, Restaurant, www.weinstuben-juliusspital.de

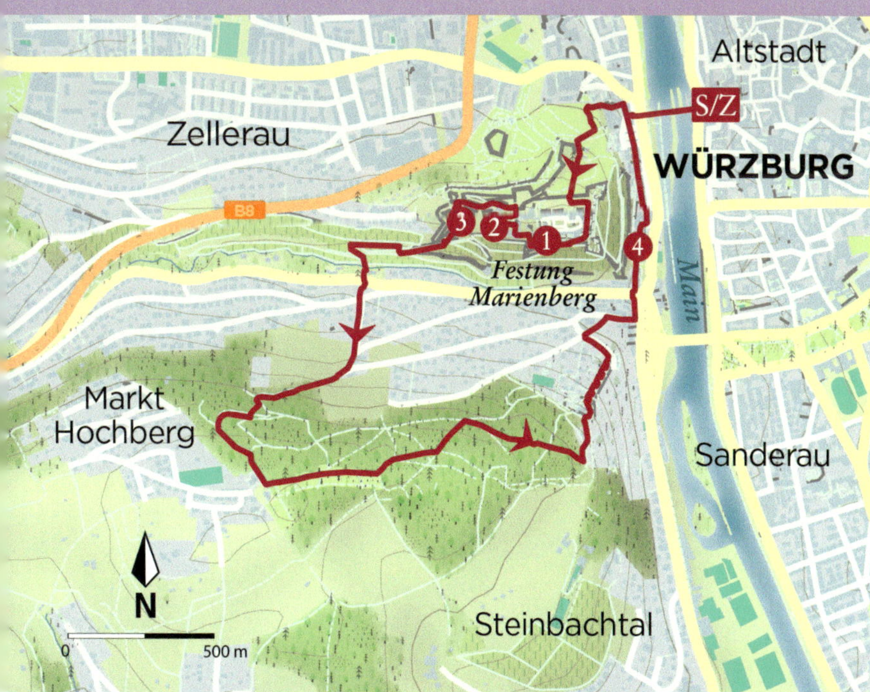

Von Würzburg nach Veitshöchheim

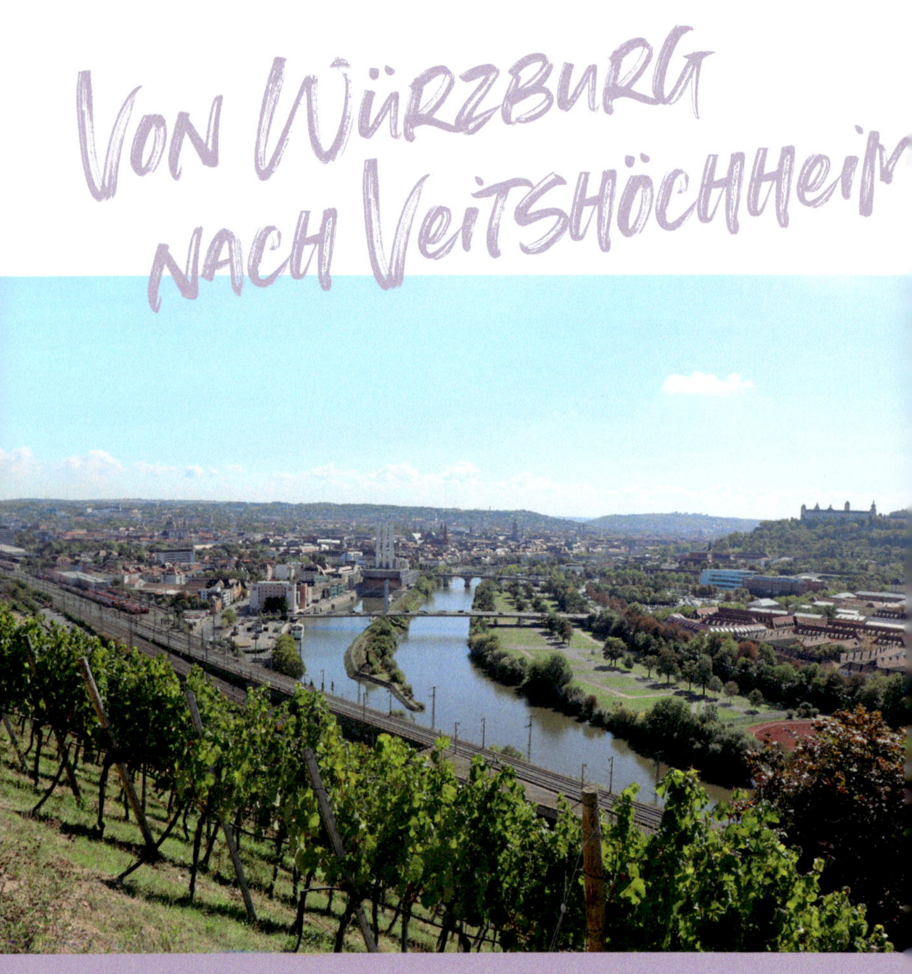

Schwierigkeit: mittel // 10,5 Kilometer // 200 Höhenmeter
Für Familien mit älteren Kindern geeignet

WEINBERG-HOPPING MIT BOOTSTRANSFER: AUF EINEM SONNENDECK DIE BEINE BAUMELN LASSEN

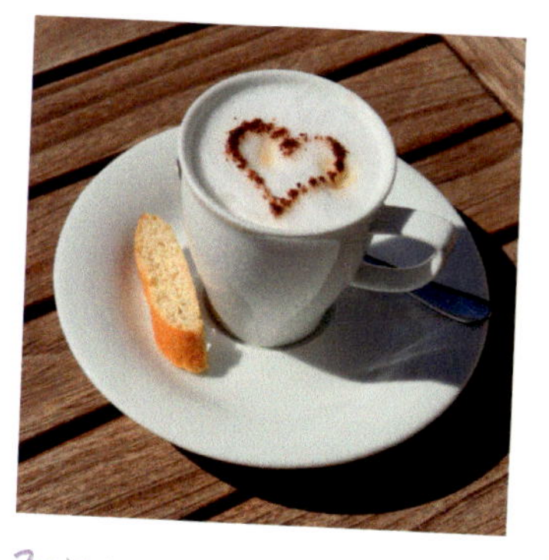
Zwischendurchverwöhnerle

In Würzburg gibt es eine Grenze, an der das Gute ein Ende hat, und das Beste beginnt. Sie liegt dort, wo die Gleise der Eisenbahn die Stadt von ihrem nördlichen Hinterland abschneiden. Genauer gesagt: Von jenem lang gestreckten Berg, der gleich hinter dem Hauptbahnhof aufsteigt. Seit 1200 Jahren mit Rebstöcken bepflanzt, gilt er bei Riesling und Silvaner als das Maß aller Dinge. Ohne ihn hätte Goethe seinen »Faust« wohl kaum zu Ende gebracht. Zeit seines Lebens war es dem Dichterfürsten eine Herzensangelegenheit, seinen Keller mit Wein vom Würzburger Stein gefüllt zu wissen. Reiste er nach Karlsbad, um seine Leber zu kurieren, schickte er ein entsprechendes Quantum voraus. Ein 60-Liter-Fässchen, das sollte reichen für vier Wochen Kuraufenthalt. Wohl auch wegen seines legendären Konsums waren sich Generationen von Deutschlehrern sicher, dass nur er jene geflügelten Worte geprägt haben kann, die euch auf dieser Wanderung des Öfteren begegnen werden:

»ZU KLINGENBERG AM MAIN, ZU WÜRZBURG AM STEIN, ZU BACHARACH AM RHEIN, HAB ICH MEINEN TAGEN GAR OFTMALS HÖREN SAGEN WÄCHST DER BESTE WEIN!«

Nur, dass das Sprüchlein in Wahrheit zuallererst einem Hofmusiker über die Lippen kam. Während eines Festbanketts dem Erasmus Widmann 1632 auf Schloss Weikersheim in Tauberfranken.
Vor allem im Herbst, der sich am Würzburger Stein als eine Verlängerung des Sommers und damit von seiner allerschönsten Seite zeigt, ziehen Heerscharen von Ausflüglern auf den breiten Weinbergstraßen ihre Kreise. Hier gilt ein eigener Kalender. Abschied zu nehmen, dazu erklärt sich die warme Jahreszeit erst im Dezember

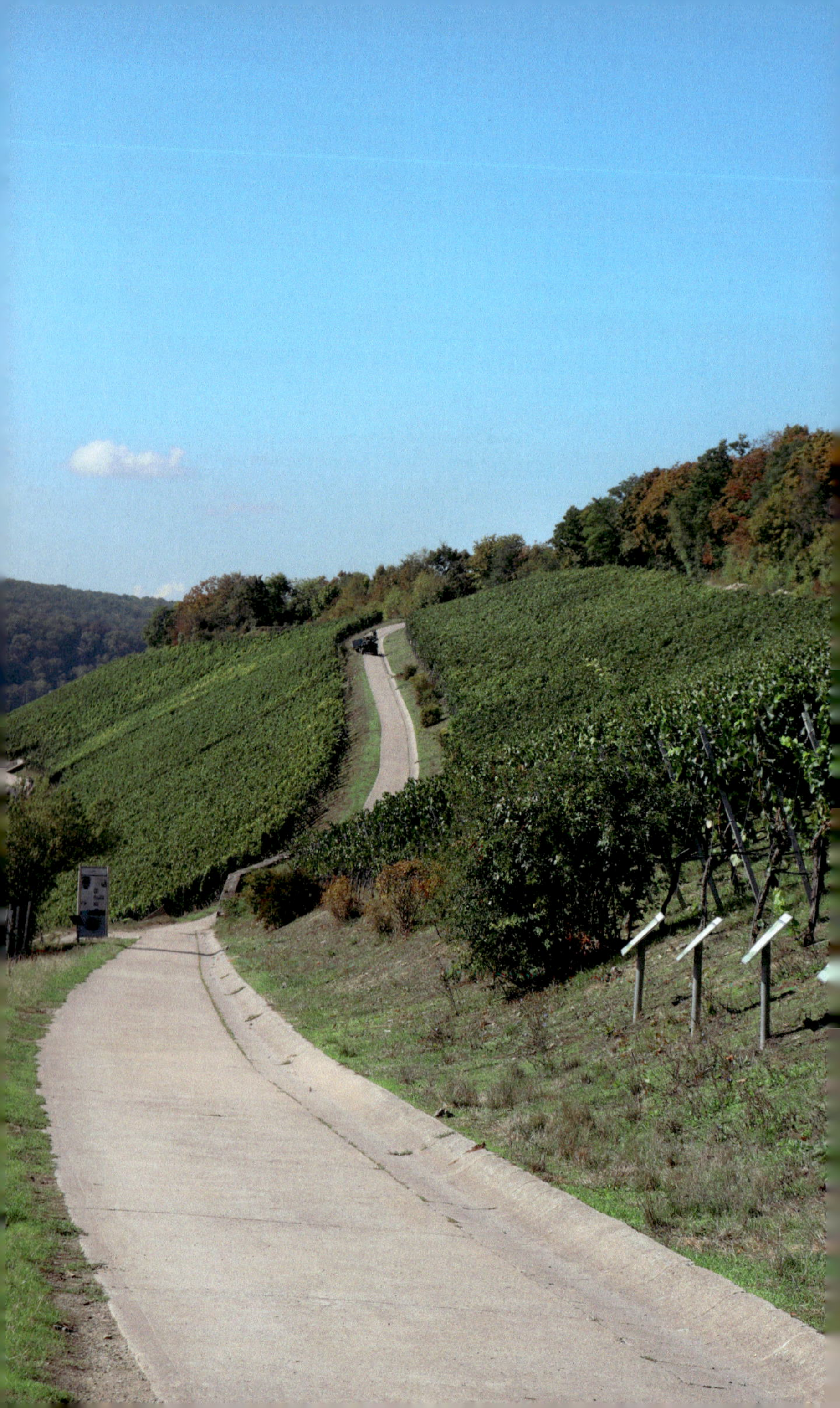

bereit. Sobald dann die Weihnachtsmärkte schließen, ziehen auf dem Stein die ersten Vorzeichen des Frühlings ein.

Die Touristiker mögen Franken mit Hunderten von Wanderwegen überzogen haben, aber dieses besonders reiz- und stimmungsvolles Erlebnis haben sie vergessen. Ihr seid nicht alleine unterwegs. Es kann sogar ein Gedränge geben. Allerdings nur bis zu jenem Punkt, an dem eure Route das Rebenmeer in Richtung Veitshöchheim verlässt, zu Würzburgs mainabwärts gelegener kleiner Schwester, wo euch eine Rarität erwartet: einer der letzten original erhaltenen Parks aus der Zeit des Rokokos. Warum auch immer, bis dahin und auch danach folgt ihr keiner durchgehend markierten Tour. Ihr seid auf den GPS-Track angewiesen. Zurück nach Würzburg bringt euch der Main. Genauer gesagt: ein Flussdampfer, der Veitshöchheim und Würzburgs quirlig-mediterrane Genuss-Piazza, die Alte Mainbrücke, im Linienverkehr verbindet. Trinkt unterwegs den einen und den anderen Schoppen. Damit einmal mehr gelten kann: Eine Schifffahrt, die ist lustig.

Zwar fällt es dank GPS schwer, sich auf der letztendlich stets parallel zum Main geführten Route zu verlaufen. Dennoch: Lasst uns die Strecke im Folgenden gemeinsam abgehen.

Startpunkt ist der Würzburger Hauptbahnhof. Wenn ihr aus dem Bahnhofgebäude tretet, nach rechts die Bismarckstraße entlang, und weiter rechts halten. Ihr müsst bei der ersten Gelegenheit unter der Bahnlinie und der Schnellstraße hindurch, die die Stadt vom Weinberg trennt. Nach einer Unterführung immer geradeaus bergan. Hinweisschildern, die euch zum Weingut am Stein, zur Rotkreuzsteige und zum TERROIR F 1 schicken, sind richtig, in dieser Reihenfolge.

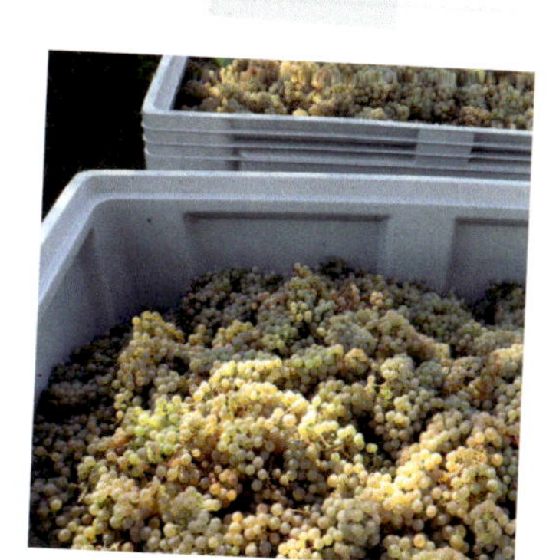
AB IN DIE FLASCHE!

95 PROZENT DES WÜRZBURGER STEINS TEILEN SICH DIE DREI SCHON IN MITTELALTER AKTIVEN WÜRZBURGER TRADITIONSHÄUSER, DER AUS DEM FÜRSTBISCHÖFLICHEN WEINGUT HERVORGEGANGENE STAATLICHE HOFKELLER, DAS 1316 GESTIFTETE BÜRGERSPITAL UND DAS 1576 EINGERICHTETE JULIUSSPITAL.

Der extravagante Kubus, den ihr am Fuß der Rebzeilen erreicht, gehört einem der kleinen Anrainer, dem Weingut am Stein. Eine nicht enden wollende Treppe nimmt euch in Empfang. Der Stein, ein mit Ton und Gips durchsetzter Muschelkalkhang, ist komplett nach Süden ausgerichtet und obendrein wie ein konkaver Spiegel geformt. Die Rotkreuzsteige führt euch in die Stein-Harfe, jene Zone, in der das Mikroklima das Feinste vom Allerfeinsten gedeihen lässt. Mit Sicherheit außer Atem erreicht ihr die obere Weinbergkante und mit ihr den Rastplatz terroir f.
Das Häusermeer von Würzburg, den Main, die Bahnlinie und eine Schnellstraße zu euren Füßen, geht es stadtauswärts in Richtung Schloss Steinburg … und dann, kurz vor einem ersten Gebäude, der Villa Tusculum, quer durch eine Parzelle eine Etage nach unten. Das edle Hotel und sein Restaurant hat man 1897 auf den Resten einer Burg aus dem 13. Jahrhundert aufgemauert, die nur zehn Jahre existierte. Aufständische Bauern brannten sie nieder. Lasst euch auf der Restaurantterrasse einen Schoppen schmecken. Man gönnt sich ja sonst nichts! Weiter stadtauswärts an der oberen Kante des Weinbergs entlang, erreicht ihr die östliche Spitze des Würzburger Steins. Hier steigt ihr ins Tal ab. An der unteren Kante des Weinbergs nach rechts. Dann an seinem Fuß immer geradeaus, bis ihr in Dürrbachau einlauft, dort auf eine Durchfahrtsstraße trefft. Nach rechts, unter dem EISENBAHNVIADUKT 2 hindurch, 30 Meter hinter ihm nach links einbiegen. An ein paar Häusern vorbei geht es steil bergauf in den nächsten Rebenozean hinein. Auch sie sind erstklassig, die Silvaner und Müller-Thurgaus vom Pfaffenberg.

Euer nächstes Etappenziel ist als Burg Schenkenschloss, Schenkenturm, aber auch als Flugplatz ausgeschildert und liegt auf dem Gipfel eines nun nur mehr leicht ansteigenden Bergs, dessen Vegetation von Wassermangel geprägt ist. Erneut der Rest einer im 13. Jahrhundert errichteten Burg. Sie existierte immerhin 200 Jahre. Dann wurde auch sie von Bauern niedergebrannt. Unter der Woche öffnet die Fliegerklause, ein Italiener mit schattiger Terrasse, leider erst am späten Nachmittag.
100 Meter unterhalb des Schenkenturms: euer dritter Weingarten, der ÖLBERG (3). Geht an seiner oberen Kante in die gewohnte Richtung weiter. Nach weiteren 100 Metern: Haltet euch links, damit ihr auch dem Roßberg, wie das Rebenmeer jetzt heißt, an der oberen Kante folgen könnt. Hier trefft ihr auf das Wanderzeichen »Zwei Ufer Promenadenweg«. Folgt ihm nach Veitshöchheim hin-

Das Schloss in Veitshöchheim: umrahmt von sensationeller Gartenpracht

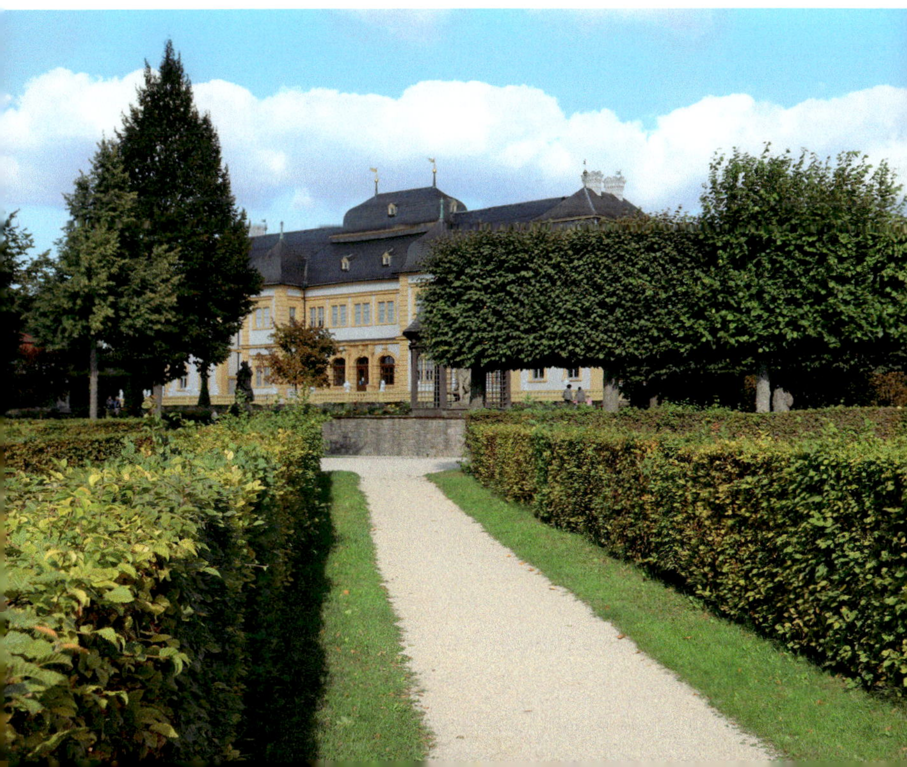

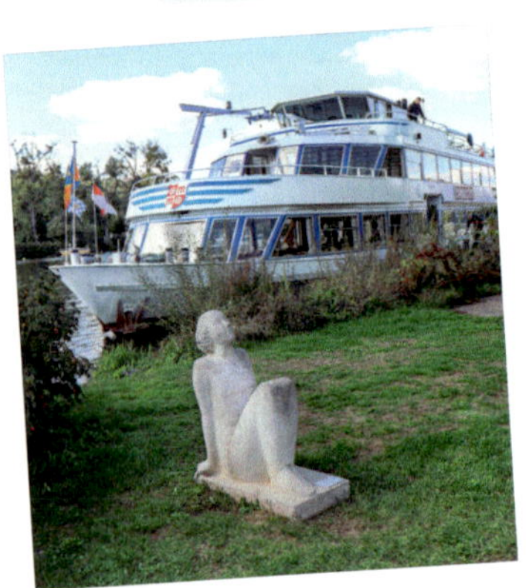
Rückweg mit dem Wassertaxi

unter, bis ihr dort die Schnellstraße unterquert habt. Wechselt an diesem Punkt wieder auf den GPS-Track.

Ihr müsst jetzt auf die andere Seite der Bahngleise und hinter diesen in die dritte Straße, die Würzburger Straße, einbiegen. Nach rechts, denn nur dann steht ihr bald vor einem Eingang in den HOFGARTEN 4. Die Geschichte des 12,5 Hektar großen Wunders der Gartenbaukunst begann 1702, als der Würzburger Fürstbischof das kleine Veitshöchheimer Schlösschen zu einer Sommerresidenz ausbauen ließ. 1780 waren endlich alle Beete angelegt, alle Bäume gepflanzt und Hunderte Skulpturen aufgestellt. Es gibt mehrere Seen, Laubengänge, Grotten, Irrgärten und andere Skurrilitäten – ach, schaut euch einfach um! Flaniert aber nicht zu genießerisch!

AUF DER RECHTEN PARKSEITE BILDEN HOHE, DICHTE BAUMREIHEN EIN WEITLÄUFIGES SPIELBRETT FÜR DAS BELIEBTESTE GESELLSCHAFTSVERGNÜGEN DES ABSOLUTISMUS: LANGE MÜSSEN SIE UND ER EINANDER SUCHEN. HATTEN SIE SICH ENDLICH GEFUNDEN, WUSSTEN DIE VIELEN HECKEN IHRE DANN DOCH SEHR INTIMEN ZÄRTLICHKEITEN ZU VERDECKEN.

Vom Hauptausgang des Parks ist der Main nur einen Steinwurf entfernt. An der Uferpromenade: ein hübscher Biergarten und der Anleger, von dem euch ein Schiff nach Würzburg zurückbringt.
Dort legt es nahe der Alten Mainbrücke an, auf der halb Würzburg auf einen Feierabendschoppen zusammenkommt.

Alles, was ihr wissen müsst

keine Rundtour: Vier Weinberge gilt es zu bezwingen, darunter den berühmten Würzburger Stein // Die Krönung des Tages: Lasst euch mit dem Schiff vom Zielort Veitshöchheim nach Würzburg zurückbringen // **Wanderzeit:** ganzjährig, außer im Hochsommer

Markierung: nicht ausgeschildert // GPS-Track nutzen

Entfernung von Nürnberg: 90 Kilometer
ÖPNV: mit dem ICE aus allen Richtungen gut erreichbar
Auto: Parken in Bahnhofsnähe

Einkehr: Schloss Steinburg, Reußenweg 2, 97080 Würzburg, www.steinburg.com // **Fliegerklause,** Am Schenkenturm, 97080 Würzburg // **Biergarten Meegärtle,** Mainlände, 97209 Veitshöchheim

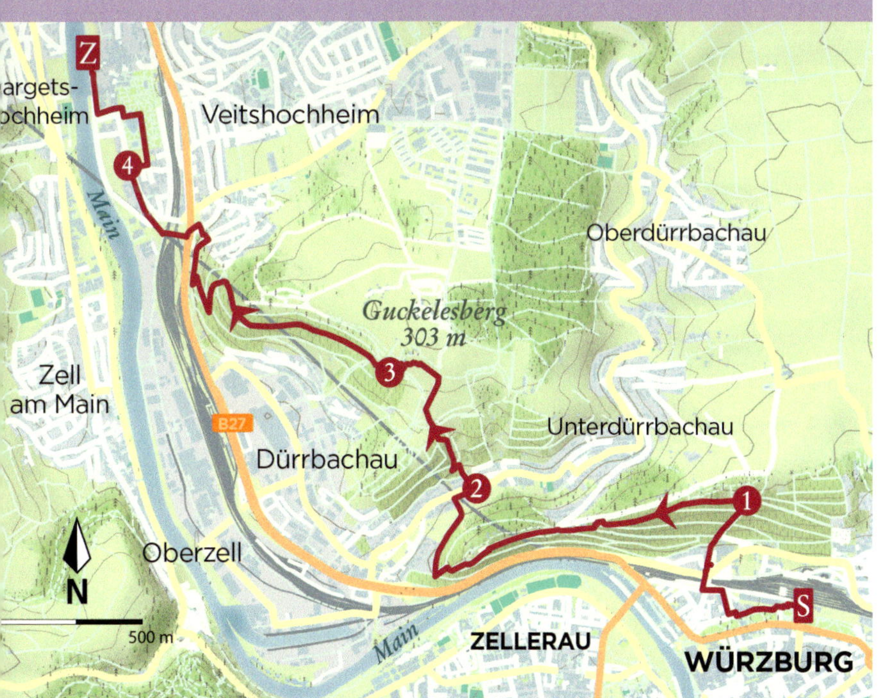

Homburger Weinwanderweg

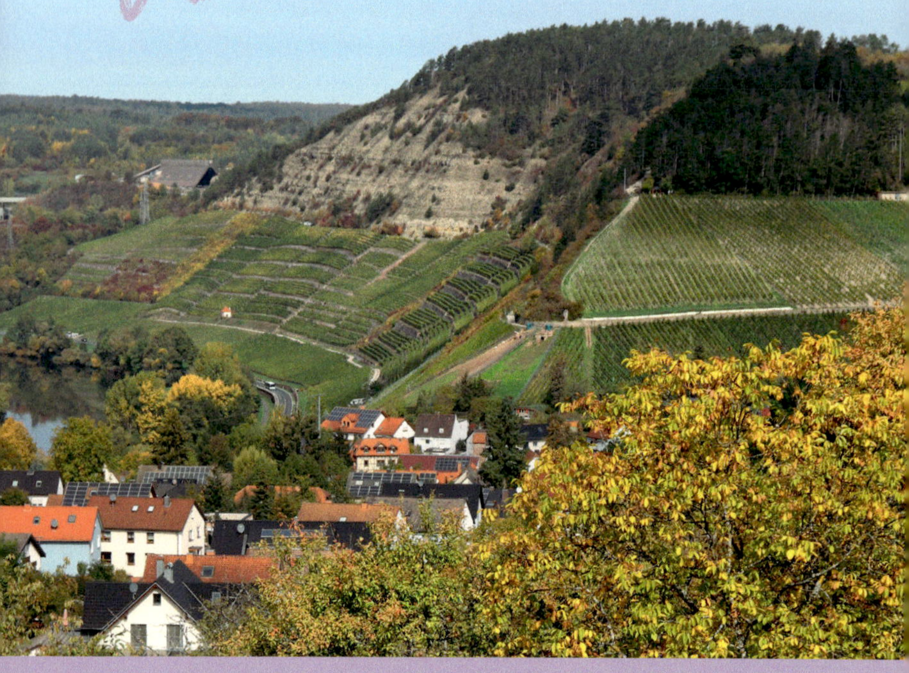

Schwierigkeit: leicht // 7,7 Kilometer // 116 Höhenmeter
Für Familien mit Kindern geeignet

HINAUF AUF DEN GIPFEL DES KALLMUTH: ZWEI FRÄNKISCHE URGESTEINE, IN EINEM BERG VEREINT

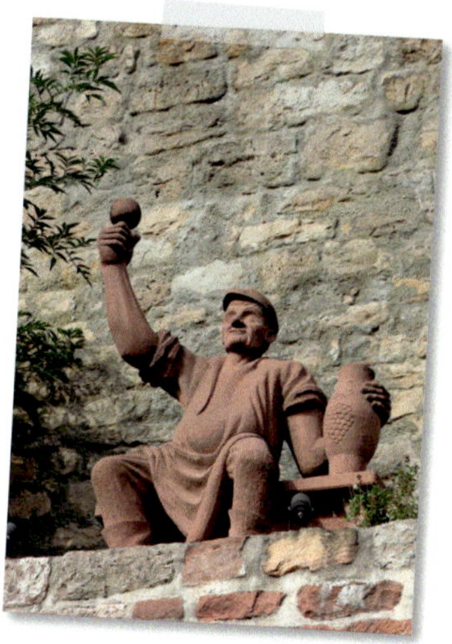

Einen Flusskilometer vor Wertheim, wo der Main seinen lieben Franken untreu zu werden droht, um sich dann aber doch nur halbherzig, weil nur mit seinem linken Ufer, für einige Zeit unter Stuttgarter Hoheit zu stellen, winken zwei Landmarken die Menschen seit Hunderten von Jahren diensteifrig zu sich heran: Die Burg von Homburg und der Berg Kallmuth. Im Mittelalter, um Pilgern, fahrenden Händlern und anderem Volk, das auf der großen Überlandstraße Via Publica von Nürnberg über Würzburg nach Frankfurt oder umgekehrt unterwegs war, eine Furt zu zeigen. Die Flusspassage, die man 1937 zugunsten einer modernen, leistungsfähigen Fahrrinne weggebaggert hat, findet ihr heute nur noch im Namen des Dorfes Lengfurt. Beiden Landmarken konnte die Flussregulierung gleichgültig sein. Dem mächtigen Bergriegel, der dank eines frei liegenden, strahlend hellen Streifens aus Kalkstein unverwechselbar ist, und jener Burg, die die Würzburger Fürstbischöfe gefährlich weit in Richtung Mainz vorgeschoben hatten, um ihren Anspruch auf die Region zu markieren. Zeigen sie halt jetzt aller Welt, wo der beste Wein der Gegend zu finden ist. In jenem putzigen Dörfchen zu ihren Füßen. In Homburg, wo euch nach dessen eigener Aussage zufolge sogar das beste aller Tröpfchen in euer Glas gefüllt wird.

ES HEISST, DASS DIE SCHWEDEN 1631 NUR DESHALB AUCH DAS KLOSTER TRIEFENSTEIN ATTACKIERTEN UND BIS AUF DAS LETZTE STAUBKORN AUSPLÜNDERTEN, WEIL SIE IN SEINEM KELLER 100.000 LITER WEIN VOM HOMBURGER KALLMUTH VERSTECKT WUSSTEN. ANSTATT DIREKT IN RICHTUNG MAINZ WEITERZUMARSCHIEREN UND SICH AUF DIE DORT EINGELAGERTEN RHEINGAUGEWÄCHSE ZU STÜRZEN.

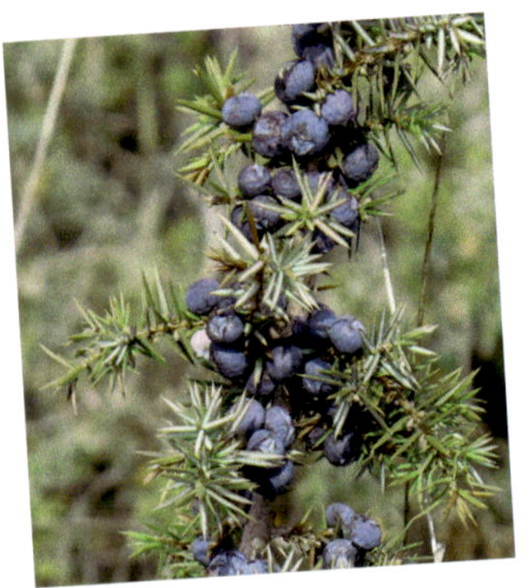

Würzig: Wilder Wacholder

Auch die Könige von Frankreich konnten nicht anders als zuzugeben, dass er ihnen halt leider besser mundete als die von ihren Untertanen gekelterten Nettigkeiten. Trotz horrender Transportkosten ließen sie sich den Kallmuth nach Paris schicken. Nachweislich. Der Markt Triefenstein, zu dem Homburg 1978 eingemeindet wurde, liegt eineinhalb Kilometer Flussaufwärts.

DIE BURG VON HOMBURG IST DER AUSGANGSPUNKT, VON DEM AUS IHR AUF EINEM MIT AUSSICHTSPUNKTEN GESPICKTEN RUNDKURS DIE ZWEITE LANDMARKE ERKUNDET, DEN BERG, DER SICH SEINEN NAMEN MIT DER LAGE UND DAMIT MIT DEN EDLEN UNTER DEN FEINEN TRÖPFCHEN TEILT.

Ob der eigenwilligen geographischen Bedingungen des Maintals verteilt sich das Dörfchen Homburg auf zwei Stockwerke. Die untere Etage ist trotz der Lengfurter Schleusenanlage noch immer vom Hochwasser bedroht. Aber hier findet ihr das kleine Familienweingut Blank und seine Vinothek, die interessant ist wegen einer Rarität. Zwar nicht am Kallmuth, sondern unterhalb der Burg, hat es eine Parzelle mit dem Gemischten Satz bepflanzt. Bis ins 19. Jahrhundert war es üblich, verschiedene Rebsorten durcheinanderzupflanzen, aber gemeinsam zu lesen. Nach dem Prinzip, dass irgendeine der Sorten schon für die nötige Süße sorgen würde. Wenn ihr wissen wollt, wie Wein anno dazumal geschmeckt hat: reinschauen. Im oberen Dorfteil habt ihr am Julius-Echter-Platz, Homburgs guter Stube, die Möglichkeit, euch für unterwegs und natürlich auch für daheim mit Wein vom Kallmuth einzudecken. Bevor ihr euch dort nach eurem Wanderzeichen umseht, solltet ihr die angrenzende Burg in Augenschein nehmen. Nicht wegen des Fachwerkmonstrums selbst, das seit 1568 die ursprüngliche Festung ersetzt. Vom Burggarten aus bietet sich euch ein fulminanter Blick auf den Kallmuth – der perfekte Platz, um euch mit dem einzigartigen Aufbau des Bergs vertraut zu machen. Am Kallmuth beginnen die Weinparzellen bereits auf der Höhe der Mainauen, wohingegen das obere Drittel nicht genutzt wird. Nicht genutzt werden kann! Der oberste Teil ist so steil, dass Pflanzen nur unzureichend Halt finden, weshalb der Kalkstein weitgehend frei liegt. Darüber, auf dem Gipfel: Wald, der die Weingärten vor Wind schützt.

Da sich der Kalkstein leicht erhitzt und die Wärme lange speichert, entsteht ein Aufwind. Er zieht den Nebel, der vom Main aufsteigt, in die Weinparzellen. Da die Temperatur von Nebel generell über

Wollen sich tagtäglich gesehen haben:
der Weinberg und seine Winzer

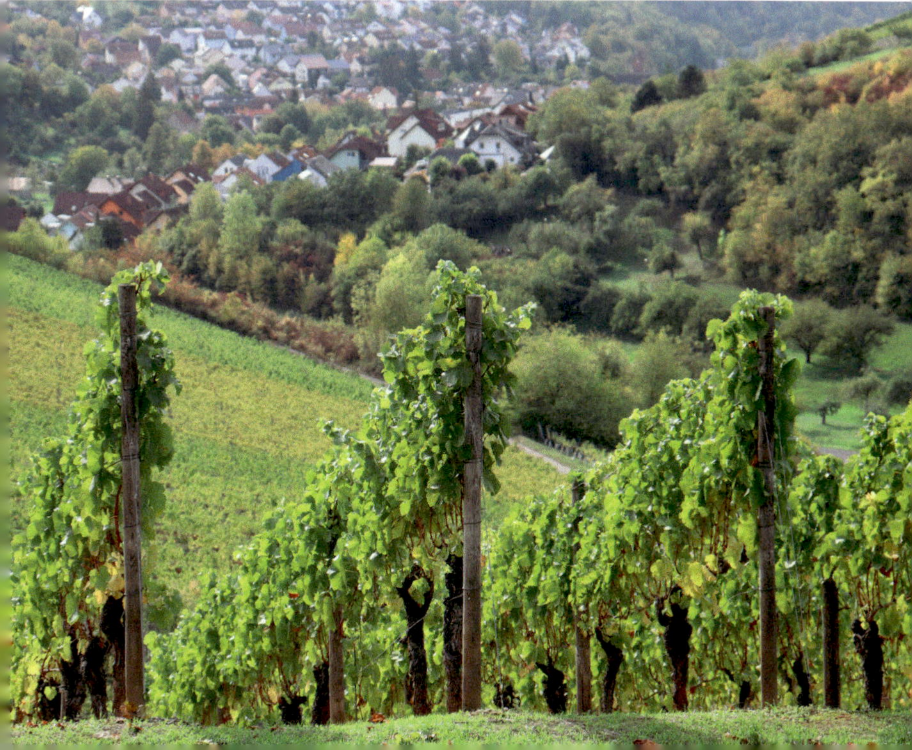

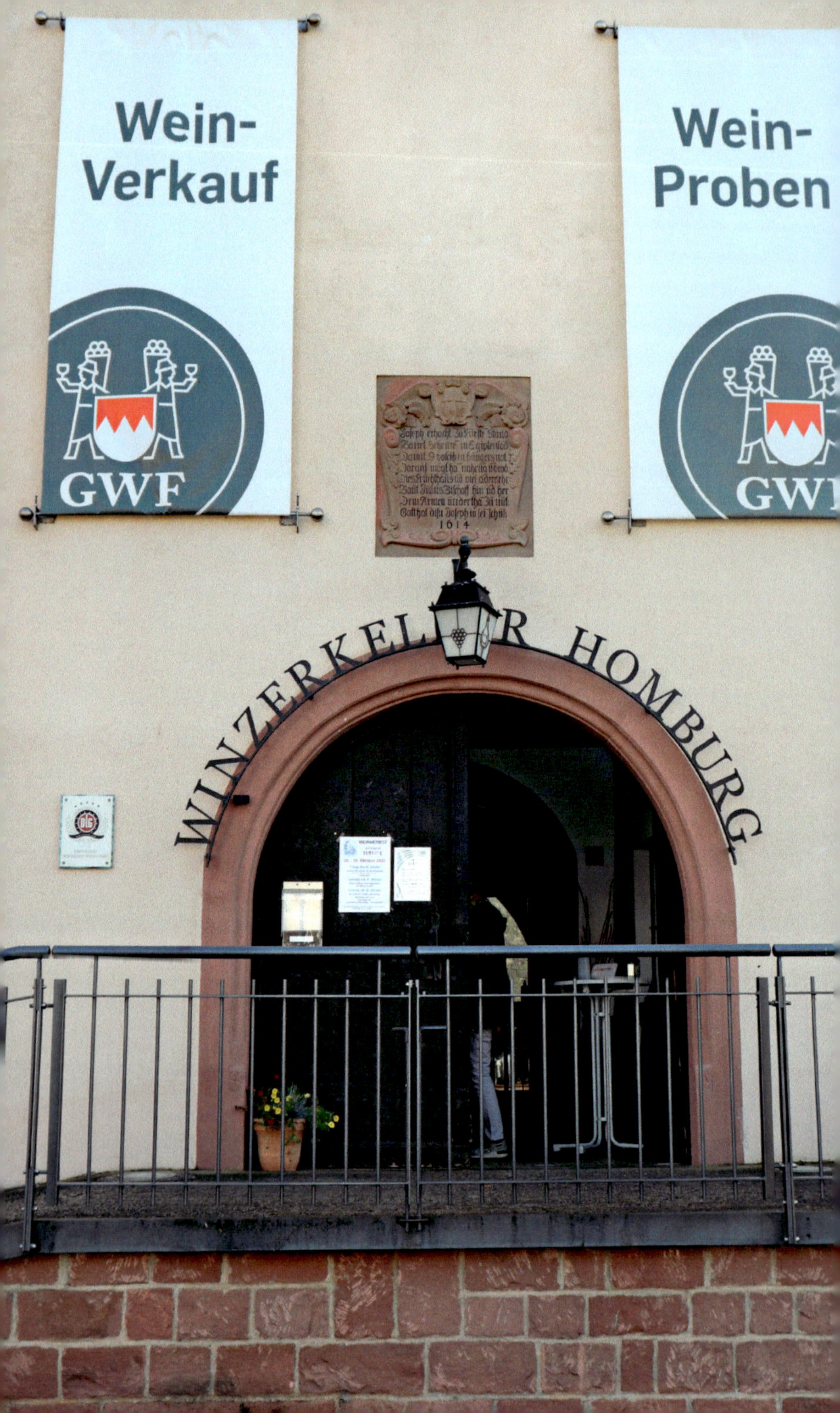
Wein-
Verkauf
GWF
Wein-
Proben
1614
WINZERKEL R HOMBURG

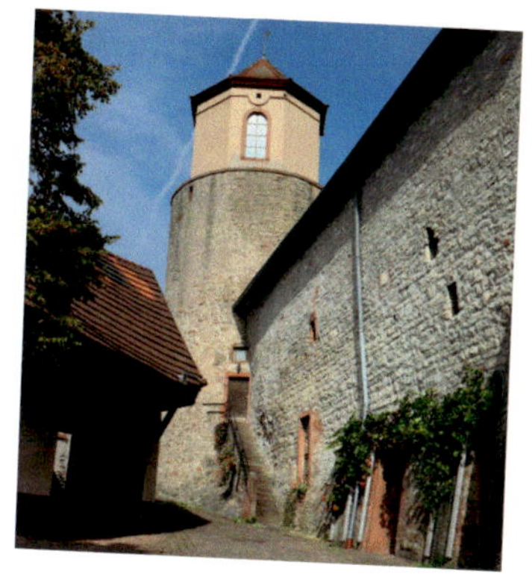
Homburgs Schlossturm

dem Gefrierpunkt liegt, verhindert die Natur selbst, dass die späten Fröste des Frühjahrs den Rebstöcken zusetzen. Der Sockel des Bergs besteht aus Buntsandsein, jenem Terroir, das den flussabwärts gelegenen Teil Weinfrankens prägt. Über diesem liegt Muschelkalk, der den flussaufwärts kultivierten Weißen ihre besondere Würze verleiht. Der Kallmuth vereint zwei Gesteine, die für den Charakter der fränkischen Weine entscheidend sind. Und heiße, trockene Sommer, wo liegt das Problem? Was ihr vom Burggarten aus nicht sehen könnt: Im Inneren des Bergs verbirgt sich eine Quelle.

Noch kurz dem Hinweisschild zur Burkardus-Gruft nachzugehen, lohnt. 40 Stufen weit zu einer Tropfsteinhöhle. Anno 755, so die Legende, zog sich der erste Würzburger Bischof, seiner Ämter müde, in die immer feuchte Naturkapelle zurück.

Dann aber mal los ...

Euer Weg führt euch vom Julius-Echter-Platz zunächst in jenen Teil der Großen Lage hinauf, in der jene Zipfelchen liegen, die HOMBURGS WINZERFAMILIEN VOM KALLMUTH 1 abbekommen haben. Vorhin, im Burggarten, haben es von rechts her ein paar Rebzeilen noch gerade so geschafft, zu euch herüberzuspitzen. Obwohl die Parzellen, zu denen sie gehören, auf der benachteiligten Rückseite des Kallmuth liegen, befand 1937 die Justiz, dass der Wein, der aus ihren Trauben gekeltert wird, dem von der Schauseite ebenbürtig ist. Seither darf auch er als Kallmuth vermarktet werden.

Den terrassierten, bis zu 80 Prozent steilen, dem Main zugewandten Haupthang zu begehen, für dessen große Gewächse ihr um die 35 Euro auf den Tisch legen müsst, ist euch nicht gegönnt. Nachdem ihr gerade einmal einen Kilometer hinter euch gebracht habt, erreicht

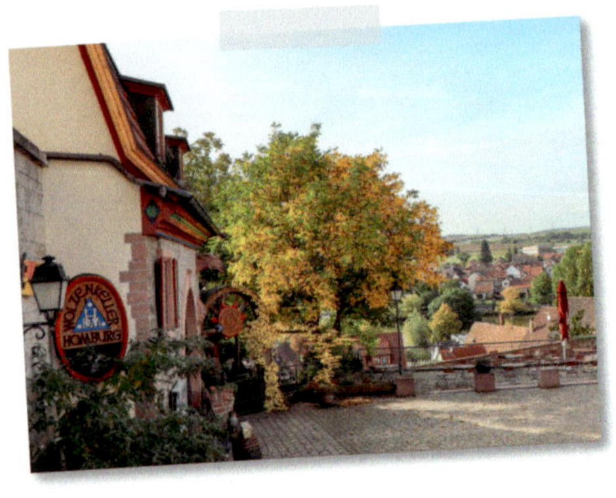

ihr eine AUSSICHTSPLATTFORM 2, die wie ein Adlernest an der Südspitze des Kallmuth klebt und von dem aus ihr das Rebenmeer zumindest überschauen könnt. Aus Sicht des Winzers naschen Wanderer halt zu gerne. Der in Richtung Homburg gelegene Teil füllte lange die Kasse des Klosters Triefenstein, wechselte 1803 in den Besitz der Grafen von Wertheim, der hintere Teil den Keller des Bischofs von Würzburg. Seit 1957 ist das Fürstliche Weingut der Grafen von Wertheim Alleininhaber. Die Trauben werden ins gut 40 Kilometer entfernte Kleinheubach gebracht (siehe Wanderung 8). Über den Gipfelwald und einen weiteren AUSSICHTSPOSTEN 3 erreicht ihr eineinhalb Kilometer später Homburgs zweite Lage, die EDELFRAU 4. Die Weine, die dort unter nicht mehr ganz so optimalen Bedingungen kultiviert werden, waren einst Nonnenklöstern vorbehalten. Getreu der Devise: Für Frauen nur das Zweitbeste. Die mangelnde Wertschätzung, mit der die Kirchenpatriarchen dem anderen Geschlecht begegneten, spiegelte sich auch in der Versorgung der ins Kloster abgeschobenen, weil für den Heiratsmarkt überzähligen Adelstöchter.

IN DEN HOCHZEITEN DES WEINKONSUMS STAND DEN MÖNCHEN EIN QUANTUM VON FÜNF LITERN AM TAG ZU, DEN ORDENSSCHWESTERN DREI LITER.

Da sich ein Zementwerk immer näher an Homburgs Weingärten heranfrisst, kann es sein, dass der GPS-Track dieser Tour nicht mehr ganz aktuell ist, der Weg ein weiteres Mal um ein paar Meter verlegt wurde. Orientiert euch daher unbedingt an den Wegzeichen. Genießt die Vielfalt an Naturräumen, durch die euch der kultverdächtig schöne Weg in einem weiten Bogen zum Julius-Echter-Platz zurückführt.

Alles, was ihr wissen müsst

Rundtour: vom hübschen Winzerdorf Homburg und seiner Burg zu einer der besten Lagen Weinfrankens, dem legendären Kallmuth // ... und dabei seinen sündhaft teuren Silvanern so nahekommen, wie es eben geht // **Wanderzeit:** ganzjährig, außer im Hochsommer

Markierung: Weinbauer, der auf einer Bank sitzt // Wegen eines Steinbruchs kann die Wegführung etwas vom GPS-Track abweichen

Entfernung von Würzburg: 40 Kilometer
ÖPNV: nicht praktikabel
Auto: Parken im Umfeld des Julius-Echter-Platzes

Einkehr: **Weingut Blank,** Maintalstraße 33, 97855 Triefenstein-Homburg, www.weingut-blank.de // **Wolzenkeller, Winzerkeller und Weingut H. Martin,** Julius-Echter-Platz, 97855 Triefenstein-Homburg

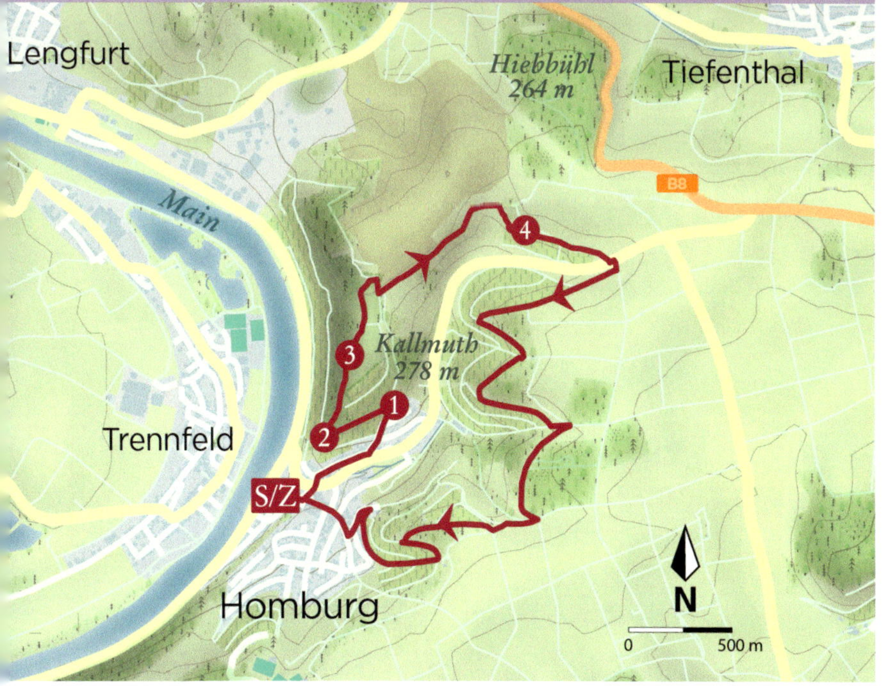

Ins verhext schöne Zeil am Main

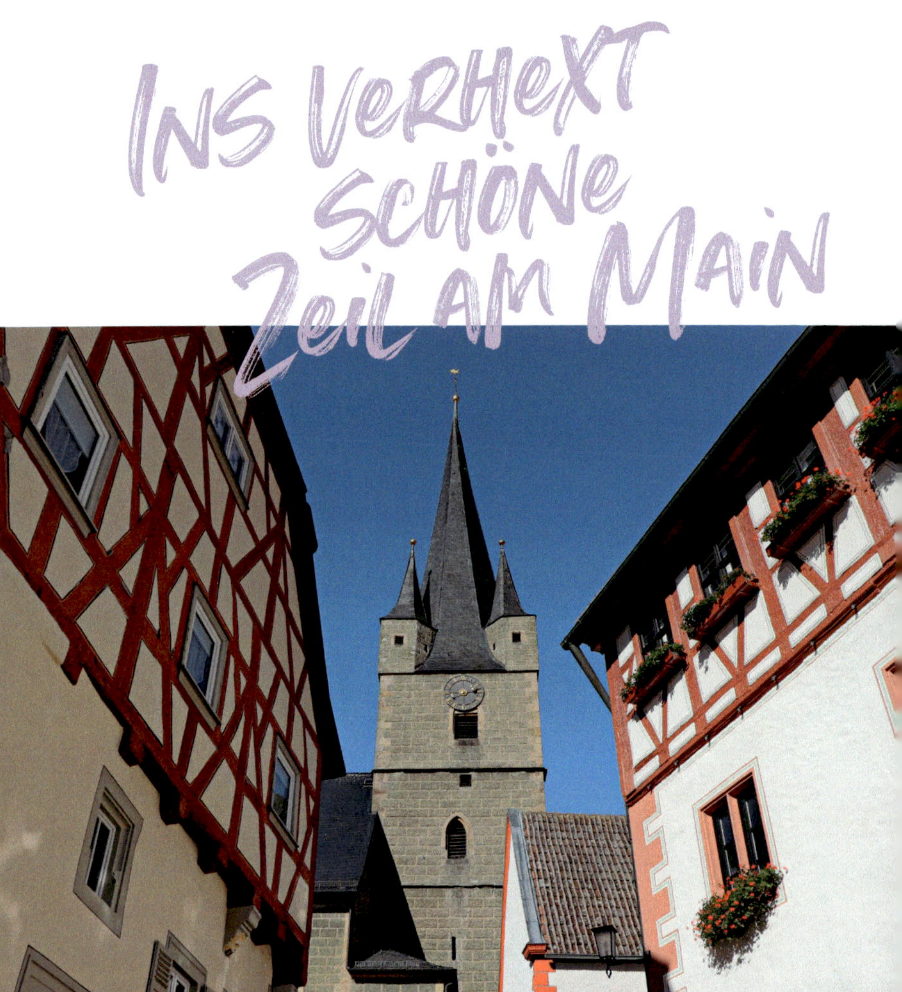

Schwierigkeit: leicht/mittel // 7,5 bis 25 Kilometer // 120 Höhenmeter

Für Familien mit Kindern geeignet

SCHOPPEN UND SEIDLA IN HARMONIE VEREINT: DAS ÖSTLICHE ENDE VON WEINFRANKEN

Wer Durst hat und dabei an Frankens feinste Flüssigkeiten denkt, dem spielt das Gehirn bisweilen einen Streich. Schließlich ist die bessere, die nördliche Hälfte von Bayern dafür bekannt, dass sie sich nicht entscheiden kann, für welches Getränk sie in aller Welt als Inbegriff des Guten gelten will.

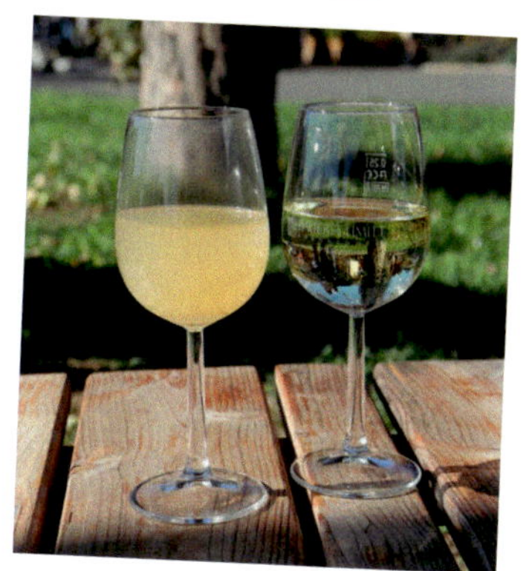
Auf euer Wohl!

Stellt euch Folgendes vor: Ihr seid schon vor ein, zwei Stunden zu einer Wandertour aufgebrochen und daher weit in ein grünes Meer aus Rebstöcken vorgedrungen. Eure Arme schlenkern im Takt der Füße mit. Zügig rudert ihr Meter für Meter vorwärts. Die Weingärten sind akkurat beschildert. Im Vorbeilaufen könnt ihr lesen, was da heranreift, und in eurem Oberstübchen abrufen, wie sich die maximal bonbongroßen Bollen auf dem Gaumen anfühlen werden, nachdem man sie zermanscht und ein Dreivierteljahr in einem dunklen, kühlen Keller weggesperrt hat. Besser formuliert: Euch läuft das Wasser im Mund zusammen.

Eure Füße melden erste Anzeichen von Ermüdung, bitten um eine Pause. Eure Kehle schließt sich der Klage an. Ihr setzt euch auf ein Mäuerchen. Und jetzt, genau in diesem Moment, stellt sich vor eurem inneren Auge das Bild eines Löschstoffs scharf. Zu sehen ist ein gelber, ja golden glitzernder Sockel, eine Handspanne hoch, auf dem eine Lage weißer Schaum sitzt. Kleine Blubberbläschen steigen auf. Wassertropfen rinnen auf einer zweiten, weiter vorne angelegenen Bildebene nach unten. Ein süßliches, flauschiges Konzentrat, aus einem Quadratmeter Getreidefeld pro Einheit gewonnen. Durch Zugabe eines Bitterstoffs ins Mega-Erfrischende hin ausbalanciert. Leute, solche Gelüste sind keine Schande! Ja, noch nicht einmal ein Problem.

IHR SEID IN JENEM ABSCHNITT DES MAINTALS UNTERWEGS, IN DEM DIE HERREN DER BOCKSBEUTEL DEN STAFFELSTAB AN BIERFRANKEN WEITERREICHEN.

Zwar bezeichnet man die einmal mehr vorwiegend mit Silvaner besetzten Lagen, die sich in den Vororten des Städtchens Zeil an den Abhang krallen, gern als das östliche Ende Weinfrankens. Doch das ist so ungenau, wie wenn man die USA als Amerika bezeichnet. Die Traubenplantagen, in denen ihr bei dieser Wanderung nach dem Rechten seht, sind ein weit nach Osten vorgeschobener Außenposten. Erst hinter Schweinfurt ist der Schoppen dann wieder das Maß aller Dinge. Die 35 Kilometer, die der Main bis dorthin zurücklegen muss: trinkkulturell non-binär.
Obwohl das 4.500 Einwohner kleine Fachwerkstädtchen Zeil am Main direkt an der viel befahrenen Regionalbahnstrecke Bamberg-Würzburg liegt, solltet ihr euer Zugticket stecken lassen. Denn jener Punkt, an dem es am meisten Spaß macht, in eure Wanderroute einzusteigen, liegt ziemlich weit draußen (Anfahrt siehe Info-Seite). Dafür warten dort gleich drei Ausschanktresen örtlicher Weingüter auf euch: Bauerschmitt und das Achterla und das Restaurant von Berninger. Der Weg, auf dem ihr unterwegs seid, heißt Abt-Degen-Steig. Das Besondere: Er lässt euch die Wahl, bei wie vielen Kilometern ihr glaubt, dass sportliche Ertüchtigung, das Wetter und der leibliche Genuss ein harmonisches Gleichgewicht bilden. Das Minimum: 7,5 Kilometer. Sehr klug gemacht!

DER ABT-DEGEN-STEIG BESTEHT AUS EINEM SYSTEM AN LAUFMÖGLICHKEITEN. DIE KÜRZESTE: NULL KILOMETER – WEIL OHNE UMSCHWEIFE IN EINEN GENUSSTEMPEL. DIE LÄNGSTE: 25 KILOMETER. DANK DIESER FLEXIBILITÄT SIND DIE WEINBERGE VON ZEIL WIE DAFÜR GEMACHT, DASS IHR DAS GANZE JAHR ÜBER IMMER WIEDER NACH DEM STAND DER DINGE SEHT.

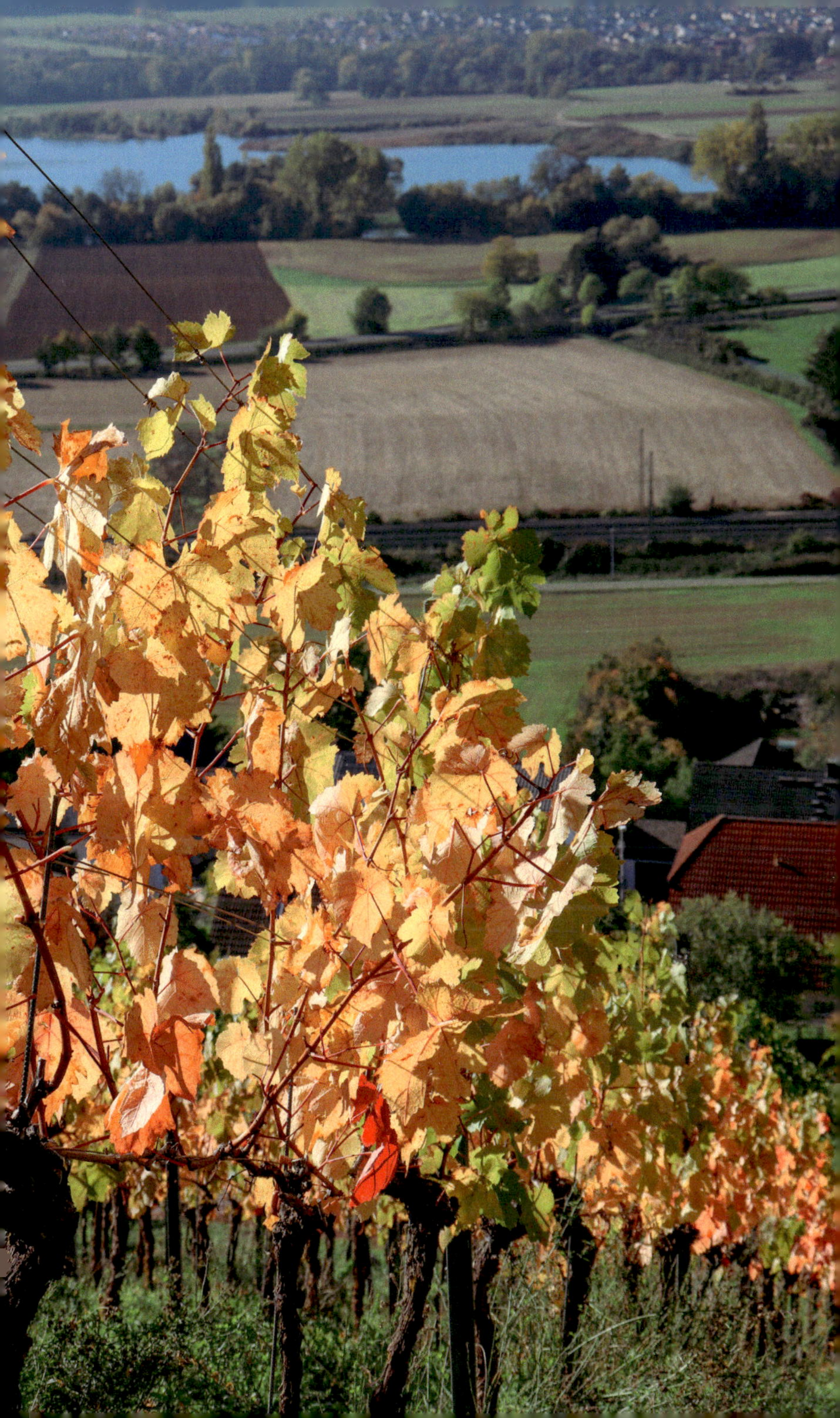

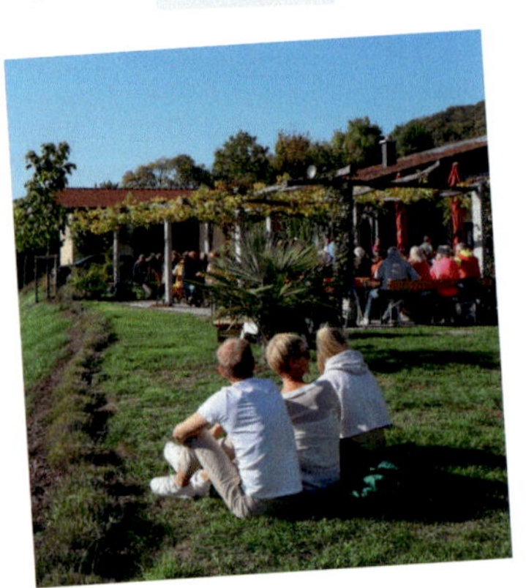

Heckenwirtschaft, modern

Der GPS-Track versteht sich daher lediglich als Vorschlag für ein erstes Kennenlernen. Zum Beispiel im April, wenn euch die Frühlingssonne, aber auch die ersten Knospen an den Weinstöcken ins Freie locken. Im Mai und Juni und dann wieder im September und Oktober drängt es sich auf, die im Folgenden beschriebene Verlängerung über das Käppele und die bildhübsche Altstadt von Zeil anzugehen. Im Winter fahrt ihr nach einem – diesmal verkürzten – Weinbergspaziergang wieder mit dem Auto auf ein wohl verdientes Bier nach Zeil hinein. Habt ihr die Kennenlernrunde absolviert, ist es so gut wie unmöglich, dass ihr euch verlauft, wenn ihr ganz eurer Tagesform und eurer Lust und Laune folgt. Denn dann seid ihr mit den Eckpunkten des Abt-Degen-Steigs vertraut. Die Grenze nach unten zum Main hin: die dicke Bundesstraße. Die Grenze nach oben: die Kante des tief ins Landschaftsrelief eingeschnittenen Maintals. Im Westen bilden oben eine Kirche, das Zeiler Käppele, und unten die Stadt Zeil die Schlusskoordinaten, im Osten das Dorf Ebelsbach. Ein unten auf halbem Weg gelegenes Dorf, Zeilanger, schiebt sich ständig in euer Blickfeld. Dort lässt es sich gut einkehren.

Der GPS-Track lotst euch zunächst ein Stückchen Richtung Ebelsbach, schickt euch aber schon bald in die Lage PFAFFENBERG 1 hinauf bis an den Rand des von Feldern und Streuobstwiesen geprägten Hinterlands via Stichstrecke zu einer BURGRUINE 2. Um 1420 errichtet sollte die Festung Schmachtenberg die Region vor den Hussiten schützen, einer wilden Bauernarmee, die von Prag aus weite Teile Süddeutschlands überrannte. Etwa 300 Meter, nachdem euch die Stichstrecke auf den Hauptweg zurückgebracht hat, vollzieht eure Wegführung eine SPITZKEHRE 3. Dies ist die Stelle, an der die oben genannte Wegverlängerung abzweigt. Wollt ihr sie gehen, folgt ihr ab jetzt den Schildern zur Wallfahrtskirche Käppele. Vom Vorplatz bringt euch eine Treppe nach Zeil hinunter. Was für ein Glück: Die erste Schönheit, die euch dort über den Weg läuft, ist die Alte Freyung, ein Bierlokal wie aus dem Bilderbuch. In dem geduckten Fachwerkbau, auf dessen Rückseite sich ein moderner Biergarten öffnet, wird schon seit 1514 dem Gerstensaft gehuldigt. 1908 übernahm die Familie Göller die Regie über die Sudstätte, derzeit weiht sie die vierte Generation in die Geheimnisse der fränkischen Braukunst ein. Zeil ist hervorragend ausgeschildert, sodass ihr wie von selbst den Marktplatz findet. Er ist einer der schönsten, mit denen Franken locken kann. An seinem unteren Ende, wo die Bundesstraße lärmt,

Wenn das keine guten Aussichten sind:
Die Welt liegt euch zu Füßen

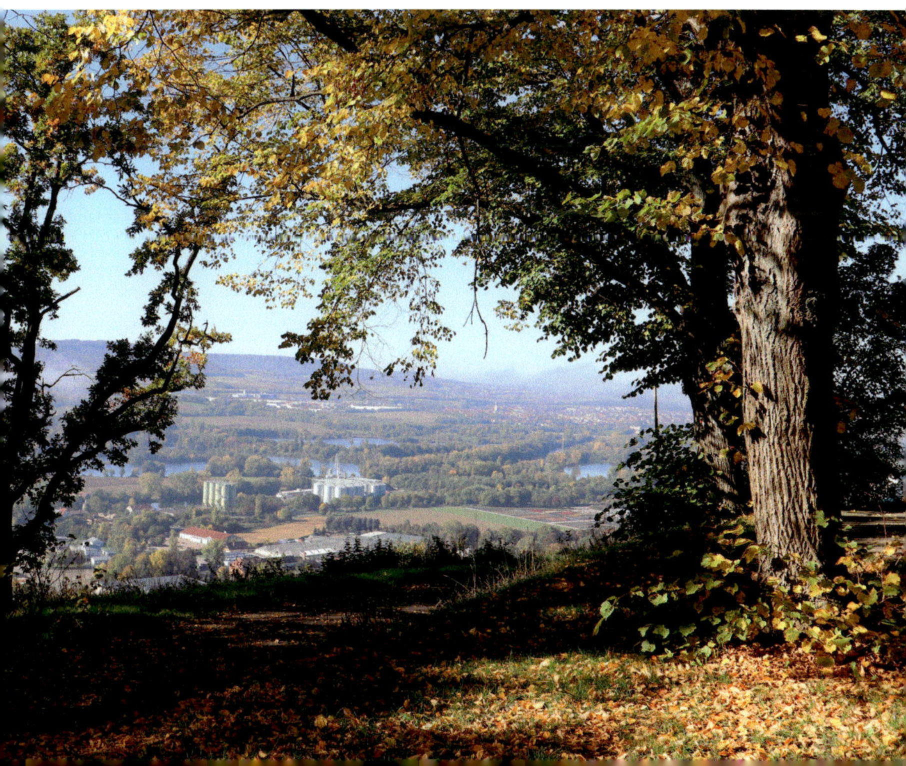

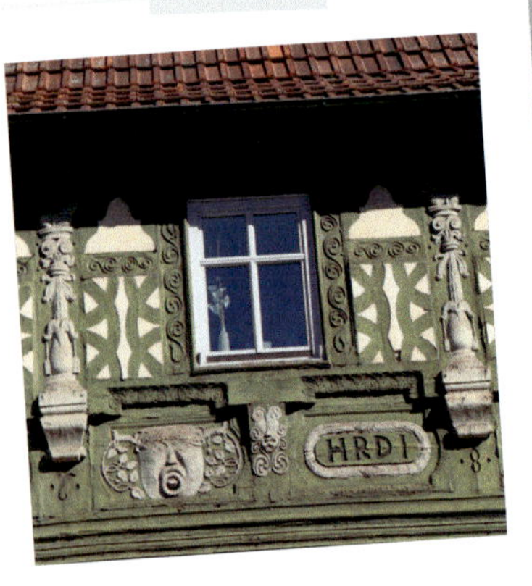

Zeiler Dekoqueen

findet ihr die Konzertkneipe Musiktreff. Als 1628 die Folterknechte des Bistums Bamberg der Frage auf den Grund gingen, ob die im Zeiler Hexengefängnis festgesetzten Damen und Herren nicht doch noch weitere Komplizen hatten, landete eine Bewohnerin dieses Hauses auf der Liste der Verdächtigen. In seiner Not erklärte sich ihr Mann, der Forstmeister Moritz Degen, bereit, das Gebäude zu einem Spottpreis jener Familie zu überlassen, aus deren Reihen die Anschuldigungen kamen. Dennoch bekam er seine Frau nicht frei. Zeil zählte 1616, als die Hexenhysterie den Ort erfasste, um die 800 Einwohner. Als der Dreißigjährige Krieg dem Treiben ein Ende setzte, waren es nur noch 150. Alberich, der Sohn der Degens, war gerade einmal drei Jahre alt, als ihn die Kirche zum Halbwaisen machte. Dennoch entschied sich der Namenspatron eures Wanderwegs für eine geistliche Karriere. Ab 1654 Berater des Würzburger Bischofs, stieg er 1658 zum Abt des Klosters Ebrach auf, einer der reichsten Niederlassungen der Zisterzienser in Deutschland. Obwohl die Faktenlage dagegenspricht (siehe Wanderung 5), gilt er als Vater der fränkischen Hauptsorte Silvaner. 1665 ließ er sie aus Österreich importieren und – angeblich als Erster – in Franken kultivieren. An die 400 Frauen, Männern und Kindern, die in Zeil an den Folgen der Folter oder auf dem Scheiterhaufen starben, erinnert ein Museum – der Weg ist ausgeschildet.

Am Marktplatz findet ihr das Wegzeichen des Fränkischen Marienwegs. Folgt diesem in Richtung der Burg Schmachtenberg. Wo sich euch zwischen den Häusern die ersten Rebstöcke zeigen, wechselt ihr an einer KREUZUNG 4 auf das Wanderzeichen des Abt-Degen-Steigs. Er bringt euch zu eurem Auto zurück.

Alles, was ihr wissen müsst

Rundtour: oberhalb der östlichen Vororte und Nachbardörfer von Zeil durch den Hang des Maintals // Klar abgesteckte Eckpunkte erleichtern die Orientierung, sodass es ein Kinderspiel ist, die Länge selbst festzulegen, ohne sich zu verlaufen // **Wanderzeit:** ganzjährig

Markierung: Bocksbeutel-Flasche

Entfernung von Bamberg: 28 Kilometer
ÖPNV: nicht praktikabel
Auto: Wanderparkplatz an der Bundesstraße 26 zwischen den Dörfern Zeilanger und Steinbach, Ziegelanger 31 oder 33, 97475 Zeil

Einkehr: **Zur Sonne/Weingut Zimmermann,** Ziegelanger 19, 97475 Zeil // **Weinstube Martinsklause,** Ziegelanger 6, 97475 Zeil, www.weingut-max-martin.de // **Göller/Zur Alten Freyung**, Speiersgasse 21, 97475 Zeil, www.zur-alten-freyung.de

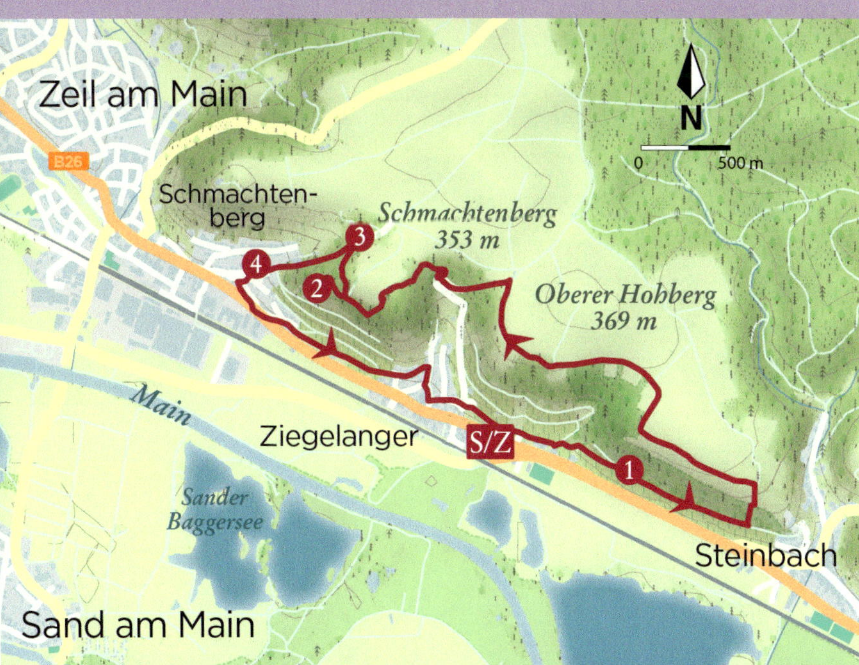

Von Röpelsee auf den mythischen Schwanberg

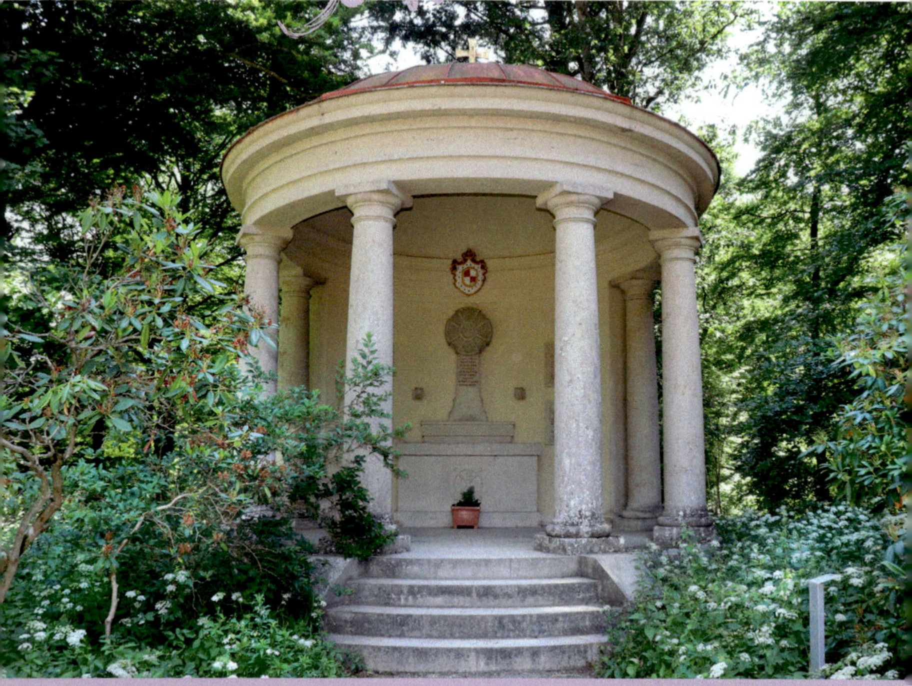

Schwierigkeit: mittel // 9 Kilometer // 203 Höhenmeter
Für Familien mit älteren Kindern geeignet

WEIT OBERHALB DER WEINBERGE EINER HEILIGEN, DEM GRAFEN UND DER WILDEN NATUR DIE EHRE ERWEISEN

Neckten ihn seine hoch aufgeschossenen Brüder und Schwestern? Geschah es aus Ärger? Oder steckt einfach nur jenes gesunde Quantum Trotz dahinter, das bei kleinen Kindern so selbstverständlich dazugehört wie die allabendliche Angst vor dem Dunkeln? Niemand weiß, warum genau sich vor Jahrmillionen ein Höhenrücken des Steigerwalds ein gutes Stück abseits seiner geologischen Sippe ins Frankenland hockte. Schon so lange, wie der Mensch das fruchtbare Land zu seinen Füßen zu pflügen weiß, beflügelt der weit nach Westen vorgeschobene Schwanberg die Phantasie. Auch bei der Frage nach dem Ursprung des Weinbaus wird ihm eine Schlüsselrolle zugeschrieben. Schon deshalb gehört es seit weit über 1.000 Jahren zu den frommen Pflichten der Franken, ihm alle paar Jahre seine Aufwartung abzustatten.

Wie im September 1818 der in Ansbach aufgewachsene August von Platen, werdet auch ihr den klassischen Aufstieg wählen, der im hübschen Weinbaudorf Rödelsee startet. Der fast vergessene Dichter, den Heinrich Heine noch böse ins Visier nehmen wird, konsultierte deutlich verhalten, aber immerhin, dass die Ausblicke »reizend zu nennen seien«. Jene von »oben« auf »viele Dörfer, Gärten, Weinberge«. Platen hatte noch damit zu kämpfen, dass nachts davor ein »lustiges Pfänderspiel« mit dem Töchterlein eines evangelischen Pfarrers kein Ende nehmen wollte, obwohl er »weibliche Küsse« nun einmal »wenig zu schätzen« wusste. Wie Heine 1830 alle Welt wissen lassen sollte, fand Platen nun einmal ausschließlich den männlichen Körper anziehend.

Der Ausgangspunkt der einen gedehnten Nachmittag füllenden Rundtour liegt am Rand von Rödelsee: der Wanderparkplatz Weinbergsweg. Von einem Gewässer, geschweige denn einem Badestrand, ist dort freilich weit

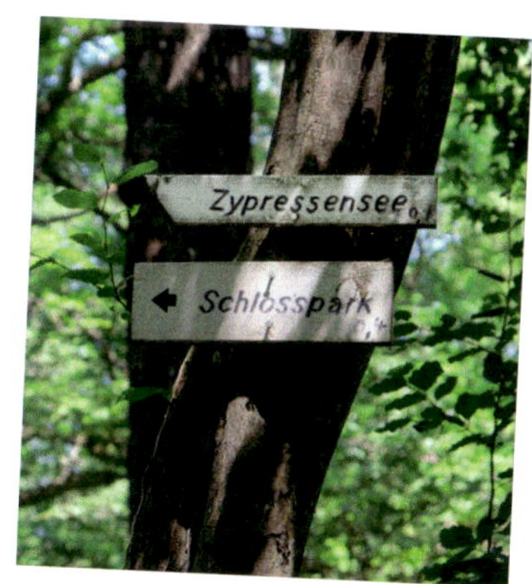

Follow me!

und breit nichts zu sehen. Der eigenwillige Name leitet sich von Rodilo ab, einem Adeligen, der den Ort im 6. oder 7. Jahrhundert gründete. Euer Wanderzeichen ist die »Traumrunde Rödelsee«. Oben auf dem Schwanberg, auf den ihr geradewegs zusteuert, bestand zu dieser Zeit bereits seit drei Jahrtausenden eine Festung, und diese Wallanlage erneuerten um 400 vor Christi die Kelten. Im Gegensatz zum Ritternest, das noch aus 50 Kilometer Entfernung gesehen werden will, versteckte sich die Fliehburg tief im Wald. Kein Fremder sollte sie finden. Achtet, solange ihr noch im flachen Teil der Weinberge unterwegs seid, besonders gut auf das Wanderzeichen. Nach nicht ganz einem Kilometer stellt es euch an einer KREUZUNG 1 vor die Wahl: geradeaus weiter oder abbiegen? Nach links! Ihr seid in den legendären Lagen Schwanleite und Küchenmeister unterwegs, die dank des Riegels aus Keupergestein, das kalte Ostwinde und mit ihnen

Märchenhaft, verwunschen und verwildert: der Park hinter Ende dieser Treppe

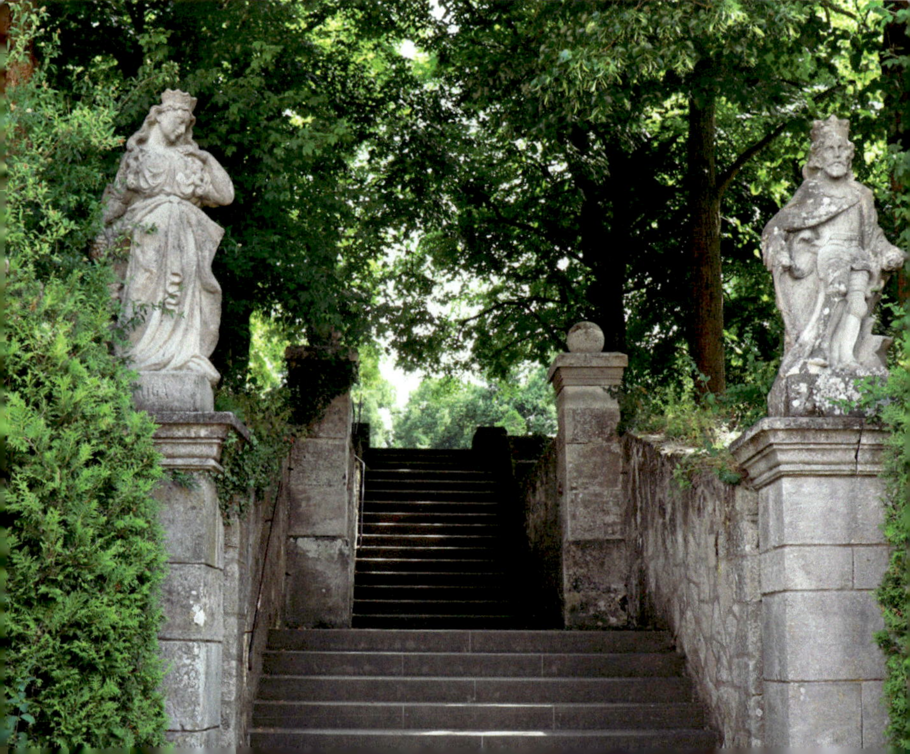

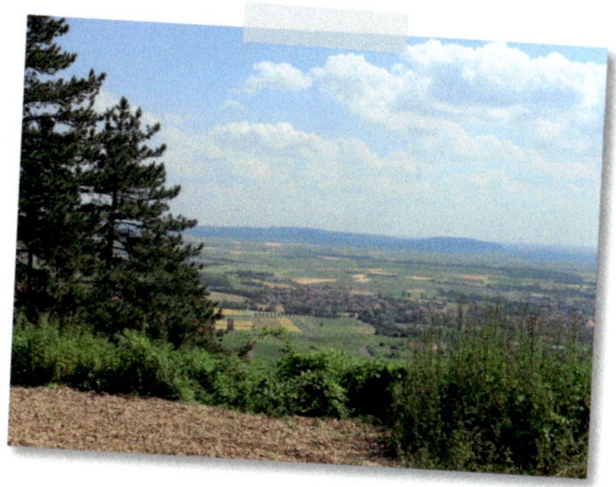

auch ein Zuviel an Regen abhält, für Spitzenerzeugnisse prädestiniert sind. Der Volksmund spricht von der Silvanerecke, da sich auf fast der Hälfte der knapp 120 Hektar diese Trauben der Sonne entgegenstrecken. Euer Weg führt euch zu einem Aussichtsturm und schließlich in den Wald, der die Rebzeilen wie eine Mütze vor kalten Winden schützt. Ein heftig steiler Anstieg: 100 Höhenmeter auf einer Strecke von nur 700 Metern! Dann seid ihr auf dem KAPPELRANGEN 2, einem wahrhaft königlichen Aussichtspodest. Die Welt liegt euch zu Füßen. Bis 1525 stand hier eine der meistbesuchten Wallfahrtskirchen Mainfrankens. Und zuvor jene Burg, in der um 710 die heilige Hadeloga das Licht der Welt erblickte.

EXAKT HIER, SO DIE LEGENDE, ÜBERGAB DIE TOCHTER VON KARL MARTELL, DEM GROSSVATER VON KARL DEM GROSSEN, EIN SEIDENES TUCH DEN WINDEN. DORT, SO VERSPRACH SIE DEM HERRN, WO ES ZU BODEN FALLEN WÜRDE, WÜRDE SIE EIN KLOSTER GRÜNDEN. KITZ HIESS DER SCHÄFER, DER ES IHR EIN PAAR TAGE SPÄTER ZURÜCKBRACHTE.

Und jetzt, anno 732, hatte Hadeloga ein Problem. Damit sie in ihrem Konvent, der Keimzelle des Städtchens Kitzingen, das heilige Abendmahl feiern konnte, musste sie ein in Franken noch gänzlich unbekanntes Getränk namens Wein beschaffen. Aufgrund der neuen christlichen Religion, deren Priester Wein rituell in Blut verwandelten, anstatt wie bisher Tiere zu opfern, sah man sich in etwa zeitgleich auch in Würzburg und in Hammelburg gezwungen, Rebstöcke zu pflanzen. Noch seid ihr unterhalb der Burg und euch steht ein weiterer, wenn-

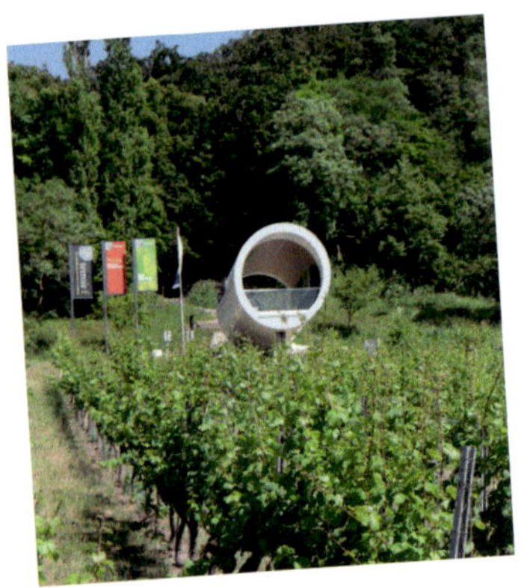

Am Terroir F von Rödelsee

gleich deutlich kürzerer Anstieg bevor. Das Gemäuer stammt nur dem Anschein nach aus dem Mittelalter. Anfang des 18. Jahrhunderts erbaut, dient es heute als Tagungsstätte. Hoffentlich hat das BISTRO 3 geöffnet, das die Schwestern der Communität Casteller Ring in einem der modernen Häuser gleich ein paar Meter weiter betreiben. Ihr hättet euch eine Stärkung verdient. Die Schwesternschaft, die aus der evangelischen Pfadfinderinnenbewegung der 1920er Jahre hervorging, hat den heiligen Berg seit den 1950er Jahren mehr und mehr in Beschlag genommen. Eine schattige Allee geleitet euch zu einem verspielten Brunnen, führt euch von Skulpturen begleitet zu einem antikisierenden Rundtempel. Zuvor hatte sich Alexander Graf von Castell-Rüdenhausen, besser bekannt als jener Blaublütige, der dem Nürnberger Bleistiftfabrikanten Faber durch Heirat den weltbekannten Markennamen Faber-Castell verschaffte, hier oben als Gärtner verausgabt. Sein acht Hektar großer, ab 1919 angelegter, zum Glück nicht über die Maßen gepflegter Park zählt zu den schönsten künstlichen Landschaften, die Franken aufzuweisen hat. Auf das Prinzessinnenbad, einen idyllischen Teich, und den Keltenwall folgt ein Areal, in dem sich die Natur noch weitestgehend selbst überlassen ist. Wo euch der Wald wieder frei gibt, empfiehlt es sich, eine längere Rast einzulegen. Denn der Abstieg hinab zur oberen Weinbergkante hat es in gleichem Maße in sich, wie der Weg hinauf als krass zu bezeichnen war. Wenn ihr die Tour 2 bereits gegangen seid, kennt ihr euch auf dem sich anschließenden, flachen Wegstück bereits aus. Euer nächstes Etappenziel ist die architektonisch avantgardistische Rasthütte TERROIR F RÖDELSEE 4, vor der sonntags Wein ausgeschenkt und Bratwurst gegrillt wird.

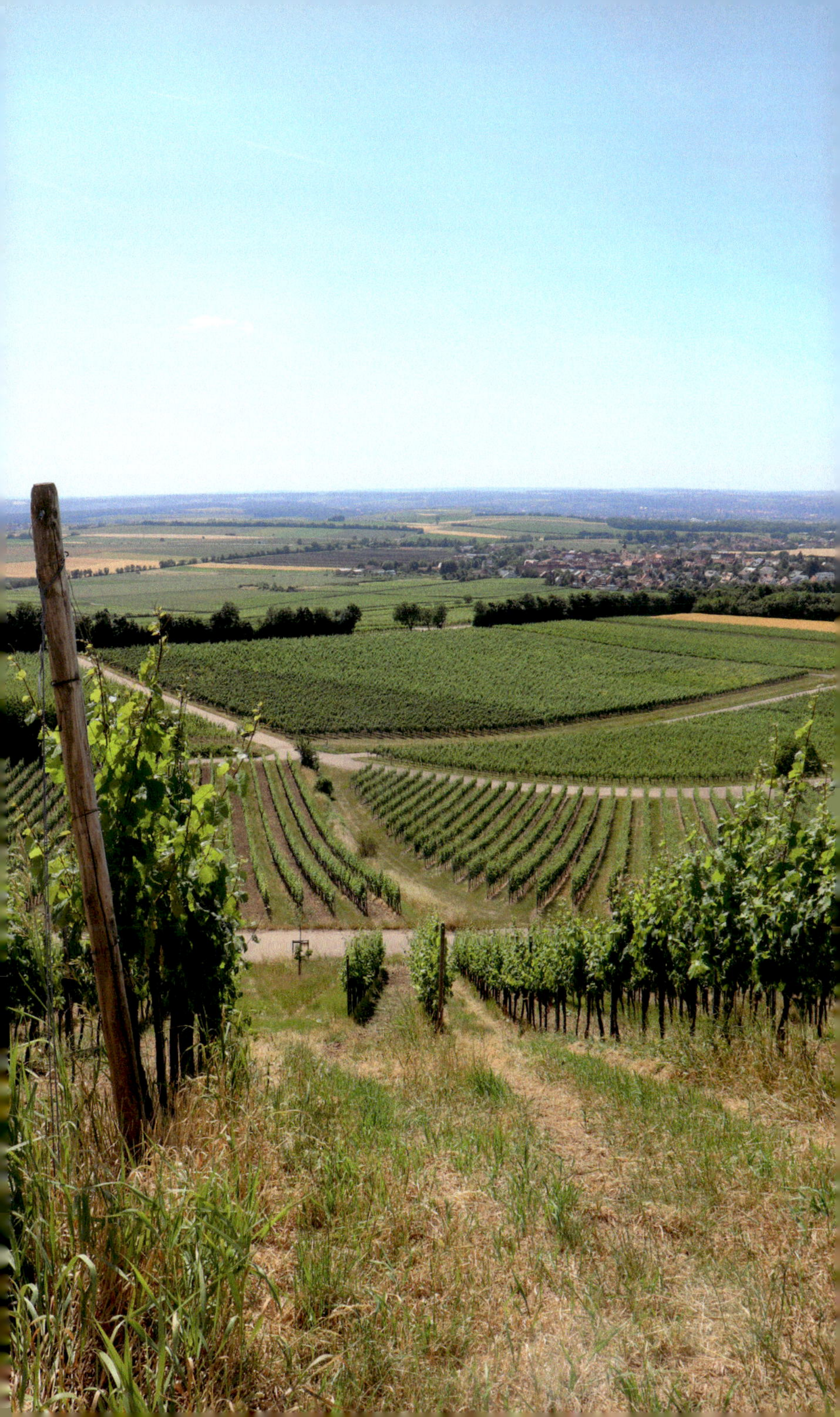

Zurück in Rödelsee, ist ein Besuch des historischen Ortskerns angeraten. Nicht nur des Magens wegen, der sich mit Sicherheit schon seit mehreren Kilometern ausmalt, wie genau dort die Wirte ein Schäufele mit Kloß und Blaukraut auf dem Teller drapieren.
Bis die Region 1814 in Bayern aufging, gehörte das Dorf zu vier verschiedenen Staaten. Gleichzeitig.

MAN SELBST WAR ZUM BEISPIEL UNTERTAN DES BISTUMS WÜRZBURG, DER NACHBAR ABER DEN GESETZEN DES EVANGELISCHEN UND DAMIT FEINDLICHEN MARKGRAFENTUMS ANSBACH-BAYREUTH UNTERWORFEN. ODER DER GRAFSCHAFT CASTELL. WIEDER ANDERE UNTERSTANDEN DEN RECHTEN UND PFLICHTEN DES KLOSTERS EBRACH.

Den Evangelischen und Katholischen war es verboten, miteinander Umgang zu haben, geschweige denn Geschäfte zu tätigen. Bis 1770 mussten sie dennoch mit nur einer Kirche auskommen. Im Schloss Crailsheim, Rödelsees Vinothek, hatte der castellsche Schultheiß seinen Sitz, der Amtmann des Klosters Ebrach knüpfte seinen Bauersleut den Zehnten im Ebracher Hof ab – heute ein Wohnhaus. Der für die Ansbacher Untertanen zuständige hohe Herr residierte in einem heute hoch empfehlenswerten Gasthaus, im Goldenen Löwen. Trinkt dort bitte einen Schoppen auf den vergessenen Dichter von Platen mit, der sich 1830 ins italienische Exil zurückzog. Und natürlich auf die vergessene Heilige vom Schwanberg. Denn dann haben euch die beiden posthum lieb.

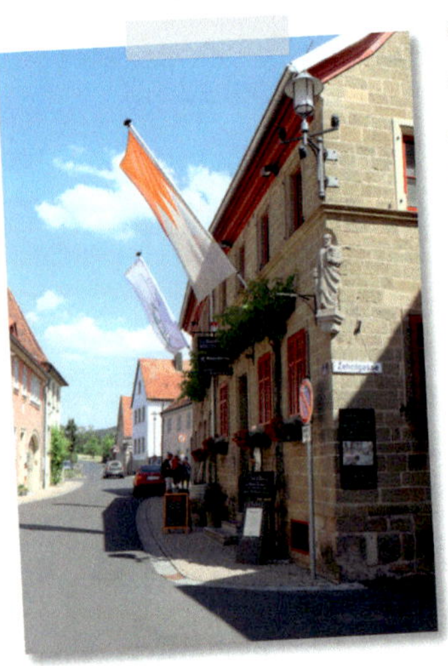

Alles, was ihr wissen müsst

Rundtour: vom Weinbaudorf Rödelsee auf das weitläufige Gipfelplateau des Schwanbergs und durch dessen Park und Wälder zurück // überwältigende Ausblicke, die man sich redlich verdienen muss: Zwei extrem steile Abschnitte! // **Wanderzeit:** Mai bis Anfang November, im August zu heiß

Markierung: Traumrunde Rödelsee

Entfernung von Kitzingen: 8 Kilometer
ÖPNV: nicht empfehlenswert
Auto: Parkplatz, Am Schlossberg 55, 97348 Rödelsee

Einkehr: **Weinbergausschank terroir f Rödelsee,** www.gasthaus-winzerstube.de // **Bistro und Klosterladen auf dem Schwanberg,** www.ccr-schwanberg.de // **Vinfothek Schloss Crailsheim,** 97348 Rödelsee, www.vinfothek-roedelsee // **Der Löwenhof,** An den Kirchen 14, 97348 Rödelsee, www.loewenhof-roedelsee.de

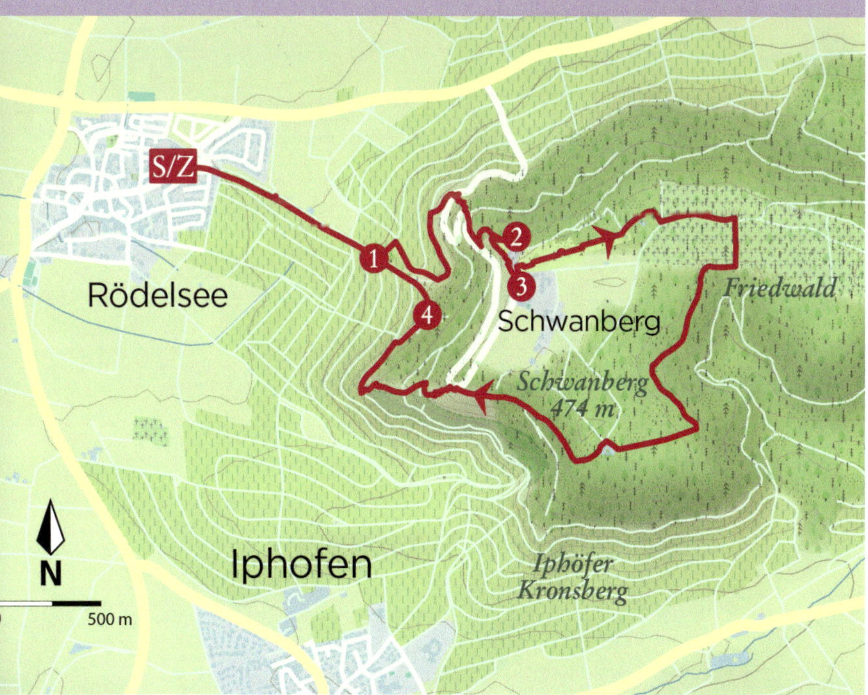

Von Marktbreit nach Gnodstadt

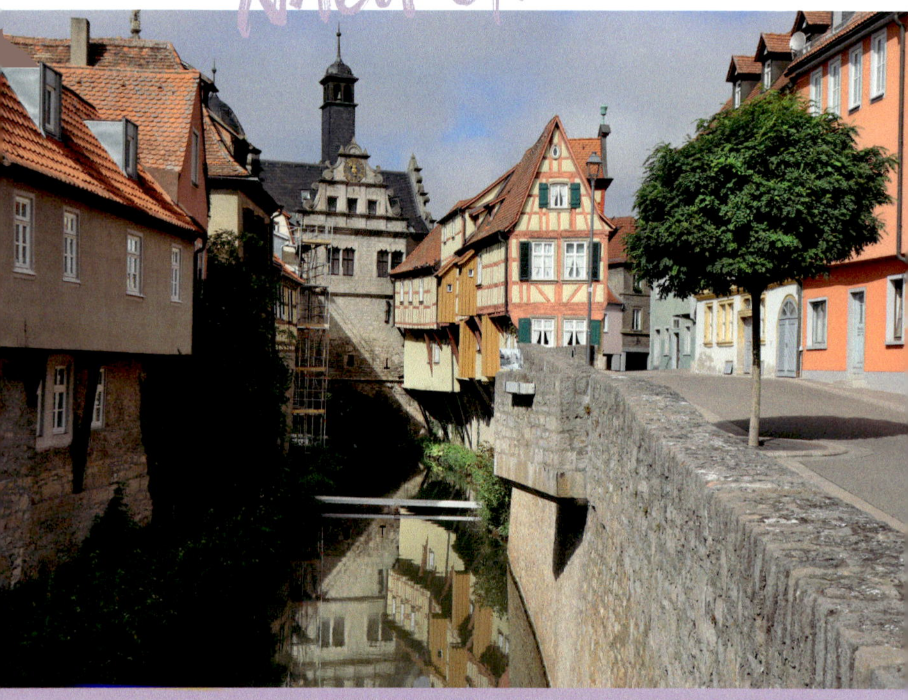

Schwierigkeit: mittel // 14,3 Kilometer // 110 Höhenmeter
Für Familien mit Kindern geeignet

EIN ÜBERLANDBUMMEL DURCH ZWEI WELTEN: VOM WELTGEWANDTEN HANDELSZENTRUM INS ZÜNFTIGE DORFIDYLL

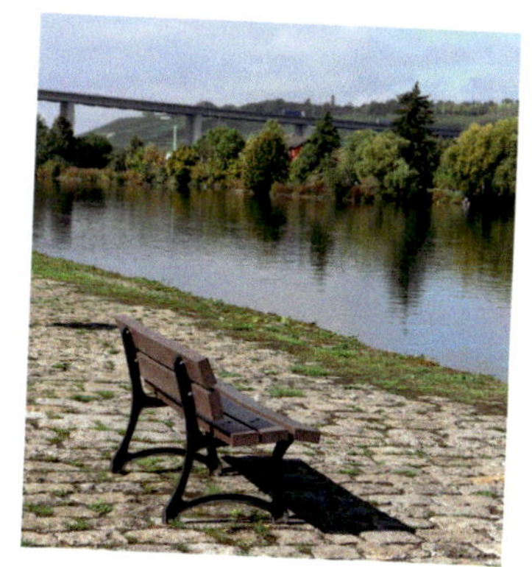

EIN SCHIFF SOLL KOMMEN

Es ist ja keineswegs so, dass sich die Franken nur einem einzigen Getränk verschrieben hätten, das Untugenden wie Schüchternheit, schlechte Laune und Weltschmerz fortzuspülen vermag. Und natürlich auch all die anderen Lästigkeiten, die eine Schwere im Kopf verursachen. Ein Glas fragt bekanntlich nicht, was genau da gerade in ihm serviert wird, der Tag besteht aus mehr als seinem Abend, und die an den Hängen des Maintals der Natur abgerungenen Weißen und Roten schmecken außerhalb jener Dörfer und Städte, in deren Keller die Trauben im Herbst auf Nimmerwiedersehen verschwinden, genauso gut. Schnaps wäre zu nennen ... soll, weil er unter die Gefahrenstoffe fällt, im Kontext dieses Wanderausflugs aber besser nicht euren Zuspruch finden. Denn wenn ihr Schlangenlinien geht, verdoppelt ihr die zu absolvierenden Kilometer auf fast 30, werdet ihr euch schwertun vor Anbruch der Dunkelheit, mit der sich alle Wegzeichen in ihr Nachtversteck zurückziehen, zum Ziel zurückzufinden. Obwohl es der Hausgebrannte verdient hätte, gebührend gewürdigt zu werden, hat er doch nicht wenige Häckerfamilien vor dem finanziellen Kollaps bewahrt, als Ende des 19. Jahrhunderts der Mehltau und die Reblaus ihrem Weingarten den Garaus machten. Zur Weinberglandschaft gehörten und gehören immer auch Obstbäume, deren Ertrag zu Flüssigkeit zu verdichten sich damals als eine von nur wenigen alternativen Einkommensquellen anbot. Ohne seine Streuobstwiesen wäre halb Weinfranken verhungert.

Welcher anderen Alternative zum guten fränkischen Wein ihr euch bei diesem Ausflug als Erstes hingebt, hängt davon ab, wie ihr zum Ausgangspunkt dieser Rundtour anreist. Die Wanderung führt euch

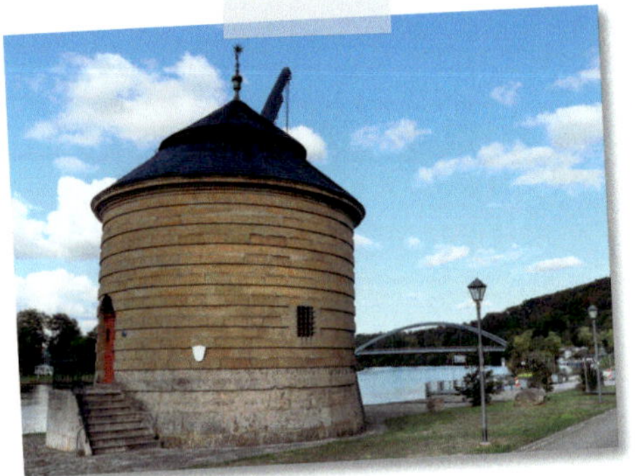

aus der Altstadt von Marktbreit, einem aus der Zeit gefallenen Flussanrainer, der im südlichen Zipfel des Maindreiecks sitzt, ins fruchtbare bäuerliche Hinterland. Kommt ihr mit der Bahn, steigt ihr nämlich ein Stück hinter dem Startpunkt, am Südausgang des historischen Ortskerns, in die Tour ein. Am Bahnhof haltet ihr euch links, geht mit der Mehrheit auf dem Hauptweg in Richtung Zentrum. Ihr biegt in die Bahnhofstraße ein. Dort liegt auf der linken Seite: ein FRIEDHOF 1. An dessen unterem Ende findet ihr euer Wegzeichen, ein stilisiertes Keltenschiff auf Europaflagge. Hier müsst ihr nach links abbiegen. Wenn euch rechts eine Kirche ein Grüß Gott zuflüstert, seid ihr schon ein paar Meter zu weit. Das Highlight des bildhübschen Städtchens und seine Einladung, euch in seinem malerischen Zentrum eine der Kultflüssigkeiten des Tages einzuverleiben, hebt ihr euch für eure Rückkehr auf. Als grandioses Finale einer wahrlich malerischen Tour.

Kommt ihr mit dem Auto, leitet euch die Verkehrsführung automatisch ans Mainufer und dort auf einen großen Besucherparkplatz. Sofort entdecken eure Augen dort Marktbreits Wahrzeichen, einen Kran. Ab Mitte des 18. Jahrhunderts beschleunigte er das Entladen der Mainkähne radikal. Mittels Laufräder konnte das Wunderwerk der Technik bis zu drei Tonnen schwere Frachtstücke an Land hieven. Der benachbarte Gebäudekubus, an dem ihr das Wanderzeichen findet, diente als Lagerhaus. Genießt das einzigartige Ensemble beiderseits der ehemaligen Stadtmauer. Weltberühmt: das schmale Malerhaus auf der Linken, eine Fachwerk-Augenweide, die so heißt, weil kein Haus in Franken öfters in einem Gemälde verewigt wurde, und die dahinter liegende Bachgasse. Auf der anderen Seite des Stadttors bitten große Bürgerhäuser um eure Aufmerksamkeit.

BIS ZUM AUFKOMMEN DER EISENBAHN TEILTEN SICH DAS FÜNF KILOMETER MAINABWÄRTS GELEGENE, HÖCHST SEHENSWERTE OCHSENFURT UND MARKTBREIT DEN TRUMPF, DIE ENDPUNKTE EINER HANDELSSTRASSE ZU BILDEN, DIE DEN MAIN MIT DER DONAU – ZIELORT: REGENSBURG – VERBAND. ABER NICHT ZU GLEICHEN TEILEN.

Mit einem simplen Trick war es den Markbreiter Landesherren im 17. Jahrhundert gelungen, die Verhältnisse zu ihren Gunsten zu verschieben: religiöse Toleranz. Sie lockten eine gesellschaftliche Randgruppe an, der eine strenge Wirtschaftsordnung schon seit Jahrhunderten keine andere Wahl gelassen hatten, als sich auf eines der lukrativsten Gewerbe überhaupt zu spezialisieren, den Warenein-

Trafen hoffentlich Früchte: das Obst zum Schnapsbrennen

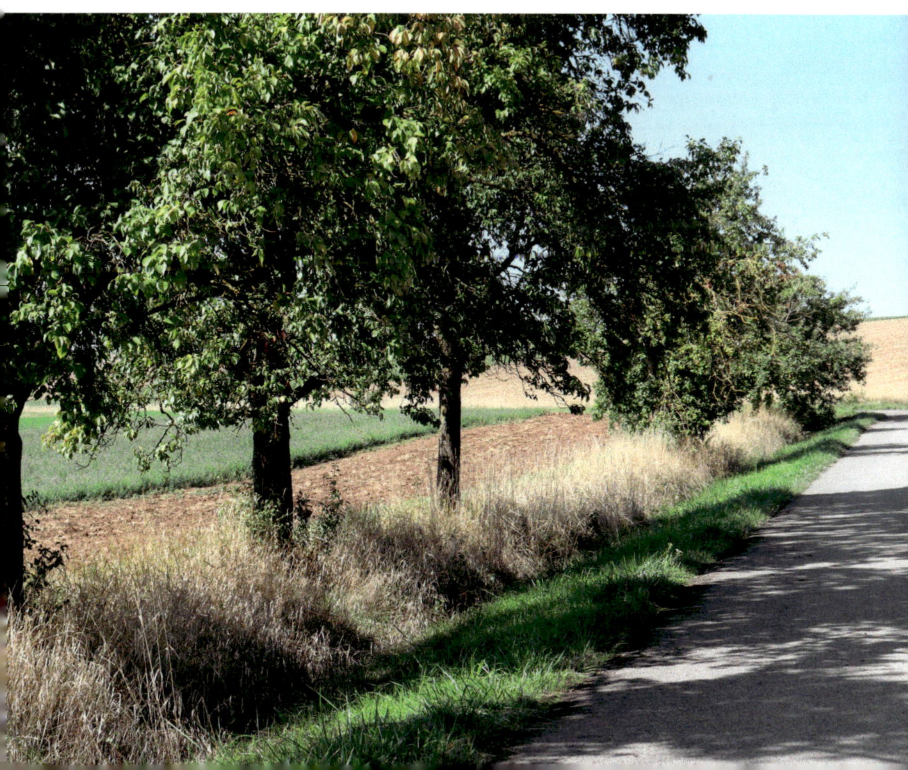

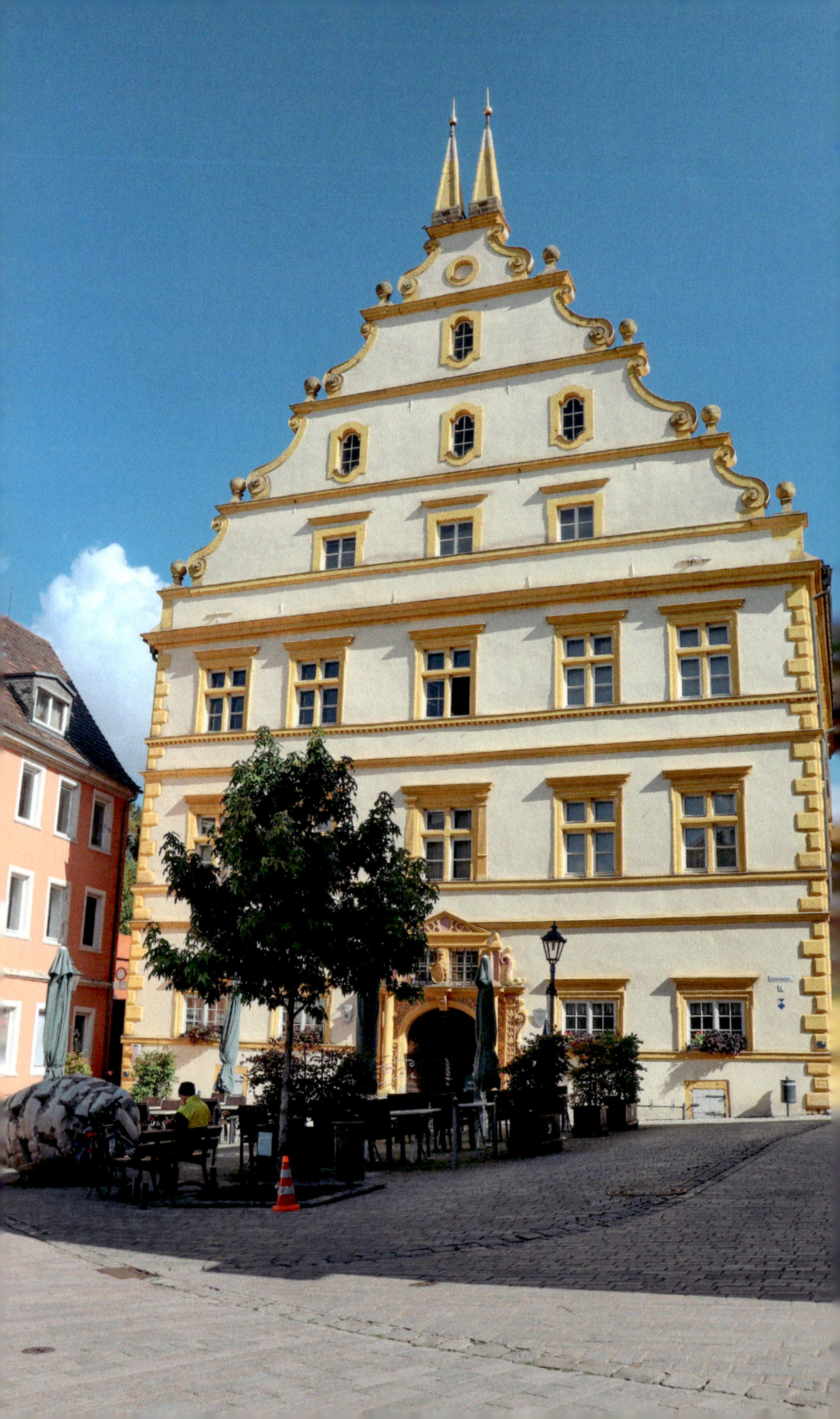

und -verkauf. Für Wein hatte sich bereits Kitzingen als Umschlagplatz etabliert. Marktbreits jüdische Neubürger suchten nach einem alternativen, nicht minder heiß begehrten Gut. Sie fanden ihn in den Speicherhäusern der damaligen Kolonialmacht Nummer eins, den Niederlanden.

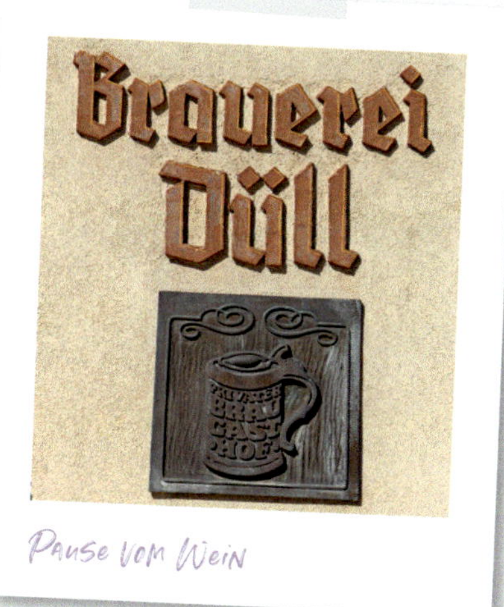

Pause vom Wein

Leider ist in der Marktstraße, die euch an einem hübschen Stadtschloss vorbei bis zum bereits genannten Friedhof hinaufführt, die Geschäftigkeit von einst einer gähnenden Leere gewichen. Nutzt die Gelegenheit, wenn sie sich denn bietet, in aller Ruhe einen Kaffee zu trinken. Auf die guten alten Zeiten! In der sich die jüdische Familie Wertheim aus Wien nach Marktbreit umorientierte. Am Hof der Habsburger hatte sie das Monopol inne, Kredite zu gewähren. Jetzt machten sie und andere international vernetzte Händlersippen, die sich mit prächtigen Häusern auf ewig ins Stadtbild einschrieben, ihre lieben Franken mit jenem Rauschmittel bekannt, das das Herz zum Rasen bringt, den Kopf wachrüttelt, dem Morgen seinen Schwung gibt.

Eine Bitte: Zeigt euch irritiert, wenn sich, nachdem ihr hinter dem Ortsausgang von Marktbreit eine AUTOBAHNBRÜCKE 2 unterquert habt, das Landschaftsbild schlagartig verändert. Ihr seid in eine Welt aufgestiegen, deren fruchtbare Lössböden seit Urzeiten dafür sorgen, dass sich die Menschen in den Städten unten am Main mit Brot versorgt wissen. Und mit dem Rohstoff für ein Kultgetränk, das in Weinfranken auch dann noch in einer mehr als ausreichend großen Mengen zur Verfügung stand, als der Silvaner im Todeskampf gegen die Reblaus unterlag, die Region dringend etwas Alkoholisches brauchte, um ihre Trauer zu bekämpfen. Das Ackerland ist so wertvoll, dass man noch nicht einmal die Hecken verschont hat, als man im Zug der Flurbereinigung zwischen 1968 und 1990 die bis dahin oft nur handtuchgroßen Äcker zu neuen großen Einheiten zusammenlegte. Obwohl nur sie verhindern, dass der Wind, der hier oben ordentlich zur Sache gehen kann, den wertvollen Humus wegträgt.

DAS WEIT UNTER 1.000 EINWOHNER KLEINE GNODSTADT IST WIE EIN AUFGESCHLAGENES BILDERBUCH. DAS BESONDERE: HIER HABEN SICH ALLE MÖGLICHEN INGREDIENZIEN ERHALTEN, DIE SICH BIS VOR ZWEI, DREI GENERATIONEN IN JEDER SIEDLUNG FANDEN, DIE IM NOTFALL AUF SICH SELBST GESTELLT WAR.

Zum Beispiel ein LÖSCHTEICH 3 für den Brandfall, der noch immer Sommer für Sommer als Schwimmbad zweckentfremdet wird. Das Dorf wird euch deutlich größer erscheinen, als es ist, weil euch euer Weg im Zickzack hindurchführt. Da euch an allen diese Plätzen Infotafeln zu erkennen helfen, was ihr ohne sie nicht sehen würdet, müsst ihr nur noch eines wissen: dass unweit der Kirche ein Wirtshaus steht, das noch jene bäuerlich geprägte fränkische Genusskultur zelebriert, die vor zwei, drei Generationen im Hinterland omnipräsent war, nun aber vom Aussterben bedroht ist. Beim DÜLL 4 stammt Kultgetränk Nummer zwei, das Bier, noch aus dem hauseigenen Braukessel. »Da mussd als Wirt ned fragen, obs no a Seidla sein darf!«

Tipp: *AM RITUALTAL ERNEUT ZUM DÜLL*

Kommt am Schlachtschüsseltag wieder (unbedingt reservieren). Dann geht es zu wie anno dazumal an jenen Festtagen, an denen man sein Schwein aus dem Stall geholt, geschlachtet und zu Wurst veredelt hat. Selbst gebrannten Schnaps gibt es auch. Diesen Fettlöser braucht ihr, wenn ihr an diesem fränkischen Kultritual teilhabt.

Alles, was ihr wissen müsst

Rundtour: über die fruchtbaren Äcker, die gleich hinter dem Städtchen Marktbreit eine Hochebene bedecken, in ein Dorf, in dem es noch so aussieht wie zu Beginn des 20. Jahrhunderts // über Felder und durch einen Wald zurück //
Wanderzeit: Mai bis Oktober, außer im Hochsommer

Markierung: stilisiertes Keltenschiff mit Sternenkranz der EU

Entfernung von Würzburg: 25 Kilometer
ÖPNV: RE 80 von Würzburg, Ansbach und Treuchtlingen
Auto: Parken am Mainufer, Adam-Fuchs-Straße 4, 97340 Marktbreit

Einkehr: **Gasthaus und Hausbrauerei Düll,** Pfarrer-Geyer-Straße 1, 97340 Gnodstadt, www.duell-gnodstadt.de // **Café Dolce Ambiente,** 97340 Marktbreit, www.dolce-ambiente.wixsite.com // **Hotel-Restaurant Löwen,** Marktstraße 8, 97340 Marktbreit, www.loewen-marktbreit.de

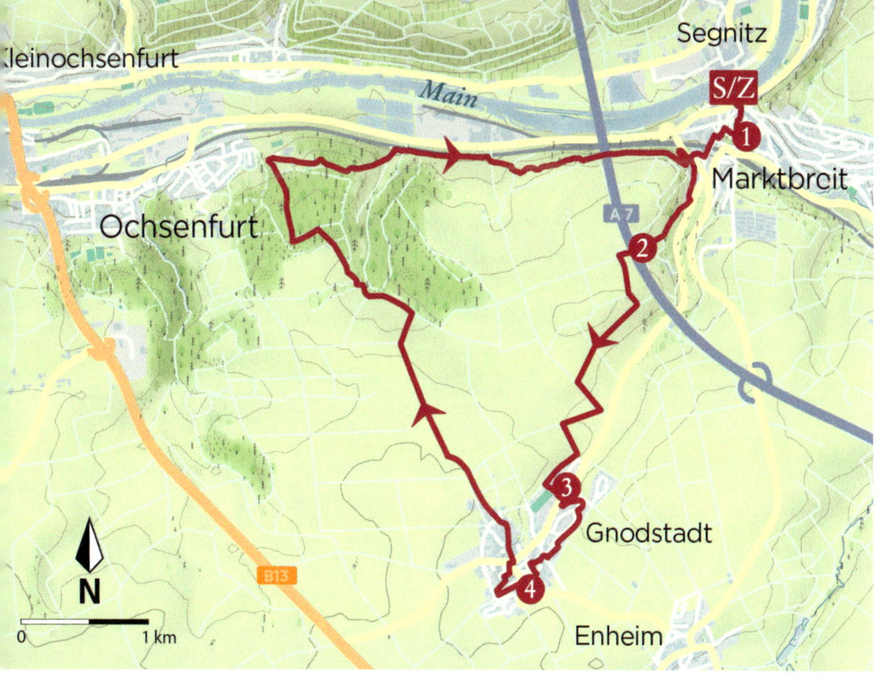

Volkach und seine Mainschleife

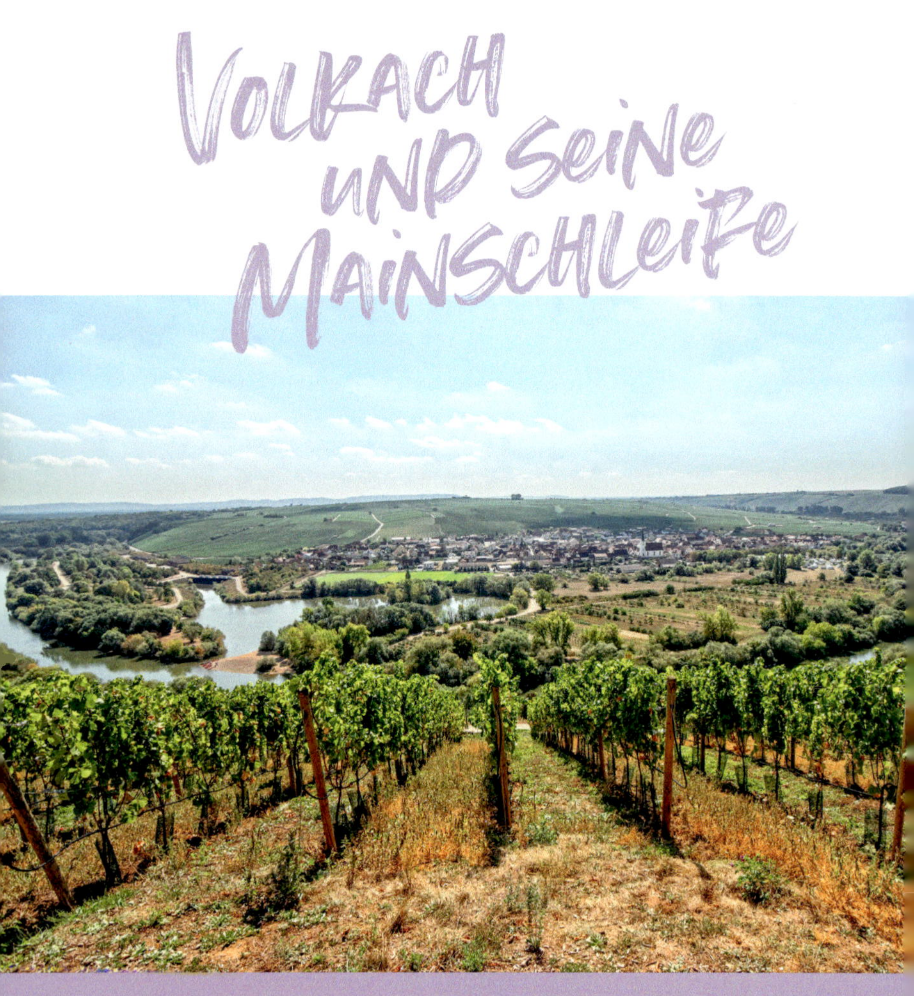

Schwierigkeit: mittel // 17 Kilometer // 91 Höhenmeter
Für Familien mit wanderaffinen Kindern geeignet

*STADT, LAND UND FLUSS:
UND MITTENDRIN MIT EINER FÄHRE
AUF EINE INSEL ÜBERSETZEN*

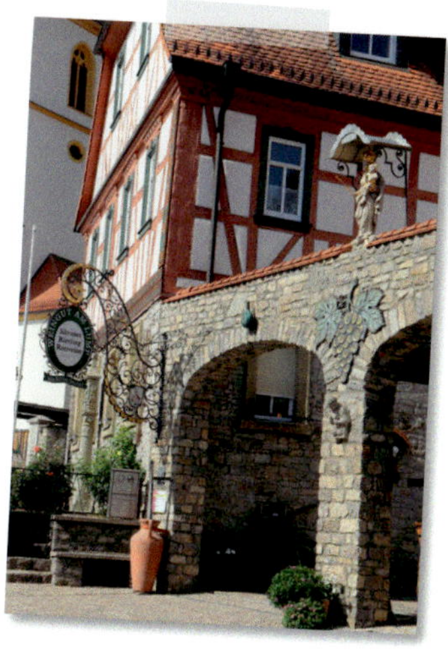

Einmal angenommen, der kollektive Traum, an den sich die Generation eurer Urur-, Ur- und Großeltern geklammert hat, um der Enge der Verhältnisse und dem von Mühsal geprägten Alltagstrott zumindest im Kopf zu entkommen, fände jetzt – in diesen Tagen – doch noch zu seinem Happy End. Wie aus dem Nichts, so taucht er auf. Der Erbonkel aus den USA, von dessen Existenz niemand gewusst hat. Und ihr schon gar nicht. Der sich drüben vom Tellerwäscher zum Herrn eines Firmenimperiums gemausert hatte. Der sich vorletzten Sonntag – in seinem Alter sehr weise – entschieden hat, sein Vermögen weiterzureichen. Ja, genau: an euch – die Berechtigten. Es stirbt sich halt in dem Wissen leichter, mit nichts als einem Büßerhemd am Leib vor Gott zu stehen.

Wie das aber in einem Traum nun einmal so ist, bleiben entscheidende Details verschwommen. In der Nachricht, die euch der gute Mann zukommen lässt, ist der Treffpunkt, zu dem er euch bestellt, nur arg vage, weil mit nur einem einzigen Wort beschrieben: Weinfranken. Oh je! Und was jetzt? Kein Problem …

WAS SCHIESST DEN MEISTEN EURER ZEITGENOSSEN IN DEN KOPF, WENN SIE SPONTAN AN FRANKEN, REBSTÖCKE UND EIN FRISCH MIT EINEM SCHOPPEN WEISSEN GEFÜLLTES GLAS DENKEN? RICHTIG: DER WUNSCH, MAL WIEDER EINEN AUSFLUG AN DIE VOLKACHER MAINSCHLEIFE ZU UNTERNEHMEN, BAYERNS GRÖSSTEM MÄANDER.

Und auf die benachbarte Weininsel, die seit 1957 ein Stichkanal vom fränkischen Festland trennt. Weil der schier endlose Rebenozean, der sich zu beiden Seiten dieses Flussabschnitts breitmacht, ein Viertel der fränkischen Anbauflächen bedeckt, sich hier so viele Winzer wie nirgendwo sonst für einen wieder einmal allerköstlichsten Jahrgang ins Zeug legen, gilt die Region vielen als Synonym für Weinfranken. Wenn die Volkacher Mainschleife das Herz von Weinfranken ist, dann muss das bildhübsche Städtchen Volkach, der Ausgangs- und Zielpunkt dieser an Kilometern reichen Tour, seine Herzkammer sein. Als hätte es die vielen Jahrzehnte nicht gegeben, die euer Oheim mit der Vermehrung seiner Dollars zubrachte und in denen der Fortschritt auch den Weinanbau unter seine Fittiche nahm, wird in Volkachs mittelalterlicher Altstadt noch heute Wein gekeltert. Jeden Herbst kämpfen sich die Traktorgespanne, die die frisch gelesenen Trauben in den Hinterhof des Weinguts Zur Schwane fahren, durch eine enge, mittelalterliche Gasse an den 600 Jahre alten Keller heran. Verzweifelt rufen

Erfrischt sich am gern am Morgennebel: die Steillage Escherndorfer Lump

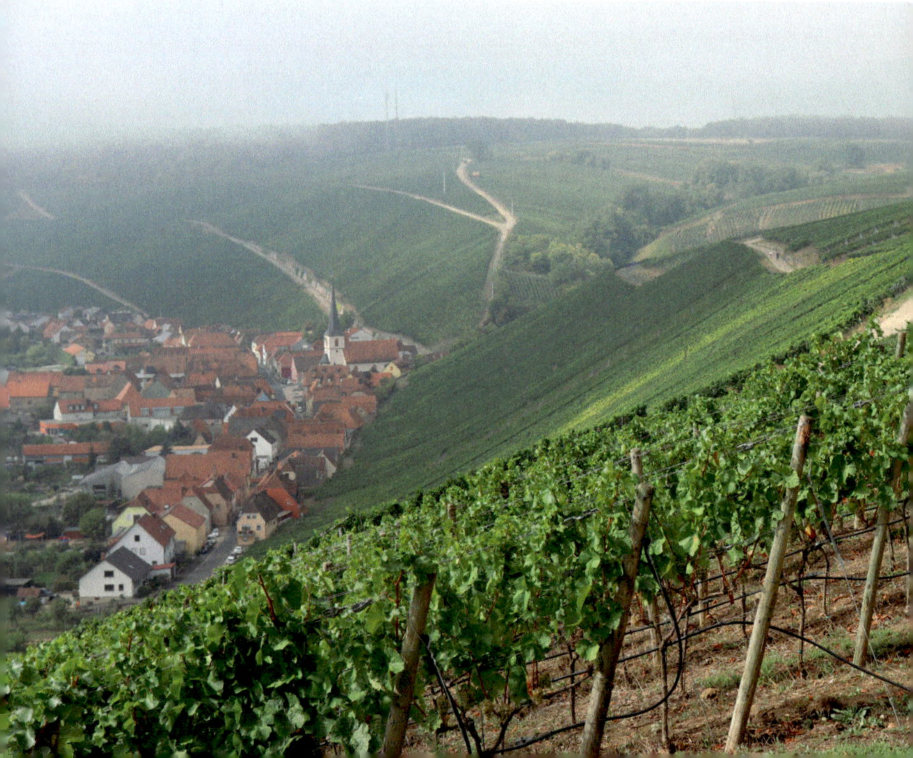

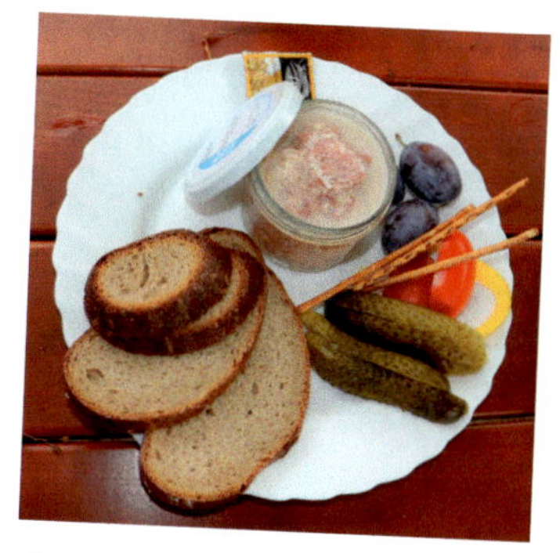

So isst die Hallburg-Vinothek

ihre Fahrer Ausflügler aus, weil deren E-Bikes jenes letzte Straßeneck blockieren, um das sie noch herum müssen. Schon zu Zeiten eurer Urur-, Ur- und Großeltern als Wirtshaus legendär, mit einer der ältesten Gaststuben überhaupt gesegnet, kompromisslos luxuriös und bodenständig in einem. Spätestens wenn ihr gleich auf den ersten Metern dieser Traumtour am Zur Schwane vorbeischlendert, lösen sich alle Fragezeichen auf. Ist doch klar, wo euch der Erbonkel treffen will! Obwohl die Runde von einem Weinberg zum nächsten führt, hält sich das Auf und Ab mit zusammengerechnet 223 zu bewältigenden Höhenmetern stark in Grenzen. Da sich der Greis als rüstig herausstellt: Nehmt ihn mit.

ZU RECHT ZÄHLT DIESE RUNDE ZU DEN SCHÖNSTEN, DIE EUCH WEINFRANKEN ZU BIETEN HAT. DENNOCH HAT MAN SIE NICHT DURCHGEHEND EINHEITLICH MARKIERT. WENN IHR EUCH AN DEN HINWEISSCHILDERN ZU DEN IM FOLGENDEN AUFGEFÜHRTEN ETAPPENZIELEN ORIENTIERT, KANN ABER EIGENTLICH NICHTS SCHIEFGEHEN.

VOLKACH – QUER DURCH DIE ALTSTADT

Volkachs komfortabelster Besucherparkplatz liegt direkt hinter dem Bahnhof. Ob ihr mit dem Auto oder dem Zug anreist: Folgt den Hinweisschildern in der Altstadt, ihr müsst einen kurzen Berg hinauf. Oben, am Platz vor dem Stadttor: Das Wirtshaus des Weinguts Rose als Tipp merken, wenn ihr euch später zu normalen Preisen aufs Beste verköstigen lassen wollt. Es ist ebenfalls mit einem bildhübschen Gastraum gesegnet. Folgt der Straße, die durch das Stadttor führt – vorbei am Zur

Schwane, vielen Cafés, Weinhandlungen und Restaurants. Auch am Marktplatz, dem eigentlichen Ausgangspunkt, gilt: weiter geradeaus die Hauptstraße entlang. Haltet nach einem Wanderzeichen Ausschau, das ein von einem Viereck eingerahmtes, stilisiertes Auge zeigt – es wird euch auf den ersten sieben Kilometern zuverlässig leiten.

WALLFAHRTSKIRCHLEIN MARIA IM WEINGARTEN

Direkt hinter den letzten Häusern von Volkach taucht ihr in das Rebenmeer des Ratsherrn ein, Volkachs berühmtester Lage. Die kleine, mitten in die Rebzeilen gesetzte WALLFAHRTSKIRCHE MARIA IM WEINGARTEN (1) wurde am 7. August 1962 Opfer eines spektakulären Raubs. Henri Nannen, Herausgeber des Sterns, der zu dieser Zeit auflagenstärksten deutschen Illustrierten, bot den Dieben 100.000 Deutsche Mark Lösegeld, denn sie hatten nichts Geringeres als ein Hauptwerk des Holzschnitzers Tilman Riemenschneider fortgeschafft. Entsprechend groß war das Medienaufgebot, als die »Madonna im Rosenkranz« am 6. August 1963 zurückkehrte. Seither ist man vorsichtig. In der kalten Jahreshälfte hat die Kirche nur noch von Freitag bis Sonntag geöffnet.

IN FAHR MIT DER MAINFÄHRE ÜBERSETZEN

Oben im Rebenmeer des Ratsherrn folgt ihr dem Main flussaufwärts, bis ihr das Winzerdorf Fahr erreicht. Uralt, ursprünglich, idyllisch. 250 Einwohner klein. Aber vier Gasthäuser! Am Mainufer wartet ein ganz besonderes, wenngleich kurzes Erlebnis auf euch. Seit mindesten 600 Jahren lebt das Örtchen gut davon, jeden, der ans andere Mainufer gelangen will, dorthin überzusetzen. Da die nächste Brücke weit ist, nutzen die Einheimischen die Fähre als ganz normales Verkehrsmittel.

VON KALTENHAUSEN ZUR VOGELSBURG

Über einen angenehm schattigen BIERGARTEN (2) führt euch das Wanderzeichen Quadrat mit stilisiertem Auge durch Kaltennordheim und ein Naturschutzgebiet auf den Kamm des berühmten Escherndorfer Bergs. Haltet aber erst, (wenn ihr schon weit oben seid) nach dem Wanderweg 14a Ausschau, der vorübergehend das stilisierte Auge ablöst, und nach Hinweisschildern erst zum terroir f, einer Aussichtsplattform, dann zur Vogelsburg. Heute ein edles Hotel mit Restaurant, Vinothek und Weinausschank auf einer Terrasse, überwachten früher wechselnde Landesherren von der Landmarke hier oben aus den Main, bevor sie 1282 in ein Kloster umgewandelt wurde. Gigantische Panoramablicke belohnen für die Mühe des Aufstiegs.

DURCH DIE WEINBERGE NACH ESCHERNDORF

Auf der Terrasse der Vogelsburg findet ihr eine Möglichkeit, in den Escherndorfer Lump abzusteigen, die Steillage zu ihren Füßen. Orientiert euch an den Dächern tief unten, Escherndorf ist euer nächstes Etappenziel. Wieder eine Augenweide!

Wo sich ein Ausgehtipp an den nächsten reiht:
Volkachs lange Hauptstraße

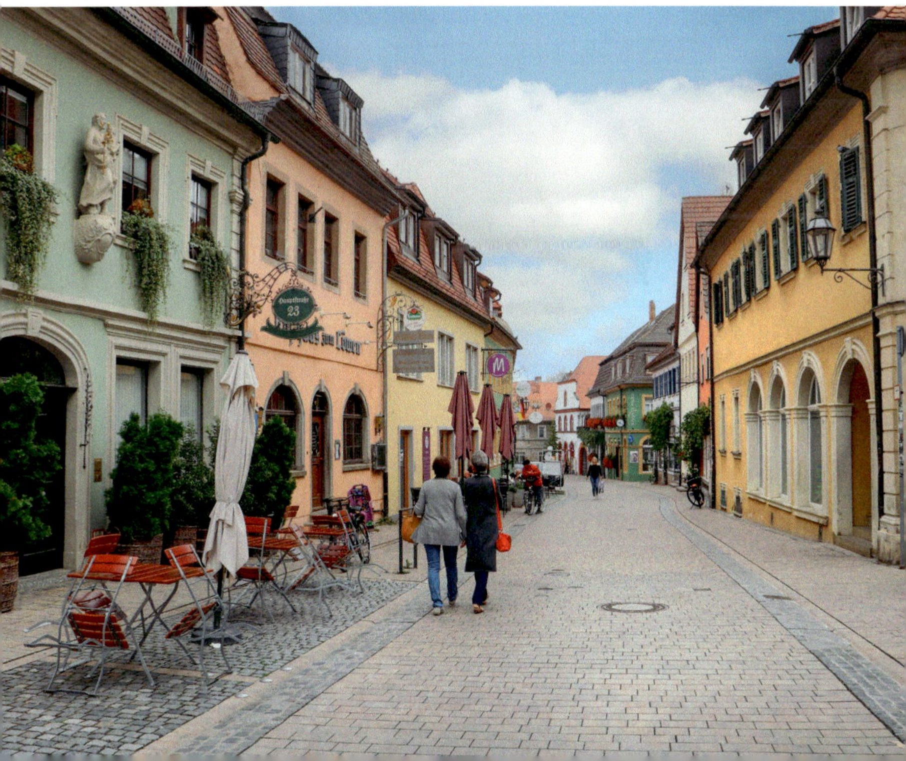

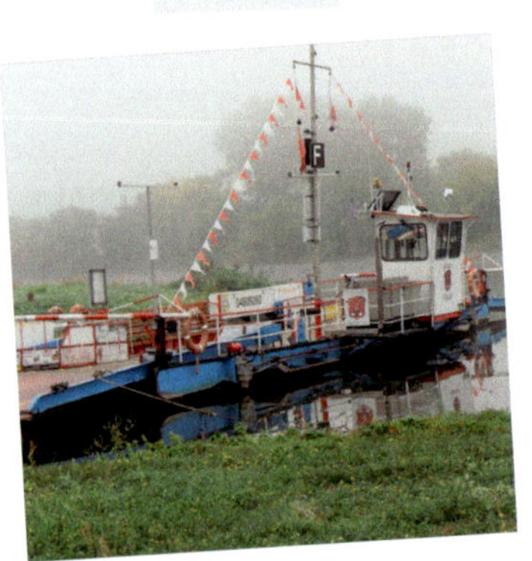
Weiter mit der Fähre

MIT DER MAINFÄHRE NACH NORDHEIM

Am Mainufer von Escherndorf herrscht im Sommer großer Auftrieb. Und nicht minder gegenüber. Die Fähre, die euch nach Nordheim hinüberbringt, ist auch deshalb eine der ganz großen Attraktionen der Region, weil auf beiden Seiten ein Campingplatz für Leben sorgt und im Main gebadet werden darf.

Ihr seid jetzt auf der Weininsel – ursprünglich eine zwölf Kilometer lange Flussschleife. Ein 1957 eröffneter Kanal reduziert den Weg, den Schiffe zurücklegen müssen, um die Hälfte.

ÜBER DEN KREUZBERG ZUR HALLBURG

Wandert vom Mainufer nach Nordheim hinein, biegt im Ort die zweite oder dritte Straße nach links ab, in die Hauptstraße oder Langgasse. In ihrem Verlauf stoßt ihr auf das Wanderzeichen Nr. 7, das euch bis zum Ortsrand bringt. Dort, an einer WEGSPINNE 3 direkt am Ufer eines gigantischen Rebenmeers, wechselt ihr auf die Nr. 3. Es führt euch über den Kreuzberg zur HALLBURG 4, einer mittelalterlichen Festung, die das benachbarte Weingut Graf Schönborn als Vinothek und zum Ausschank nutzt.

ÜBER DEN MAIN NACH VOLKACH

Für die letzten Kilometer, die euch von der Hallburg aus von Volkach trennen, seid ihr auf euer Smartphone und den GPS-Track angewiesen. Kein Problem, helfen euch Volkachs Turmspitzen doch zusätzlich bei der Orientierung. Und der Erbonkel. Der jetzt das Tempo anzieht. Wegen eines wichtigen Termins. Mit einem Fläschchen Roten, das in einem Dekanter bereits zur Perfektion oxidiert.

Alles, was ihr wissen müsst

Rundtour: weitschweifende, traumhaft schöne Wanderung von Volkach über die Vogelsburg nach Escherndorf und über die Weininsel zurück // Zweimal bringt euch eine Fähre ans andere Flussufer // **Wanderzeit:** ganzjährig, außer im Hochsommer

Markierung: nicht einheitlich // GPS-Track nutzen

Entfernung von Würzburg: 22 Kilometer
ÖPNV: Bus 8105 ab Würzburg
Auto: Parkplatz am Bahnhof, Am alten Bahnhof, 97332 Volkach

Einkehr: **Zur Schwane,** Hauptstraße 12, 97332 Volkach, www.schwane.de // **Rose,** Oberer Markt 7, 97332 Volkach, www.rose-volkach.de // **Biergarten Mainschleife,** Kaltenhausen 1, 97247 Eisenheim // **Vogelsburg,** 97332 Volkach, www.vogelsburg-volkach.de // **Weingut Schloss Hallburg**, 97332 Volkach, www.weingut-schloss-hallburg.de

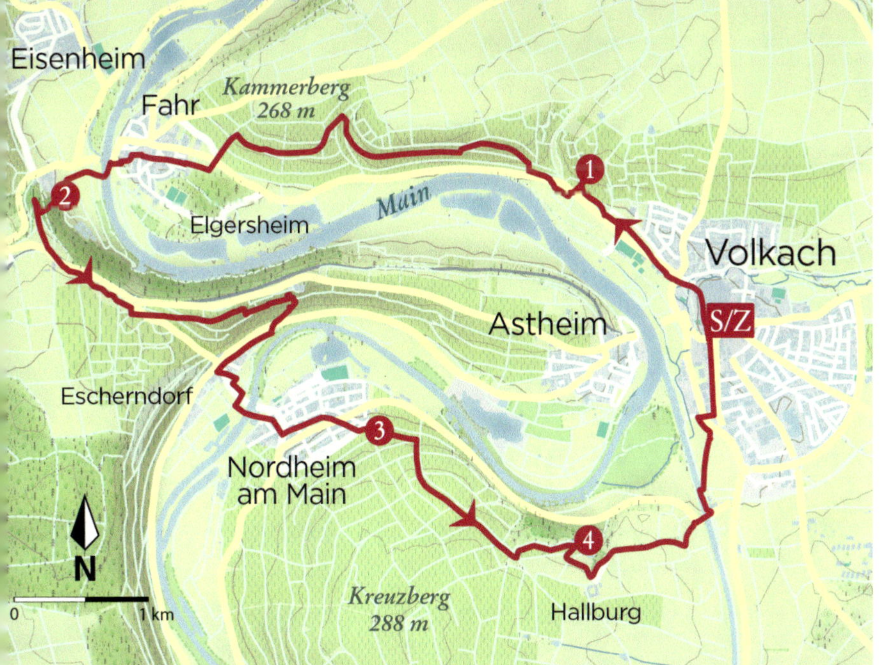

La Dolce Vita in Sommerhausen

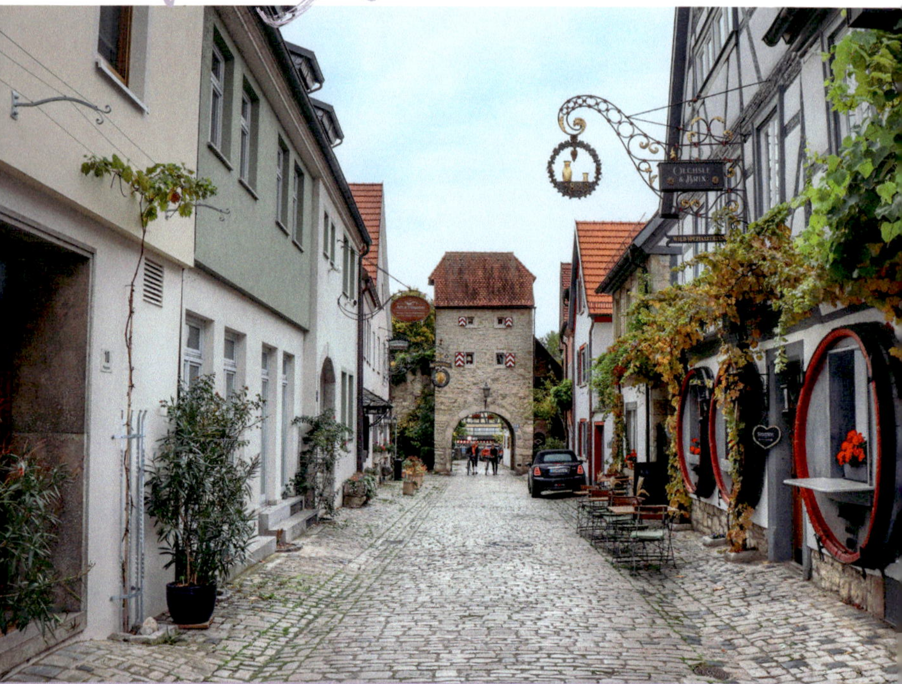

Schwierigkeit: leicht // 8,8 Kilometer // 93 Höhenmeter
Für Familien mit trittsicheren Kindern geeignet

FÜRSTLICH SCHLEMMEN.
KÖNIGLICH GENIESSEN: UNTERWEGS
AUF DER SONNENSEITE DES LEBENS

Der Prominenz, die gelegentlich so frei ist, in maßgefertigten, selbstverständlich italienischen Schühchen über das Pflaster eines der vielen bezaubernd romantischen fränkischen Winzerdörfer zu stöckeln, die allesamt aus einem Bilderbuch herauskopiert sein könnten, soll ja ein Ort besonders am Herzen liegen. Weil ihr in seinen Gässchen, in seinen Stuben, an den dort festlich eingedeckten Tischen und in seinen tiefen Kellern ihr liebstes Motto besonders elegant über die Lippen geht: Hier bin ich Mensch, hier darf ich sein. Sommerhausen, ein weit unter 2.000 Einwohner kleiner Marktfleck 13 Kilometer südlich von Würzburg, ist wie ein silbernes Service, das in der Sonne glitzert. Geschickt und mit Akribie aufpoliert. Und dennoch mit viel Patina überzogen. Nur dass man es nicht auf einer Picknickdecke, sondern an den Uferstrand des Mains ins Grün gebettet hat. Genau gegenüber der Wohnstatt jenes Teils der Menschheit, den die Natur benachteiligt hat: des ans falsche, dunkle und kalte Ufer des Flusses gebaute Winterhausen.

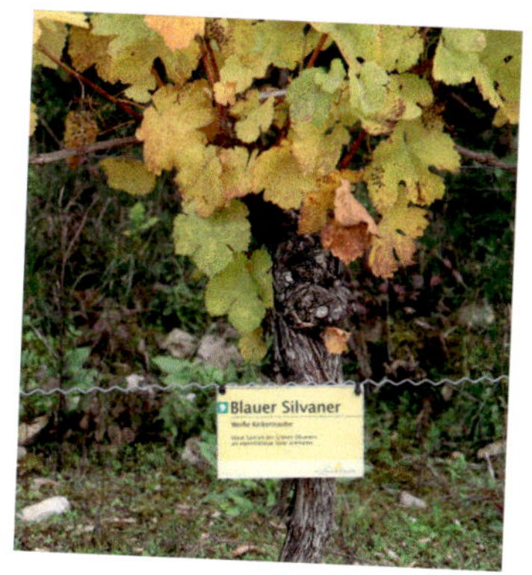

WAR DER NICHT MAL WEIß?

EIN, ZWEI, ODER LIEBER GLEICH EIN GANZES BÜNDEL GRÜNER SCHEINE? AUF JEDEN FALL MEHR BARES ALS ÜBLICH! GENAU DAS SOLLTET IHR EUCH IN DIE TASCHE STECKEN, WENN AUCH IHR EUCH AUF DIE ERKLÄRTE SONNENSEITE DES LEBENS SCHLAGEN WOLLT. ALLE, DIE SOMMERHAUSEN IHRE AUFWARTUNG MACHEN, HABEN IHRE SPENDIERHOSEN AN.

Es empfiehlt sich, den Ausflugs- beziehungsweise Wandertag am großen Parkplatz am Mainufer zu beginnen, zu dem euch die Stra-

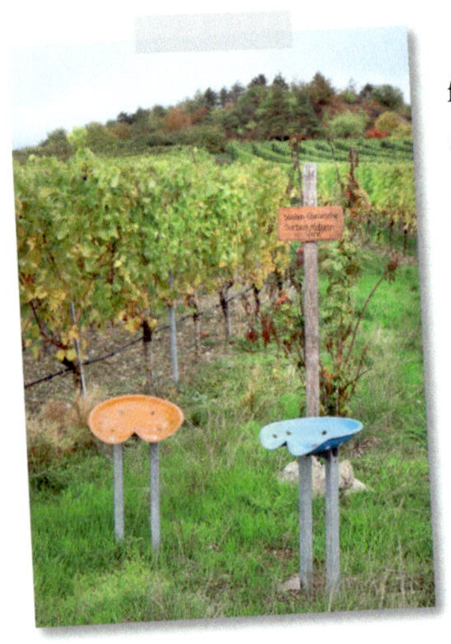

ßenschilder automatisch lotsen. Er teilt sich die Uferpromenade mit einem Park, in dem sich jeder dem erschwinglichen Vergnügen hingeben kann, den vorbeiziehenden Schiffen zuzuwinken. Das wuchtige, Frühjahr für Frühjahr vom Hochwasser bedrohte, für seinen schönen Biergarten bekannte Wirtshaus, das über die flache Uferpromenade wacht, der Anker, diente in den ersten 300 Jahren seiner Geschichte als Relaisstation für Treidler. Bis Mitte des 19. Jahrhunderts gab es für Schiffe stromaufwärts nur eine Art des Vorwärtskommens. Arme Teufel nahmen die Kähne an den Haken, quälten sich von morgens bis abends einen Pfad entlang, der von der Mündung des Mains bis weit hinter Bamberg reichte, zogen sie an langen Seilen hinter sich her. Im Anker streckten sie ihre müden Glieder, tranken sie ihr Bier. Es stimmt schon, dass ihnen Pferde halfen, bei besonders großen Booten zumindest. Ein gerne verdrängtes Kapitel der Alltagsgeschichte, dass euch erden soll, bevor ihr eure Augen an den Regalen exklusiver Vinotheken weidet.

Es wird Zeit, dass ihr euch in Sommerhausen selbst umseht. Vom Anker aus gelangt ihr direkt auf den verschwindend winzigen, zentralen Platz des Örtchens. Hier, an der Kreuzung der Maingasse und der Hauptstraße, startet später eure Wanderung in die Weinberge. Das Haus links, der Goldene Ochse: ein geschichtsträchtiges, urig-gemütliches fränkisches Gasthaus für jedermann mit eigenem Weingut. Im Haus rechts, dem Ritter Jörg, tischt man euch Mediterranes auf. In der Gasse, die vor euch zu einem Turm führt: Kunstgalerien und verwandte Viel-Geld-auf-den-Tisch-lege-Möglichkeiten. Wenn ihr in Kunstgeschichte versiert seid, wundert ihr euch über das Erscheinungsbild der Kirche links die Hauptstraße hoch. Ihr kantig bauchiges Schiff weist sie klar als evangelisch aus. Sommerhausen schloss sich 1540 der Reformation an, ist seither ein evangelischer Stachel im katholischen Fleisch des Bistums Würzburg. Zwischen der Kirche und dem Goldenen Ochsen, in der Nummer 12, einem Fachwerkhaus: Sommerhausens stärkster Promi-Magnet. Schon der vorherige Koch, von dem die Küchenlegende Michael Philipp den Genusstempel übernahm, wusste sein Können im Guide Michelin gewürdigt. Philipp selbst ist seit 2012 in der Bibel der Gourmets mit einem Stern vertreten. 2020 durfte sich seine Frau Heike Sommelière des Jahres nennen. Klar, ohne Reservierung wird man hier nicht bedient, das Philipp hat nur 20 Plätze.

Magnet Nummer zwei ist nur ein paar Schritte entfernt. Von der Kreuzung aus flaniert ihr die Hauptstraße nach rechts, bis euch, nur ein paar Häuser entfernt, auf der linken Straßenseite der Hof des Sommerhauser Schlosses Einlass gewährt. Von April bis Oktober

Sehnsuchtstransporter: nehmen gern eure Grüße in die Ferne mit

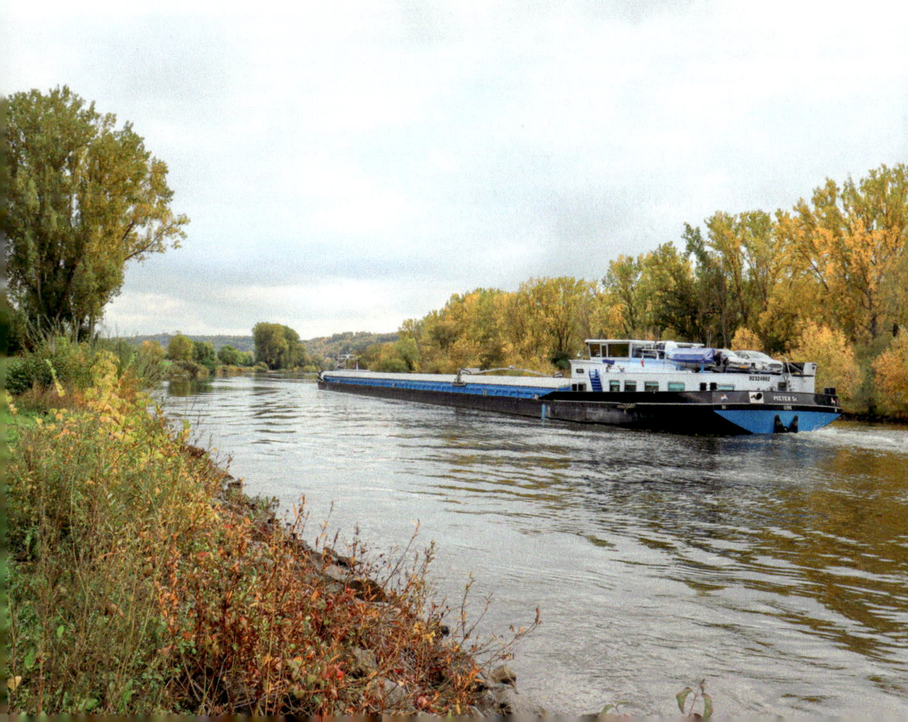

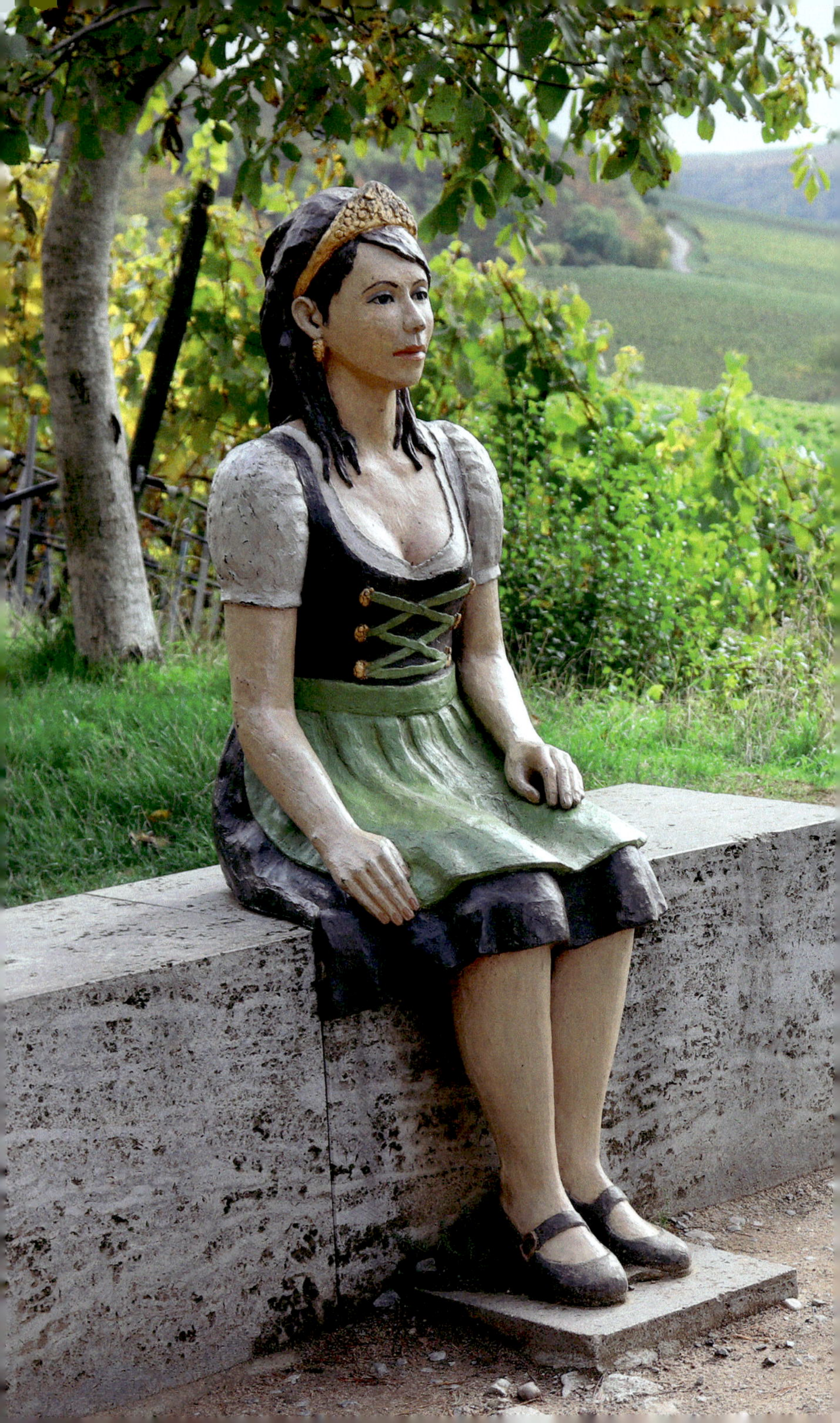

kredenzt dort eines der ältesten Weingüter Frankens mit das Feinste, was sich aus dem gewinnen lässt, was an den zum Ort gehörenden Muschelkalk-Hängen zur vollen Süße gereift ist. Der Kellermeister hat sich zudem auf Sekt spezialisiert. Solchem, der seinen Kollegen aus der Champagne die Frage ins Gesicht treibt: Wie macht der das bloß? Er entstammt der Dynastie Steinmann, die mindestens seit 1537 als Weinbauern in Sommerhausen tätig ist. Das Gründungsjahr des Weinguts Schloss Sommerhausen 1435 deckt sich mit der territorialen Neuordnung eines ursprünglich schwäbischen Kleinststaats.

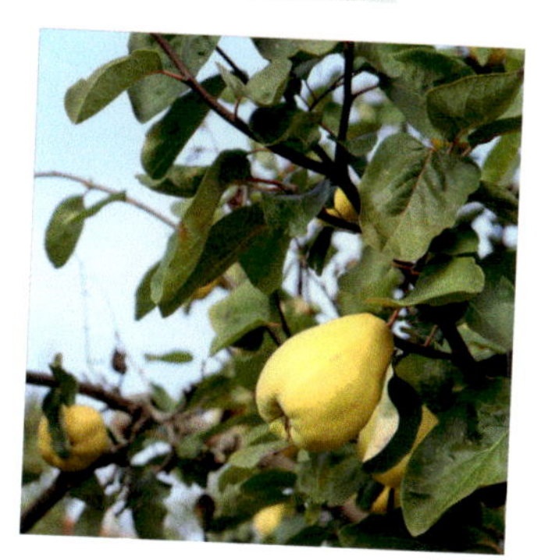

Quietschgelb? Quitte!

EIN URAHN DER SOMMERHAUSER HERRSCHERFAMILIE NAMENS SCHENK VON LIMPURG-SPECKFELD HATTE KAISER BARBAROSSA ALS MUNDSCHENK GEDIENT. MIT DER FOLGE, DASS SEINE NACHFAHREN AUCH IN DEN FOLGENDEN JAHRHUNDERTEN DAS PRIVILEG BEANSPRUCHEN DURFTEN, FÜR DEN WEIN VERANTWORTLICH ZU SEIN, DER BEIM OBERSTEN DES REICHS AUF DEN TISCH KAM.

Dank seiner perfekt durchgestylten Renaissance-Kulisse ist die Behauptung glaubhaft, dass sich Sommerhausen in den letzten 870 Jahre mit nichts anderem beschäftigt hat, als an seinem Ruf eines Schlaraffenlands für Flüssiges zu feilen.

Vom Sehen-und-Gesehenwerden ermüdet, oder in Anbetracht der zahlreichen anderen Sommerhauser Weingut-Probierstuben sollen übrigens mehr Leute im Ort verhockt sein, als sich dann doch noch

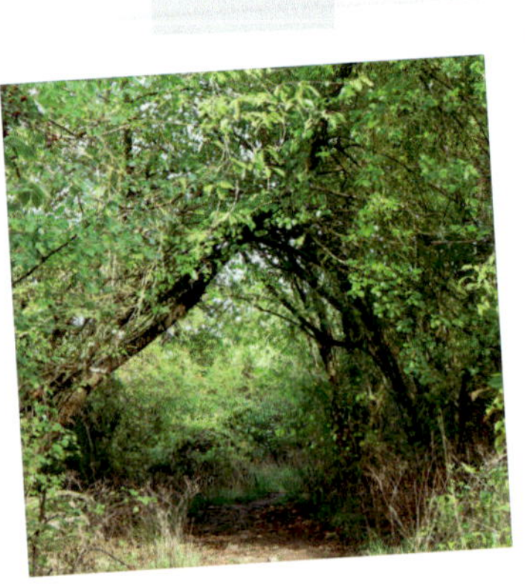

DACH AUS 100 % NATUR

zu einer Wanderung aufraffen konnten. Wie es Michael Philipp seinen Gästen verzeiht, wenn sie mitten im Dinner umdisponieren, einen der sechs Gänge doch lieber auszulassen wünschen, ihrer Leibesfülle wegen, so wird auch euch verziehen, wenn ihr die Runde durch die Weinberge und den Dschungel, der an der oberen Kante des Steilhangs wuchert, auf ein andermal verschiebt. Auch wenn ihr schon nach gerade einmal zweieinhalb, drei Stunden zurück wärt.

An der euch längst bekannten Kreuzung findet ihr ein grünes Wanderzeichen, das eine versteinerte Schnecke zeigt. Es führt euch aus dem Ort hinaus in die Weinberge. Eine STEINSKULPTUR 1, treffend Schnecke genannt, markiert einen ersten Aussichtspunkt. Ab der nächsten Raststation mit Panoramablick, dem TERROIR F 2, wechselt ihr das Wanderzeichen. Ein braunes Dreieck führt euch an einer Quittenplantage vorbei an den Rand eines alten Garagenparks für Baufahrzeuge. Obwohl gut ausgeschildert, kann man den ABZWEIG 3 leicht übersehen, an dem ihr von der Teerstraße auf einen Trampelpfad abbiegen müsst. Unter euch ein Meer aus Reben, im Hinterland ein Steinbruch, dazwischen ein Streifen, in dem die Natur sich selbst überlassen ist. Wenn ihr ihn in Richtung Tal verlasst: langsam machen! Der Abstieg hat es in sich! Am Fuß eines Weinbergs entlang bringt euch das Wegzeichen nach Sommerach zurück – direkt zum HOF DES SOMMERHAUSER SCHLOSSES 4, wo man euch gerne noch einmal ein Gläschen Prickelwein in die Hand drücken wird. Darf es anschließend ein Gelber Orleans sein – eine beinahe vergessenen Rebsorte? Oder ein staubtrockener Cuvée? Etwas im Barrique-Fass Ausgebautes?

Alles, was ihr wissen müsst

Rundtour: mit grandiosen Ausblicken // Highlight: ein Abschnitt, der auf einem Trampelpfad durch einen Dschungel aus knorrigen Bäumen, vor Beeren nur so strotzenden Büschen und hageren Sträuchern führt // Wanderzeit: **ganzjährig,** außer im Hochsommer

Markierung: erst Schneckenfossil, dann braunes Dreieck // Wechsel des Zeichens am terroir f

Entfernung von Würzburg: 13 Kilometer
ÖPNV: nicht praktikabel
Auto: Wanderparkplatz Parkplatz am Main ist ausgeschildert

Einkehr: **Anker,** Maingasse 2, 97286 Sommerhausen, www.gasthof-anker.de // **Zum Goldenen Ochsen,** www.goldenen-ochsen.de, **Ritter Jörg,** www.ritter-joerg.de, **Philipp,** www.restaurant-philipp.de, **Weingut Schloss Sommerhausen,** www.sommerhausen.com, alle an der Hauptstraße, 97286 Sommerhausen

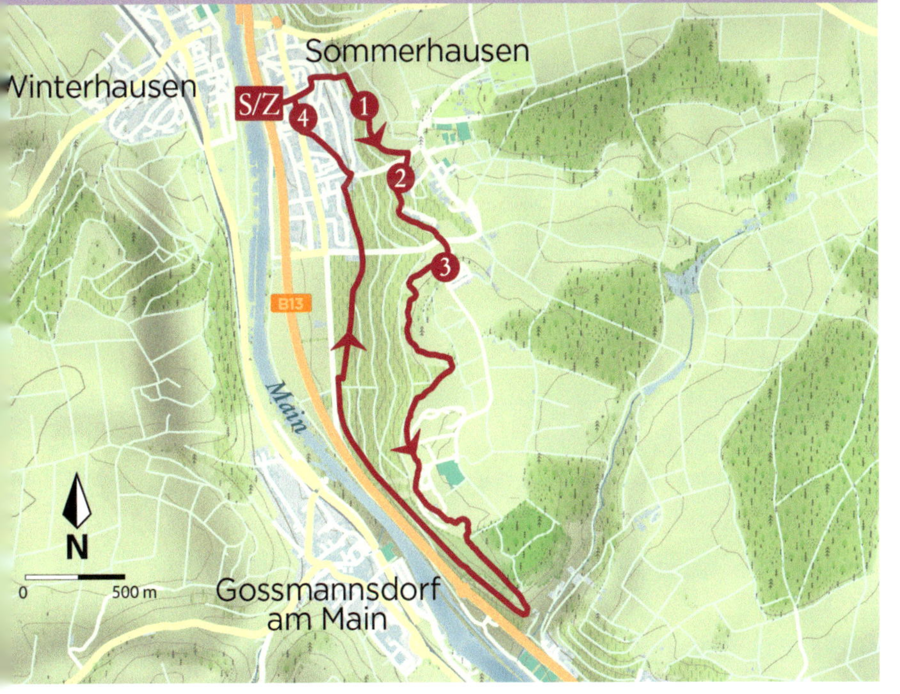

Zur Königin des Taubertals

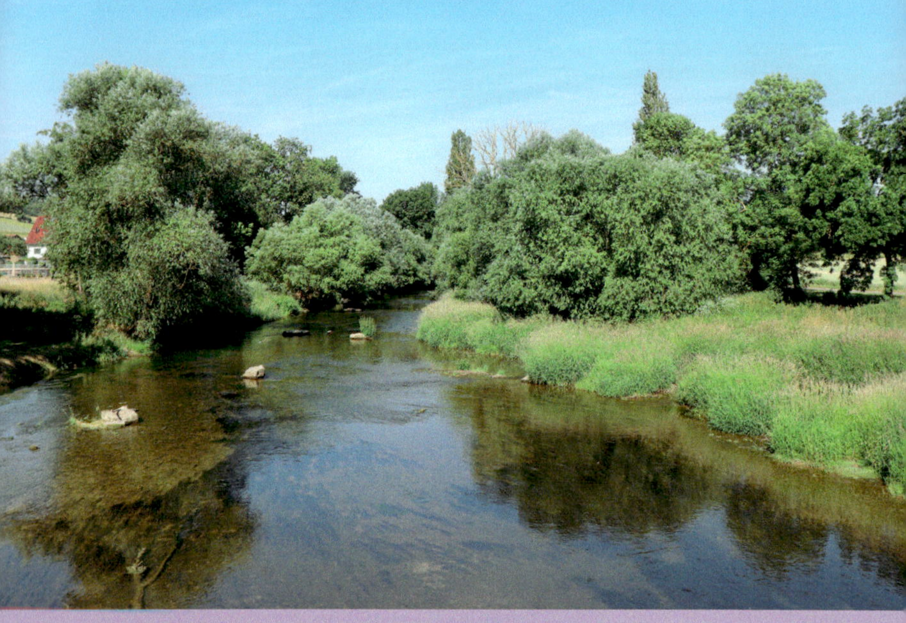

Schwierigkeit: leicht // 9,3 Kilometer // 122 Höhenmeter

Für Familien mit Kindern geeignet

DEN SPÄTZLEFRANKEN EINEN GUTEN TAG WÜNSCHEN: ZWEI-BERGE-TOUR MIT VISITE IN BADEN-WÜRTTEMBERG

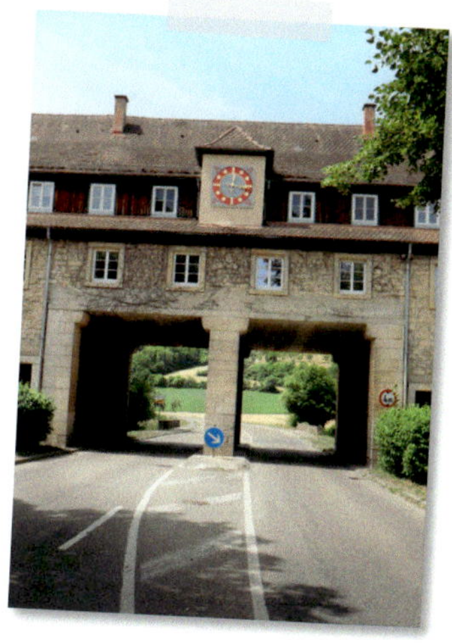

Es soll ja Wanderrouten geben, die wurden noch nie von einem Menschen begangen. Und das, obwohl schon ganze Kohorten ihre Füße in geeignetes Schuhwerk steckten, ein festes Vorhaben im Kopf: Abends mit einer Sohle nach Hause zurückzukehren, die bestimmt einen Millimeter dünner sein würde. Die zwar nur neun Kilometer kurze, dank zwei langer Anstiege dennoch in einem angenehmen Maß den Schweiß aus den Poren treibende Runde mit dem Namen »Kulturweg Tauberrettersheim-Schäftersheim« gehört womöglich dazu ... Wir werden sehen ...

Der Rundkurs startet am äußersten Ende des offiziellen Frankens. Exakt dort, wo man das Flüsschen Tauber über sein Schicksal klagen hört, knapp 63 Kilometer vor seiner Mündung in den Main eine baden-württembergische Identität akzeptieren zu müssen. Endgültig. Oh je, das arme Wässerchen …! – Lieblich, mit diesem Adjektiv wird gerne beschrieben, wie genau der zumeist nur knietiefe Strom vor sich hinplätschert. Dasselbe Wort findet aber auch dann Verwendung, wenn es gilt, eine Weinsorte zu beschreiben, der in Franken nur eine kleine Nebenrolle zugestanden wird. Drüben hingegen, im ersten Ort jenseits der Demarkationslinie, pflanzen die Winzer bevorzugt Kerner an. Auch, weil der feinfruchtige, zumeist süßliche bis süße Weiße nicht jedermanns Sache ist, vor allem aber, weil ihr euch auf baden-württembergischem Terrain eh nichts kaufen könnt, darf es gerne das Symbol fränkischer Kellerkunst sein, ein Silvaner, den ihr euch als das obligatorische Fläschchen für unterwegs in den Rucksack packt. Nicht dass sie auf der anderen Seite der Grenze eine andere Währung hätten. Aber ein kräftiger Schluck Lokalpatriotismus verleiht halt jenem Abschnitt, der euch durch Spätzlefranken, Baden-Württemberg, führt, eine besonders intensive Würze.

DIE IDEE HINTER DIESEM RUNDKURS DURCH DAS WEIT ABSEITS DER GROSSEN REBENOZEANE GELEGENE UND OBENDREIN VERSCHWINDEND KLEINE FRÄNKISCHE WEINANBAUGEBIET AN DER TAUBER UND SEINE GRÖSSERE SCHWÄBISCHE GEFÄHRTIN: SEINE LANDSCHAFT UND SEINE GESCHICHTE QUASI IM VORBEIGEHEN ERLEBEN.

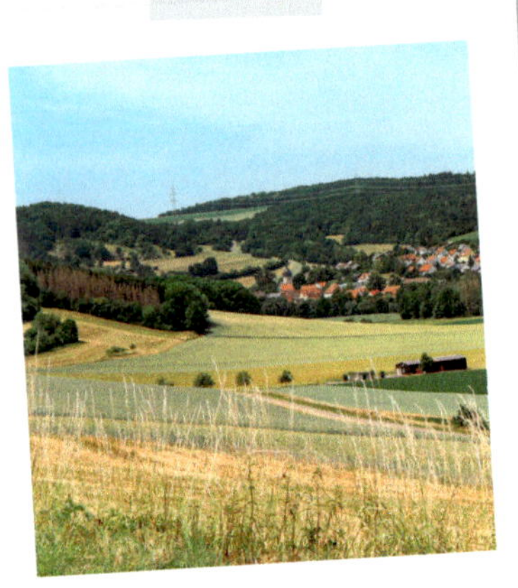

Im Grenzgebiet

Ihr setzt euch in euer Auto, fädelt euch, abhängig von der Richtung, aus der ihr kommt, bei Bad Mergentheim oder Creglingen in die Romantische Straße ein, Deutschlands ältestem Überlandboulevard für Freizeit und Ferien. Nahe Weikersheim lasst ihr euch von einem Hinweisschild nach Tauberrettersheim herauswinken. Bewusst stellt ihr euren Wagen aber nicht auf dem Wanderparklatz ab. Denn die kurze Stichstraße, die nach Tauberrettersheim hineinführt, soll bereits euer erstes Vor-Ort-Erlebnis sein. Ihr rollt auf eine Art Trichter zu. Es ist die Rampe einer uralten Brücke. Ihre Fahrbahnmaße: alles andere als auf die Breite heutiger Gefährte abgestimmt. Zwar sieht es so aus, als würde der Platz gerade noch für zwei Autos reichen, und selbstverständlich rollt auch genau dann, wenn ihr ansetzt, die Tauber zu passieren, auch am anderen Ufer ein Gefährt auf den Flussübergang. Zumindest die Einheimischen müssten aber doch mittlerweile gelernt haben, dass ein paar Zentimeter fehlen. Haben sie aber nicht. Im Gasthaus Zum Hirschen, dem ersten Haus nach der Brücke, gönnt ihr euch dann einen Kaffee oder Ähnliches zur Stärkung. Und eurem Körper, der von der langen Fahrt gestaucht ist, im Anschluss ein paar Dehnübungen in einem kleinen Park am Tauberufer. Jetzt kann es losgehen …

… zumindest theoretisch!

Wieder über die Brücke – aber jetzt zu Fuß –, die Friedrich Karl von Schönborn 1733 bei Balthasar Neumann in Auftrag gab, nachdem ein Hochwasser die Vorgängerkonstruktion aus Holz und mit ihr drei seiner Untertanen fortgespült hatte. Bei jenem Architekten also, der für den Würzburger Fürstbischof bereits die Würzburger Residenz entworfen hatte. Der Brückenfigur, dem Heiligen Nepomuk, hängen sie noch heute Jahr für Jahr die erste Traube um, die bei der Lese geschnitten wird. Ein Flurweg leitet euch einen steilen Berg hinauf. Rechts schiebt sich ein Weinberg ins Bild, der Feuerstein, er gehört zum Nachbarort Röttingen. Vermutlich ziemlich außer Atem, biegt ihr nach links in den ZUBRINGERWEG ZU KÖNIGIN 1 ab.

Verströmt eine magische Anziehungskraft: die alte Tauberbrücke

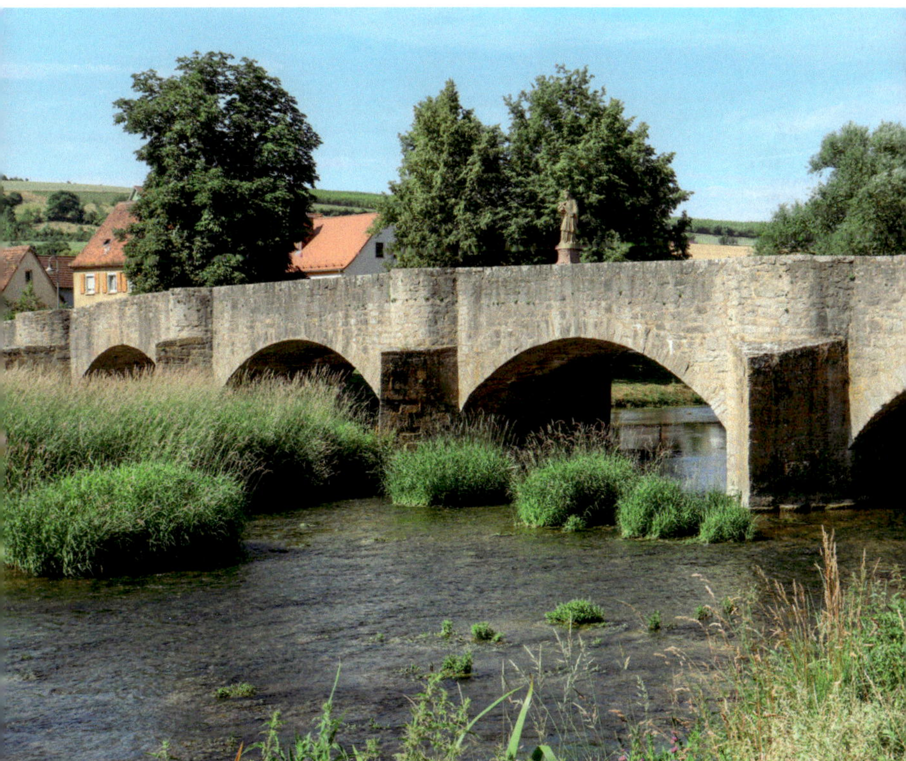

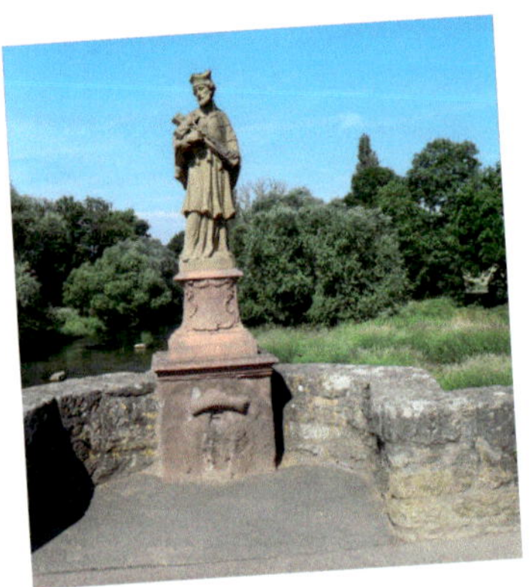

Nepomuk beschütze euch

Mit seinen 45 Hektar mag euch Tauberrettersheims Weinberg recht stattlich vorkommen. Zum Vergleich: Als der fränkische Weinbau um 1800 im Zenit seiner Blüte stand, hegten und pflegten die Bewohner des Dörfchens 112 Hektar Rebfläche – fast dreimal so viel. Mangels alternativer Einnahmequellen und zudem wider besseres Wissen hatten sie sogar ihre Nordhänge gerodet und mit Reben bepflanzt.

Wo der Weinberg endet, ihr hinter einer HECKE 2 hervor- und in ein offenes Bauernland hinaustretet, beginnt Baden-Württemberg. Der Ort, auf den ihr euch gemächlich zubewegt, heißt Schäftersheim, der Weinberg, der hinter seinen Häusern aufsteigt, Klosterberg. Über eine KIRCHE 3, deren mittelalterliche Fresken euch mit Sicherheit begeistern würden, die aber in der Regel verschlossen ist, gelangt ihr in sein eigentliches ZENTRUM 4. Dort staunt ihr Bauklötze. Die Autos, Traktoren, Lkws, sich die aus Richtung Tauberrettersheim nähern, rasen vorwiegend mit überhöhter Geschwindigkeit auf einen Gebäuderiegel zu, den sich irgendwer quer über die Straße zu bauen erlaubt hat. Gott sei Dank: Es gibt zwei Durchbrüche. Alle gelangen unbeschadet durch das Haus hindurch. Das Kuriosum von einem Nadelöhr ist die markanteste Hinterlassenschaft eines Klosters, das seit 480 Jahren nicht mehr existiert. Der Übertritt des Landesherr Ludwig Casimir von Hohenlohe zum Protestantismus machte der 1165 gegründeten, stets von nur zehn bis 14 Nonnen bewohnten Filiale des Prämonstratenserordens 1543 den Garaus. Gäbe es keine Info-Tafel, hättet ihr vermutlich auf einen Gutshof getippt. Denn es fehlt etwas ganz Entscheidendes: die Klosterkirche hat man vollständig abgetragen. Zumindest theoretisch gelangt ihr

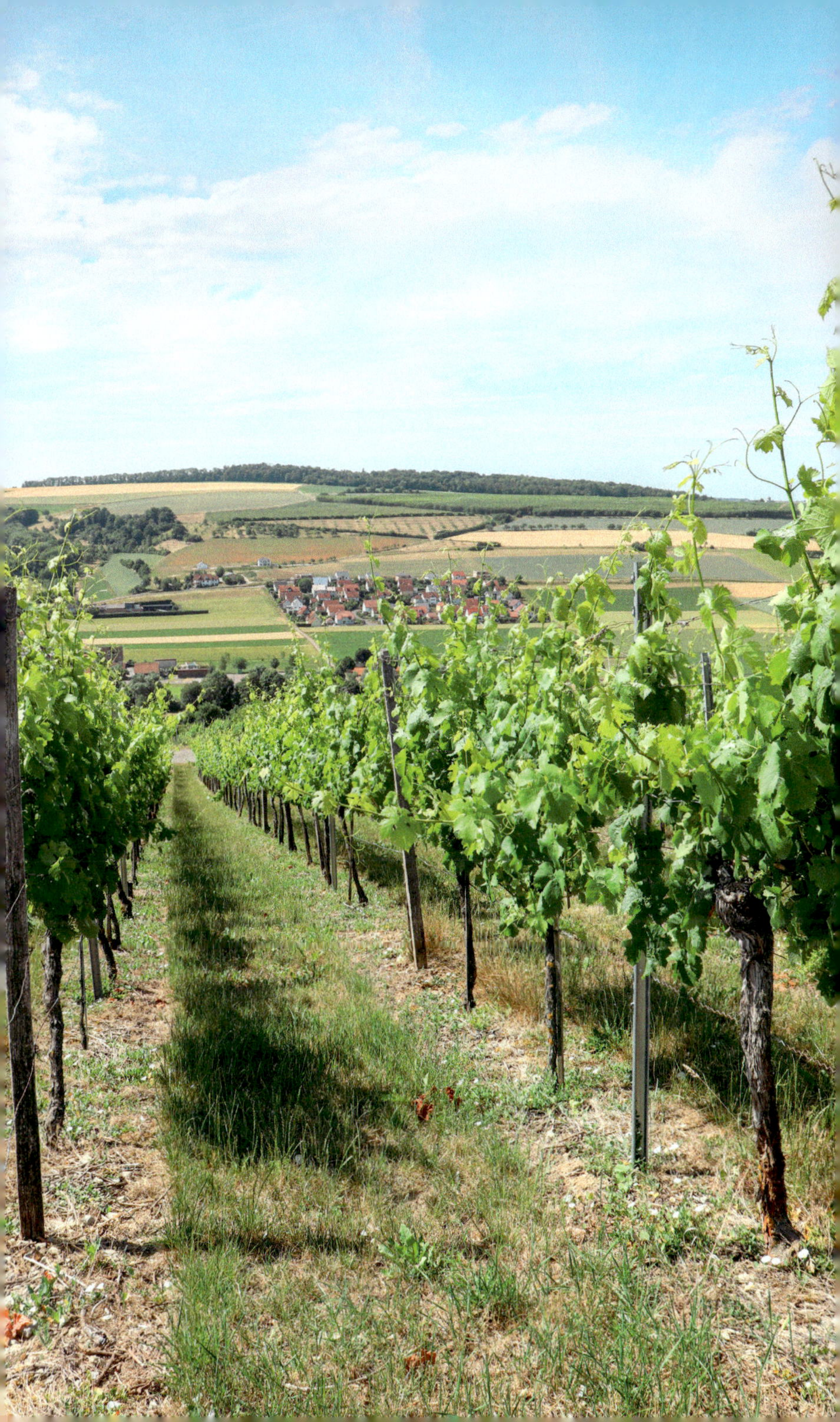

im Folgenden auf der anderen Seite des Taubertals über den erwähnten, heute von schlichten Getreidefeldern geprägten Nordhang nach Tauberrettersheim zurück, wo euch das Gasthaus Zum Hirschen gerne ein zweites Mal willkommen heißt.

Eine Bitte, schämt euch nicht! Ihr seid nicht die ersten und schon gar nicht die einzigen. Sprecht offen darüber, dass auch ihr nie in Richtung Schäftersheim aufgebrochen seid. Weil ihr es einfach nicht geschafft habt, dort, wo ihr eure Dehnübungen gemacht habt, den Blick, der sich wie von selbst an eine Entenmama anheftete, wieder vom Mäander des Flüsschens zu lösen, auf dem die gute ihren Küken lehrte, wie genau das geht: Denn ganzen Tag lang einfach vor sich hinzuschwimmen. Der Entenpapa immer in letzter Position. So zehn Zentimeter hinter dem Nachzügler. Oder einem im Schilf verloren gegangenen Sprössling nachsetzend, ihn wieder auf Kurs bringend.

BÄUME SPENDEN SCHATTEN. DAS NASS GLITZERT IN DER SONNE. UND DAS MITGEBRACHTE FLÄSCHCHEN SILVANER WILL EINFACH NICHT LEER WERDEN. WEIL EUCH DER WIRT VOM HIRSCHEN LÄNGST MIT EINEM ZWEITEN AUSGEHOLFEN HAT.

Es gibt halt nun einmal diese magischen Plätze. Es geht einfach nicht, sich von der Tauberrettersheimer Brücke zu lösen. Von ihrem kleinen Ufergarten aus jemals wieder irgendwo hinzugehen. Entsprechend der Vermutung, dass es bislang niemand geschafft hat, diese Tour ordnungsgemäß zu absolvieren .... Um sachdienliche Hinweise, ob denn all das oben Beschriebene tatsächlich am Wegrand liegt, wird gebeten. Wer kennt zumindest Abschnitte? Wer hat Bilder gemacht? Wer kann Näheres berichten?

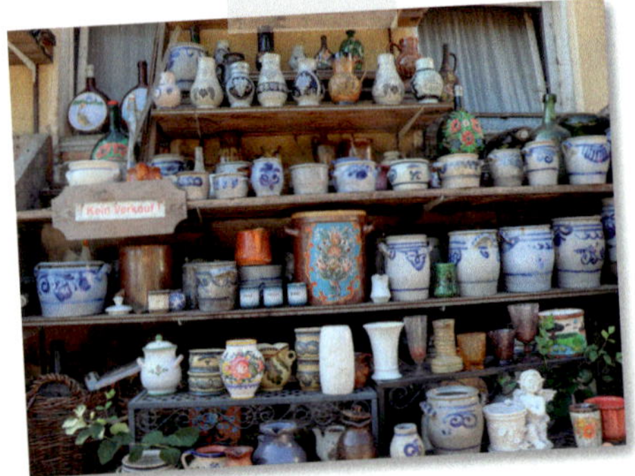

Alles, was ihr wissen müsst

Rundtour: entspannter Wanderausflug zu den Weinbergen im Taubertal // Der Weg führt durch eine der bekanntesten Lagen, der Tauberrettersheimer Königin, zu einem Kloster, das seine Nonnen vor 480 Jahren verlassen mussten // **Wanderzeit:** April bis November, außer bei Hitze

Markierung: stilisiertes Keltenschiff mit der Flagge der EU

Entfernung von Ansbach: 65 Kilometer
ÖPNV: nicht praktikabel
Auto: Wanderparkplatz an der Tauberrettersheimer Umgehungsstraße oder in der Nähe der Tauberbrücke, Tauberstraße 2, 97285 Tauberrettersheim

Einkehr: Zum Hirschen, www.zum-hirschen.info // **Gästehaus Krone,** Mühlenstraße 6, 97285 Tauberrettersheim, www.g-krone.de // Tipp: Einkehren im schönen Städtchen Weikersheim

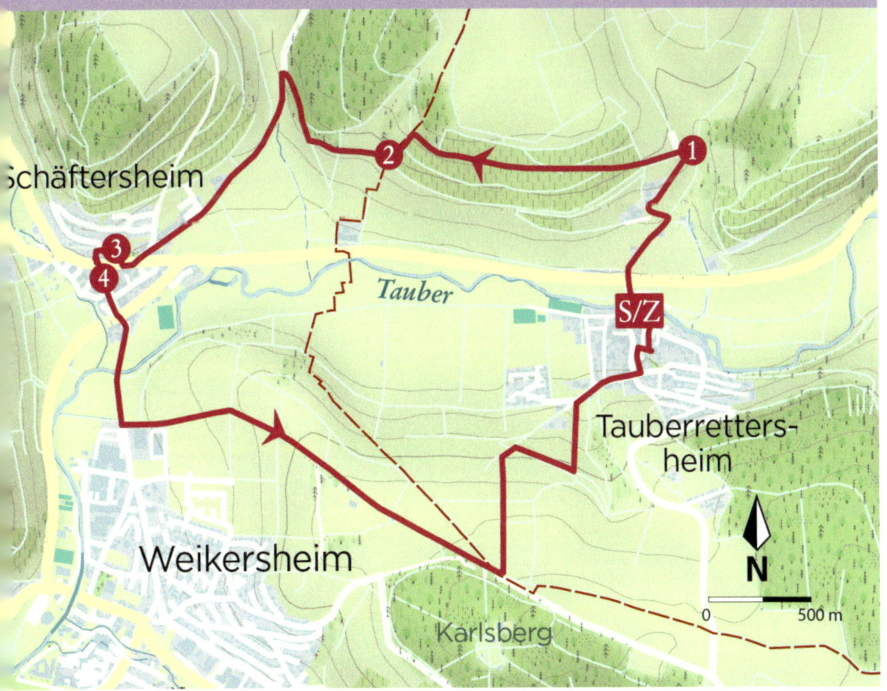

Zu den Mondscheinwinzern von Rück-Schippach

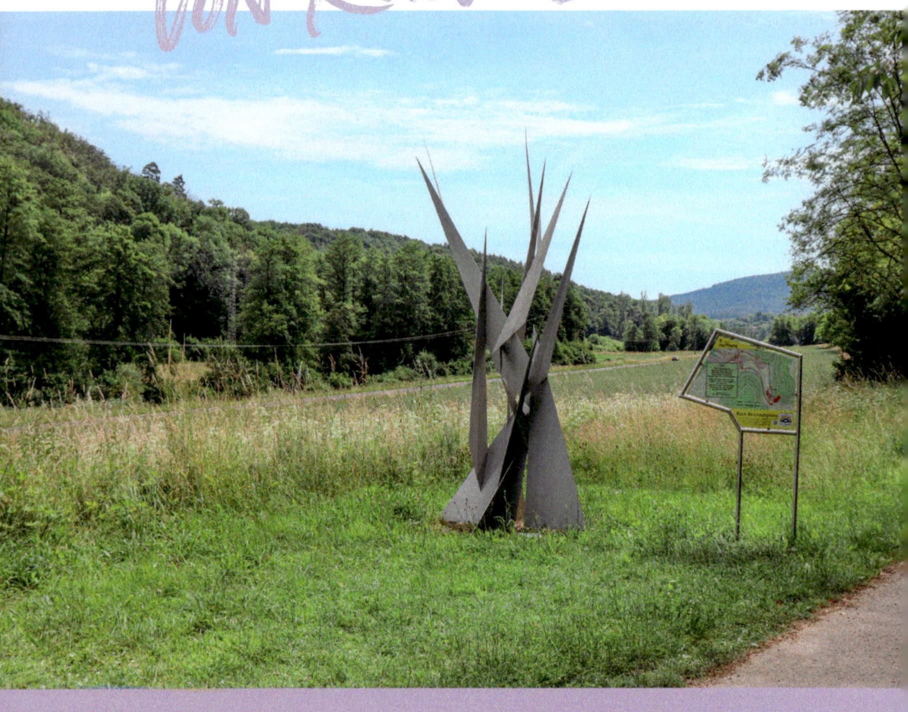

Schwierigkeit: leicht // 5,5 Kilometer // 33 Höhenmeter
Für Familien mit Kindern geeignet

WORÜBER MAN VOR ORT NICHT SPRECHEN WILL: DASS HIER DIE LANDSCHAFT NICHT DAS THEMA IST

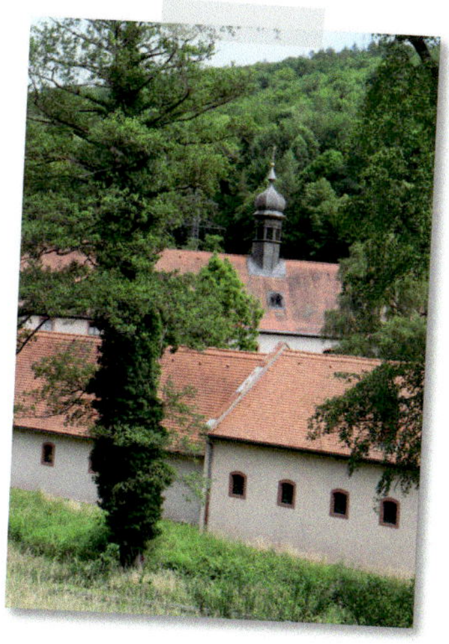

Bier ist dann doch bei der Mehrheit eines vorwiegend in die Jahre gekommenen Publikums das Getränk der Wahl, welches sich den Nachmittag in jener extrem liebenswerten Einrichtung mit geselligem Beisammensein vertreibt, die der Halbort Rück seinen Einwohnern und natürlich auch euch, seinen Besuchern, gönnt. Neuigkeiten aus der Nachbarschaft vor sich auf dem Tisch ausbreitend, halten sie in einem Biergärtchen Hof. Er liegt in einer Ausbuchtung der Durchfahrtsstraße, dem Zentrum von Rück, und liefert seit 2013 tagtäglich den Beweis, dass ein Ort einen Treffpunkt benötigt, damit er nicht verödet. Einen Dorfladen. Geboten wird ein Vollsortiment an Lebensmitteln und Dingen des täglichen Bedarfs. Aber auch ein Frühstück und die Verlockung, dort im Kreis alter Bekannter zu Mittag zu essen, statt allein für sich zu kochen. Als die Stammgäste noch Kinder, manche vielleicht schon Teenager waren – alle ein halbes Jahrhundert jünger –, machten Rück und Schippach, zwei nur durch einen Bach getrennte, auf der Spessart-Seite des Mains in einem Seitental versteckte und inoffiziell längst zu einer Einheit verschmolzene Außenortsteile der Gemeinde Elsenfeld, häufig Schlagzeilen. Viel zu häufig. Aus heutiger Sicht und für den Geschmack einer breiten Mehrheit. Speziell Schippach versorgte die Journalisten mit Aufregern, die man nun wirklich nicht bei sich verortet wissen will.

SEID SO GUT: FRAGT, WENN IHR EUCH VOR DEM DORFLADEN DAZUSETZT, WELCHER DER ÖRTLICHEN WINZER – RUPPERT, TILL, WEINFURTNER UND CO. – DENN ABENDS SEINE HÄCKERSTUBE ÖFFNET, UND WIE ES SONST AKTUELL MIT DER GASTRONOMIE BESTELLT IST. NUR SO WERDET IHR FÜR DEN ABEND EINE EINKEHRMÖGLICHKEIT FINDEN.

Verkneift es euch aber, nachzufragen, was denn damals los war. Ihr erfahrt es doch eh gleich. Da die Wanderung an sich, die am Dorfladen startet, weder landschaftlich besonders reizvoll ist noch mit wertvollen Biotopen, beeindruckenden historischen Kleinoden oder markanten Weinbergpassagen aufwarten kann, bleibt unterwegs genügend Raum, um sich mit den Exzessen von damals zu beschäftigen. Vorschlag: Trinkt euren Cappuccino in Ruhe aus und sucht dann auf der anderen Seite der Durchfahrtsstraße euer Wegzeichen, einen Regenbogen. Ihr geht den vom örtlichen Heimatverein und der Pfarrgemeinde eingerichteten, meditativ-moralischen Seelenthemen wie Friede, Mut und Gelassenheit gewidmeten Rück-Besinnungsweg, der mit Werken von sieben regionalen Künstler garniert ist, bewusst verkehrt herum. Denn im Uhrzeigersinn werdet ihr nur kurz ins Schwitzen kommen, ist es viel komfortabler.

Relikte des Klosters Himmelpforten:
Was hat das Gemäuer mit dem Teufel zu tun?

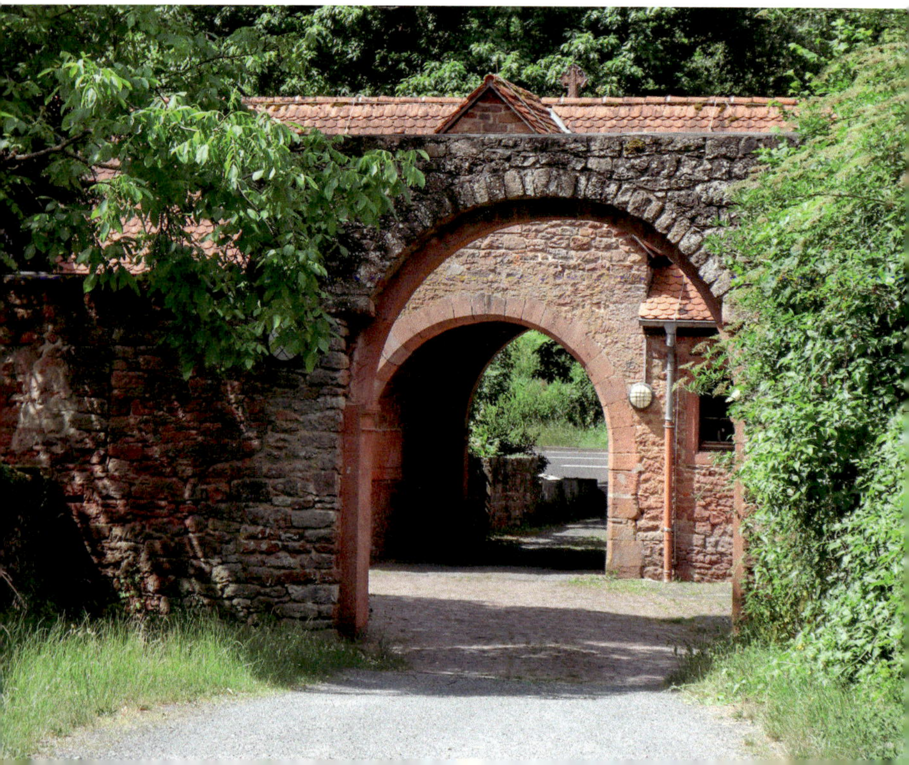

NOCH SEID IHR FRISCH UND ES MACHT EUCH WENIG AUS, VON JETZT AUF GLEICH ZWISCHEN BAUERNGÄRTEN BIS ZU DEN REBSTÖCKEN DES JESUITENBERGS AUFZUSTEIGEN. 33 HÖHENMETER AUF 200 METER WEG. NICHT SCHLECHT!

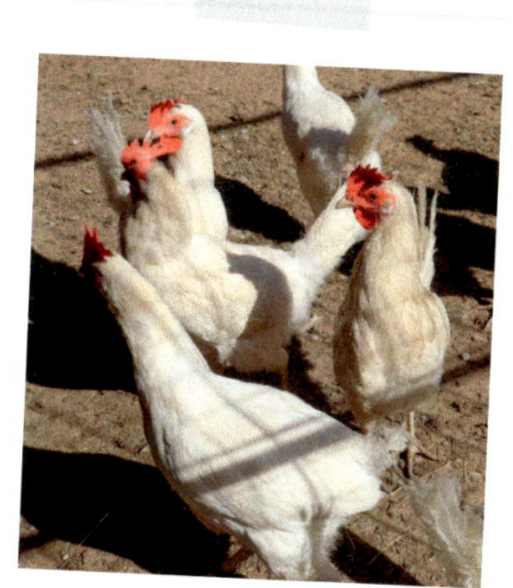

GUTEN TAG DIE HERRN!

Euer Lohn: Eine fulminante AUSSICHT 1 auf den Doppelort, vor allem aber, dass es auf den verbleibenden 4,5 Kilometern so gut wie ausnahmslos sanft bergab geht.

Als am 10. Dezember 1845 Rück-Schippachs berühmte Tochter geboren wurde, konnte niemand im Ort allein vom Weinbau leben. Erst 1910, als eine neue Eisenbahnlinie, die vom Maintal aus in den Spessart hinaufführte, Scharen von durstigen Ausflüglern herankarrte, kehrte Wohlstand ein. Aber schon 1968 wurde der Personenverkehr wieder eingestellt. Die Karawane der Ausflügler zog in leicht erreichbare Orte weiter. Die Pilger, die weiterhin kamen, gönnten sich nur ausnahmsweise einen Schoppen. Sie pflegten einen asketischen Lebensstil. Nach wie vor lohnt sich der Weinbau hier nur im Nebenerwerb. Oder er wird als Hobby gepflegt, wie eine Reihe von FREIZEIT-REBZEILEN 2 belegt, an der euch ein Trampelpfad als nächstes vorbeiführt. In den Touri-Prospekten zu einem Highlight stilisiert, fehlt es dem als Jugendbildungs- und -erziehungsstätte genutzten Kloster Himmelpforten in der Realität an allem. Keine echte Sehenswürdigkeit. Ihr überquert das Flüsschen Elsava, marschiert auf einem geteerten Radweg auf dem Schippacher Ufer in den Ort zurück. Dort angekom-

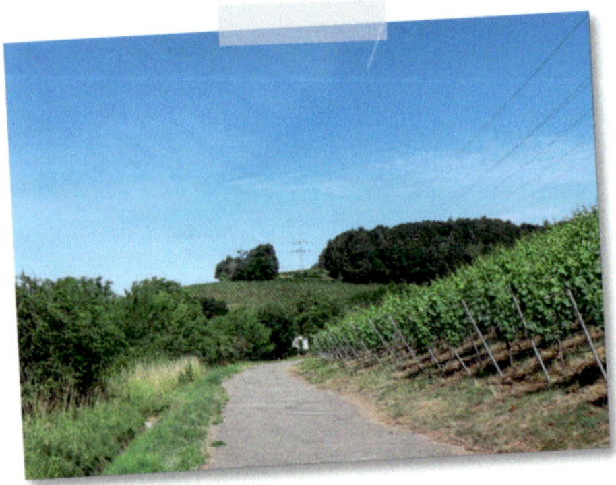

men, bekommt die seltsame, in zwei scheinbar unabhängige Kapitel unterteilte Geschichte endlich einen Ort. Die STEINKLÖTZE 3, die auf Höhe der ersten Häuser zu eurer Linken unmotiviert auf einer Wiese herumstehen, gehören zu einer nie fertiggestellten Kirche. Ein paar Meter weiter stoßt ihr auf einen Friedhof. Verlasst an seinem Ende die Wanderweg für eine Exkursion, biegt links ab und geht die ST. PIUS-STRASSE 4 hinauf. Das Gotteshaus, das an ihrem Ende über dem Tal thront, stammt von 1960. Es steht auf den 1915 gegossenen Fundamenten jener Kirche, zu der die Steinklötze gehören und deren Fertigstellung 1915 vom Vatikan verboten wurde. Aber der Reihe nach:

AM KARFREITAG 1894 DER GROSSE SCHOCK: WENN BARBARA WEIGAND, RÜCK-SCHIPPACHS BERÜHMTE TOCHTER, IHREN MUND ÖFFNETE, MIT IHREN LIPPEN WORTE FORMTE, SPRACH NICHT SIE SELBST. JEMAND ANDERES BENUTZTE SIE ALS MEDIUM.

Angeblich jemand, der der Welt schon vor 2000 Jahren so viel mitzuteilen gehabt hatte, dass seine Anhänger zu seinem Gedächtnis eine neue Religion buchstäblich aus der Taufe hoben. Denn keines seiner Worte sollte vergessen werden. »Siehe, Meine Tochter, was die Menschen dir versagen, will Ich dir ersetzen in Meiner heiligsten Mutter«, lautete die erste Botschaft, die Barbara Weigand von Gottes Sohn empfing. Bis zu ihrem Tod 1943 sollten 296 Visionen folgen – alle fein säuberlich protokolliert, die meisten mit Tonband aufgenommen. Auch die Entscheidung, für seine Prophetin Barbara Weigand doch kein eigenes Gotteshaus zu erreichten, kommentierte Jesus höchst persönlich. In einer der Visionen ließ er ihre Lippen folgende Worte formen: »Die Kirche wird noch gebaut, wenn die Menschen genug gezüchtigt sind, und wenn sie sich nicht fügen und in ihrem Hochmut weitergehen, werde Ich sie zermalmen, wie man harte Steine zerstiebt.« Barbara Weigands Grab findet ihr auf dem Friedhof, an dem ihr eben abgebogen seid.

1965 betrat ein Salvatorianer-Pater die Bühne, der dem bis dahin noch recht harmlosen Schauspiel eine neue dramaturgische Wendung geben sollte. Arnold Renz SDS, der im Kloster Himmelpforten lebte, wurde zum Pfarrer der St. Pius-Kirche berufen. Ein Geistlicher der alten Schule. Renz legte dem Vatikan Belege vor, die Wunder bezeugten, und verlangte, Barbara Weigand seligzusprechen. Rom scheut sich bis heute davor, die wirren Visionen, die eine ganze Bibliothek füllen, anzuerkennen. In den 1950ern hatte sich Renz mit

Nur zum privaten Verzehr:
private Weingärten in Terrassenbauweise

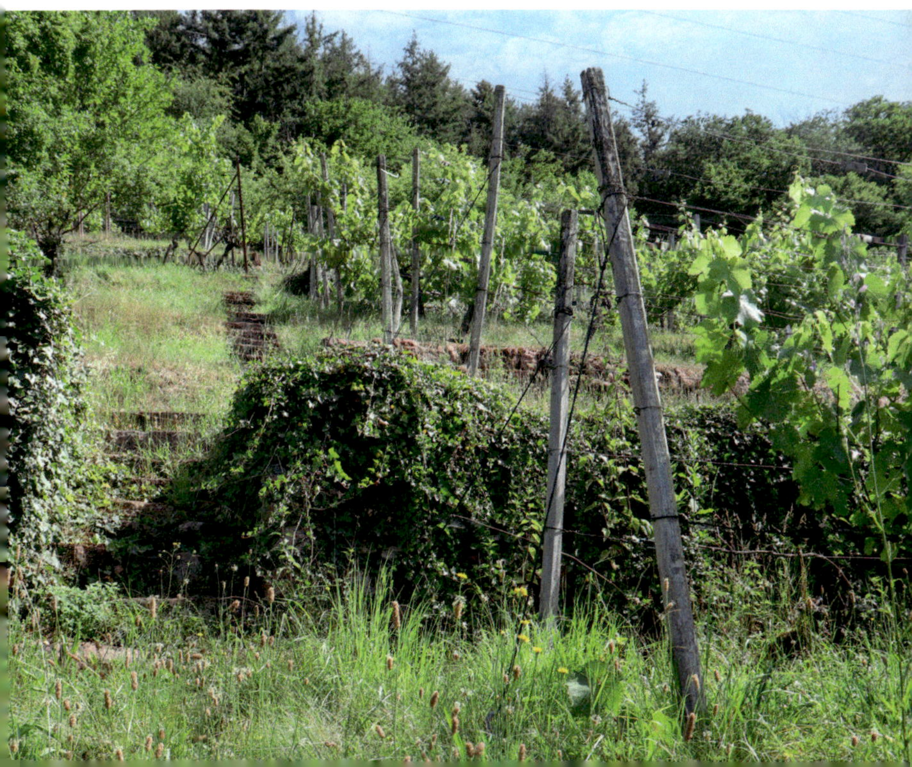

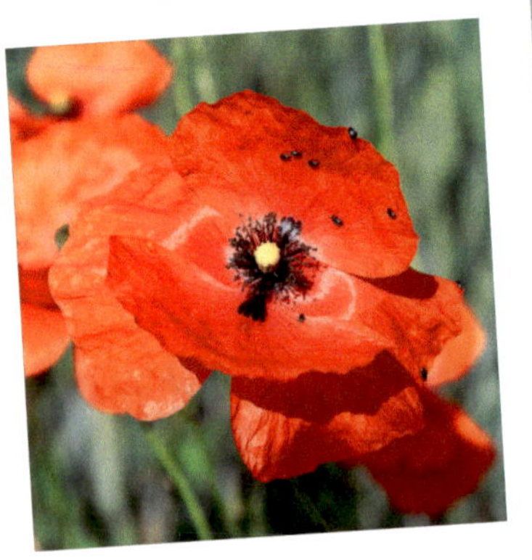

Jede Mohnblume ein Biotop

der radikalsten der liturgischen Handlungen vertraut gemacht, mit dem der Kanon der katholischen Riten aufzuwarten weiß, dem Exorzismus. Nachdem 1973 eine Studentin aus dem nahen Klingenberg bei einer Wallfahrt Anzeichen von Besessenheit gezeigt hatte und sie nach der Diagnose des führenden Teufelsaustreibers der Zeit, des Jesuitenpaters Adolf Rodewyk, tatsächlich als von Dämonen bedrängt erkannt wurde, betraute der damalige Würzburger Bischof Rück-Schippachs Ortspfarrer Arnold Renz 1975 mit der heiligen Pflicht, ihr diese wieder auszutreiben. Wie sich im Verlauf der über 60 Exorzismen herausstellte, hatten Luzifer und die Seelen des biblischen Kains, des Verräters Judas, des Kaisers Nero und Adolf Hitlers von Anneliese Michel Besitz ergriffen. Und dazu noch eines Pfarrers Namens Valentin Fleischmann, der im 16. Jahrhundert gelebt und vier Kinder gezeugt hatte. 1978 wurde Renz wegen fahrlässiger Tötung durch Unterlassung zu sechs Monaten Haft verurteilt, die Strafe aber zur Bewährung ausgesetzt.

IN WIRKLICHKEIT LITT ANNELIESE MICHEL AN EPILEPTISCHEN ANFÄLLEN. RENZ HATTE MIT SEINEM RITUAL EINE PARANOIDE PSYCHOSE AUSGELÖST UND DIE BEDAUERNSWERTE FRAU IMMER TIEFER IN DIESE HINEINGETRIEBEN.

Am 3. März 1976 hörte sie auf zu essen. Am 30. Juni 1976 vollzog Renz Teufelsaustreibung Nummer 67. Am nächsten Tag war Anneliese Michel tot. Verstorben an Unterernährung.

Alles, was ihr wissen müsst

Rundtour: kurze, gemütliche Runde beiderseits eines Seitentals des Mains // Über einen Weinberg geht es zu den Schauplätzen einer wahrlich teuflischen Geschichte, die in den 1970er Jahren weltweit Schlagzeilen gemacht hat // **Wanderzeit:** April bis November

Markierung: Regenbogen // Ihr geht bewusst entgegen der vorgegebenen Laufrichtung

Entfernung von Aschaffenburg: 21 Kilometer
ÖPNV: nicht praktikabel
Auto: Parkplatz in der Nähe des Startpunkts, Elsavatalstraße 76, 63820 Elsenfeld

Einkehr: **Dorfladen Rück-Schippach,** Elsavatalstraße 76, 63820 Elsenfeld, www.unser-dorfladen-rueck-schippach.de

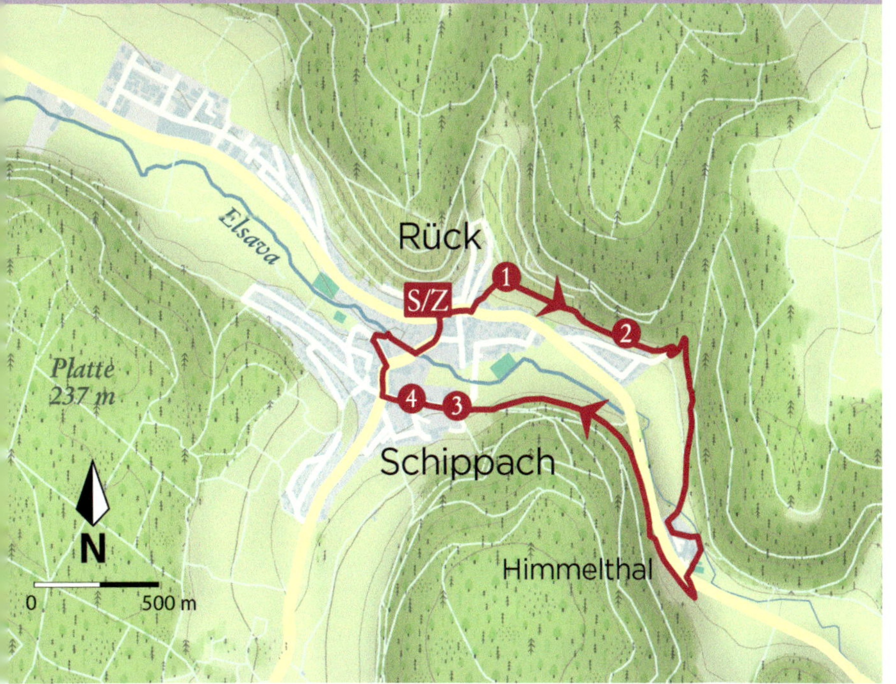

Miltenberger Waldwanderung

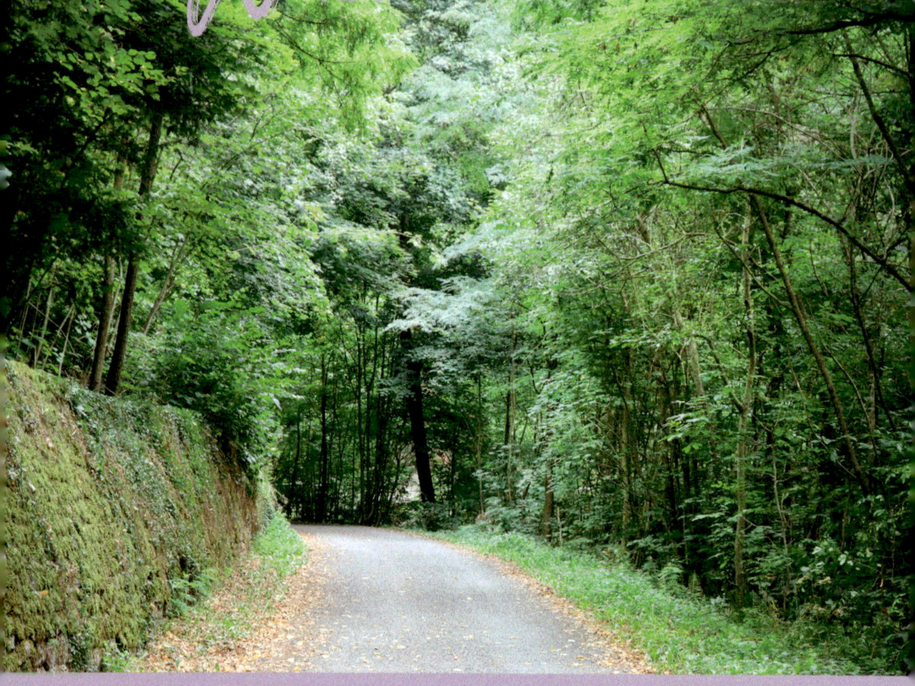

Schwierigkeit: mittel // bis 15 Kilometer // 329 Höhenmeter
Für Familien mit Kindern geeignet

WENN ES IM WEINBERG ZU HEISS IST: NATURGENUSS AUF DER SCHATTENSEITE DES MAINS

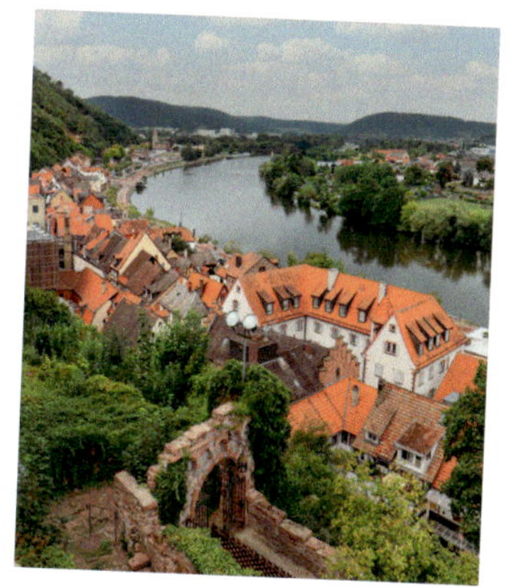

Mainufer-City

Es soll ja zwei Arten von Wetter geben, bei denen man davor zurückschreckt, seinem lieben Wauwau mit der Leine zu winken. Solche, an denen es wie aus Eimern regnet. Und die Hundstage, jene Hitzeperiode, die sich Anfang August exakt zum selben Zeitpunkt und mit derselben Zuverlässigkeit einstellt, mit der die Getränkeindustrie einen Engpass beim Leergut beklagt. Kein Mensch will so herzlos sein, seinen Kläffer bei 38 Grad Celsius vor die Türe zu schicken. Aber was muss, das muss …

WEIL EIN WEINBERG IM IDEALFALL WIE EIN PARABOLSPIEGEL GEFORMT IST, EIN MAXIMUM AN WÄRME EINFÄNGT, REISST DORT DAS THERMOMETER AN SOLCHEN TAGEN GERNE DIE 60 GRAD-MARKE. DIE IDEE, SICH DANN ZWISCHEN REBSTÖCKEN EIN WENIG DIE FÜSSE ZU VERTRETEN: NICHT GUT! WER IM HOCHSOMMER IN WEINFRANKEN WANDERN WILL, BRAUCHT AUSWEICHROUTEN.

Touren für den Hochsommer findet ihr in all den Orten, die auf jener Seite des Mains liegen, mit der es die Natur nicht ganz so gut meint: auf der Nord- oder der Ost-, der Schattenseite. Am einfachsten sind diese Orte daran zu erkennen, dass sich genau gegenüber, am anderen Flussufer die Blätter krümmen, die die Trauben wie ein Schirm vor zu viel Strahlen schützen, weil sie sich gerade einen Sonnenbrand einfangen. Der Klimawandel färbt so manches grüne Meer ins Bräunliche um.

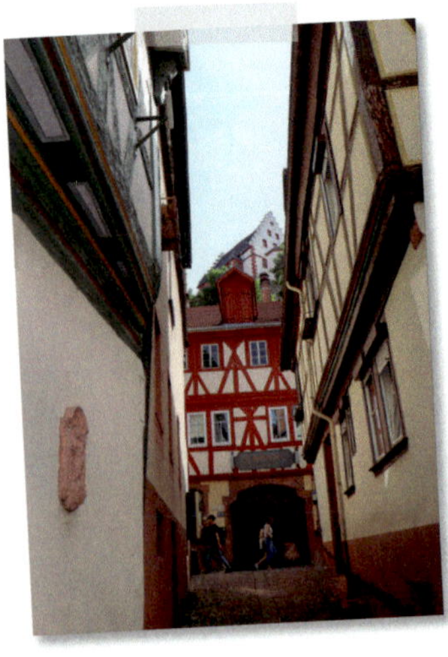

WEIL NIRGENDS BEWEGUNG, SIGHTSEEING UND EINKEHREN SO PERFEKT MITEINANDER VERZAHNT SIND WIE IN DER FACHWERKPERLE MILTENBERG, WIRD EUCH HIERMIT SPEZIELL, ABER NICHT NUR FÜR WETTERAUSSICHTEN VON ÜBER 30 GRAD DER DUNKLE WALD ANS HERZ GELEGT, DER DIREKT HINTER DEN GIEBELN DES PITTORESKEN STÄDTCHENS AUFSTEIGT.

Miltenberg, diesem ungemein hübschen Kuriosum, haftet der Makel an, tief unten im überhitzten Maintal zu liegen. Seine Wanderwege aber führen bereits durch den klirrend kalten Odenwald. Miltenbergs historische Altstadt besteht letztlich aus einer einzigen, zum Großteil für Autos gesperrten Straße, die man vor Unzeiten zwischen das Mainufer und eine Kette aus drei Nordhängen gepresst hat und die zum Ausgleich 1,5 Kilometer lang ausfällt. Ansatzlos ragen hinter den Häusern des Schloss- beziehungsweise Greinbergs, auf dessen untersten Etage Miltenbergs Burg sitzt, der Grauberg und die Steige fast 330 Höhenmeter empor.

Drei Wanderwege kommen in Frage. Welcher der Pfade, die alle über Miltenbergs spektakulärstes Naturspektakel und über einen Biergarten führen, am besten zum Wetter und eurer Tagesform passt, könnt ihr spontan entscheiden. Für diejenigen, die mit der Bahn anreisen, beginnen sie am Marktplatz. Was kaum auffällt: Durch Miltenbergs gute Stube läuft ein Sturzbach. Wo im Normalfall noch nicht einmal ein Rinnsal fließt, eilen bei Starkregen bedrohlich große Wassermassen in Richtung Main. Mittlerweile bewahrt moderne Ingenieurskunst das historische Städtchen davor, von zwei Seiten her überflutet zu werden. Jahrhundertelang mussten die Bewohner bei jedem Mainhochwasser das Boot nehmen, um nach Hause zu kommen. Überquert vom Bahnhof aus den Main, geht dann auf die über der Stadt thronende Burg zu, dann könnt ihr den Marktplatz nicht verfehlen. Wenn ihr mit dem Auto anreist, habt ihr es deutlich besser. Denn dann müsst ihr euch selbst auf dem Weg zum Startpunkt nicht der Sonne aussetzen. Steuert den Parkplatz am Burgweg an. Nur einen Steinwurf außerhalb der Stadtmauer gelegen, entsteigt ihr dem wohl klimatisieren Wagen unter Bäumen. Auch ihr geht auf die Burg zu. Aber halt immer im Schatten. Das obere Ende des Sturzbachs, des Schnatterlochs, ist nicht zu übersehen. Auch hier findet ihr alle drei Wegzeichen. Das Naturspektakel, das Felsenmeer, liegt dort direkt über euch – eine mystische Halde gigantischer Brocken aus rotem Sandstein, die nur Riesen abgelegt haben können. In Wirklichkeit handelt es sich um die Reste von Bergstürzen. Das Wegzeichen M3

Asylort für Hitzeflüchtlinge:
die Wälder oberhalb von Miltenberg

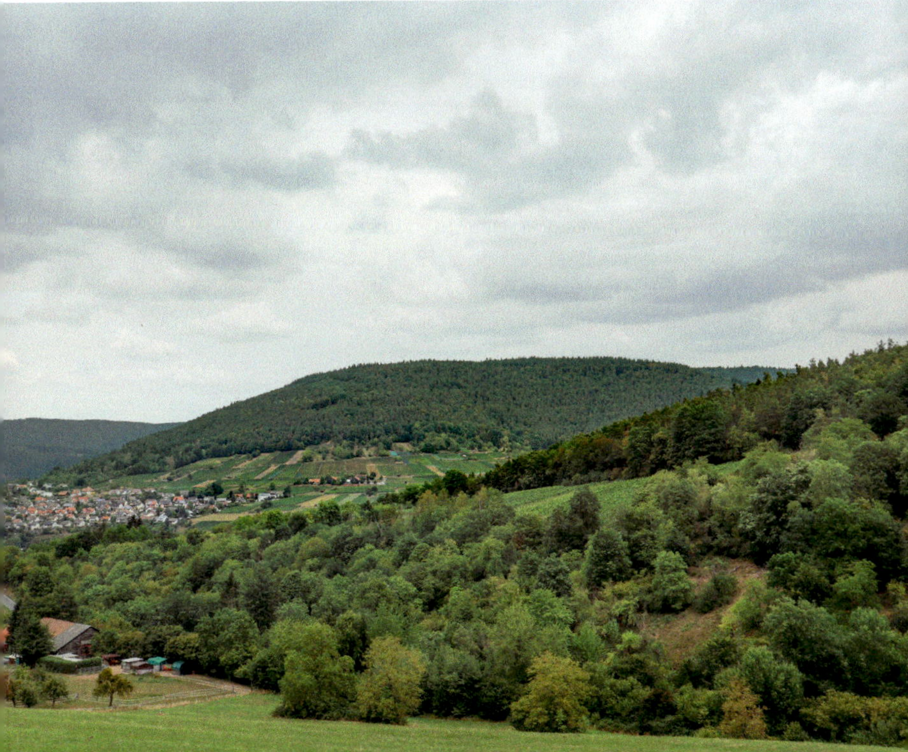

würde euch direkt hinführen. Es gehört zu der mit zehn Kilometern mittellangen Runde. Ebenso die Kurzvariante mit dem Wegzeichen M2, sie zählt nur 6,8 Kilometer.

M1, DIE SCHÖNSTE, LÄNGSTE UND EREIGNISREICHSTE ROUTENVARIANTE, SPART SICH DAS FELSENMEER BIS ZUM SCHLUSS AUF. NUR SIE FÜHRT EUCH ZU ALLEN HIGHLIGHTS, DIE SICH IM BERGWALD VON MILTENBERG VERSTECKEN, UND NEBENBEI AUCH NOCH 3000 JAHRE ZURÜCK IN DIE VERGANGENHEIT.

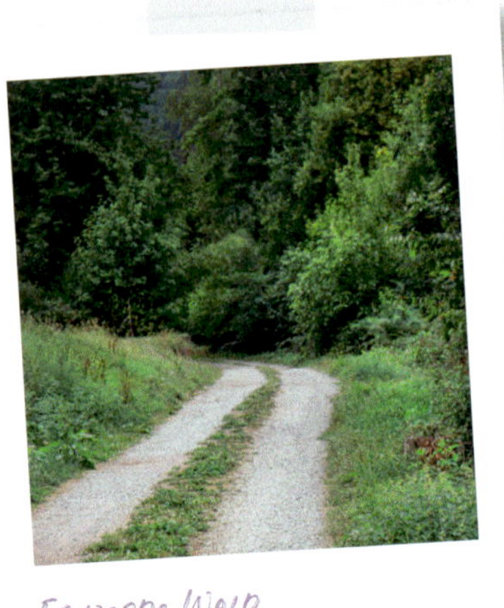
Es werde Wald

Auch wenn M1 hundsgemein beginnt: Diese Runde bietet euch genau das, wonach ihr verlangt. Versprochen!
Ihr steigt – ja geht's noch! – zunächst zum Main ab, drückt bezüglich der Höhenmeter den Reset-Knopf. Am Mainufer angekommen, nach links den Fluss entlang. Die Sonnenschirme der Uferbar Mainpier winken euch auf einen Kaffee heran. Eine perfekte Location, um nach der Rückkehr die Beine hochzulegen, ein Stündchen den Schiffen nachzusehen. Merken! Wo sich die Straße vom Ufer entfernt: Obacht jetzt! Ein Parkplatz. An seinem Ende: die Straßenseite wechseln. Drüben ein Firmenparkplatz. Knapp davor: euer Einstieg in den WALD (1). Oje, es geht wieder nach oben. Und zwar gnadenlos. Am Rand eines alten Steinbruchs. Miltenberg lebte ab dem 13. Jahrhundert gut davon, die Baustellen Europas mit Quadern aus rotem Buntsandstein zu versorgen. Durch dichten Wald arbeitet

ihr euch zum Wall einer keltischen Gipfelfestung vor. Von 1000 vor Christi an dürfte die Region von dem gut acht Hektar großen Oppidum aus kontrolliert worden sein. Genaues weiß man nicht. Aber, dass spätestens 160 nach Christi die Römer kamen, die gigantische Anlage übernahmen und ihren Göttern als Heiligtum zum Geschenk machten. Um dieses Jahr verschob die antike Weltmacht den Limes, ihre Nordgrenze zu Germanien. Am westlichen Ende von Miltenberg (von jener Stelle aus noch ein paar Meter weiter stadtauswärts, wo ihr in den Wald abgebogen seid) und auf der heutigen Grenze zum Nachbarort Bürgstadt entstanden Militärlager. Beide gab man nach nur 100 Jahren auf. Das heutige Miltenberg wurde erst im Mittelalter gegründet. Seine Keimzelle ist die Burg.
Angenehm, weil immer auf einer Höhe und immer im Schatten des Walds, ist bald die Hälfte des Weges geschafft. Ihr erkennt es daran,

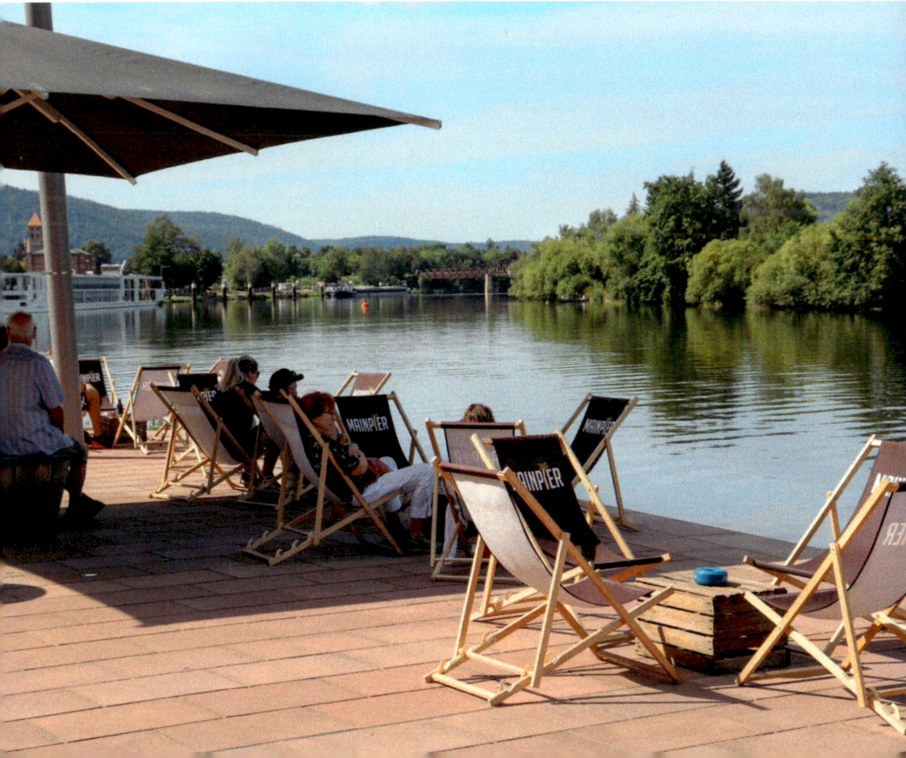

Warten auf den Sonnenuntergang:
in der Strandbar am Main

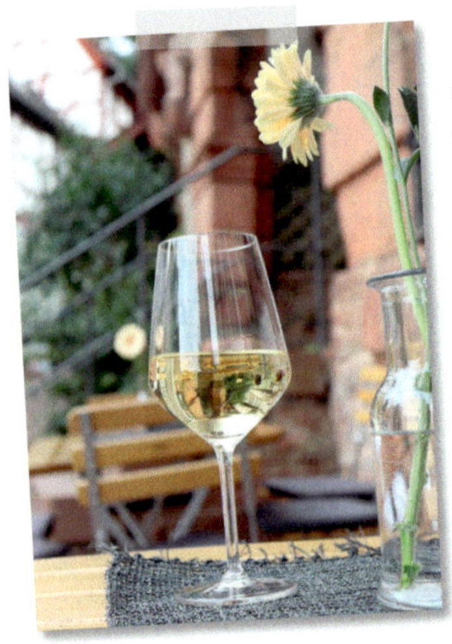

dass ihr den optimalen Picknickplatz erreicht habt, die mit Tischen und einer Ruheliege möblierte HAAGSAUSSICHT 2. Nachdem ihr die Reste eines römischen Wachturms in Augenschein genommen habt – leider nur rekonstruierte Grundmauern, aber ein weiterer lauschiger Picknickplatz –, wartet auf euch bei Kilometer 11,5 eine TRATTORIA MIT BIERGARTEN 3. Hoffentlich macht sie nicht gerade Siesta. Im Gegensatz zu den anderen beiden Wegvarianten, bleibt ihr auf dem Weg zurück zum Marktplatz mit seinen Cafés, Bier- und Weinlokalen immer im Schatten. Denn ihr steigt ja über das FELSENMEER 4 zum weltberühmten Schnatterloch und seinem mittelalterlichen Stadttor ab. Ein Abstecher zur Burg lohnt übrigens nur, wenn ihr euch näher mit der Geschichte der Region befassen, das Museum besuchen wollt, das sie beherbergt. Sein Schwerpunkt liegt auf der Gegenwartskunst, kontrastiert von alten Ikonen. Andererseits ist der Steig, der von ihr zum Marktplatz führt, kein großer Umweg. Und so manchem Zeitgenossen zufolge sogar ein tolles Extra-Abenteuer.

Tipp: *EINE STADT ZUM VERWEILEN*

Und Miltenberg selbst? Gönnt euren Füßen ein paar Minuten Pause. Und wundert euch dann, wie schnell es sie juckt, dieses Wunder aus fernen Zeiten zu durchstreifen. Macht es wie alle: Lasst euch einfach ein paar Stunden treiben. Wein? Gibt's letztlich überall. Das beste Bier? Es heißt wie das älteste Gasthaus Deutschlands, für das es exklusiv gebraucht wird: Riesen. Und jetzt noch ein besonderer Tipp: Das Konditorei-Café Sell. Buttercremetorte wie in den 1960ern. Aber nicht retro, sondern das Original. Nie sah ich Schleckermäuler glücklicher! Beide findet ihr in der lang gezogenen Hauptflaniermeile.

Alles, was ihr wissen müsst

Rundtour: schattige Wanderung mit drei Längenvarianten // Genau das Richtige für sonnige Sommertage, an denen es im Weinberg zu heiß wird // Davor, vor allem aber danach durch eine der schönsten historischen Altstädte überhaupt und am Mainufer entlangflanieren // **Wanderzeit:** Mai bis Oktober

Markierung: M1 // kürzere Varianten: M2 und M3

Entfernung von Aschaffenburg: 40 Kilometer
ÖPNV: RE 87 & RB 88 ab Aschaffenburg
Auto: Parken an der Johannis-Kirche, Burgweg 38, 63897 Miltenberg

Einkehr: **Mainpier,** an der Uferpromenade, 63897 Miltenberg // **Trattoria Belvedere,** Obere Walldürner Straße 82, 63897 Miltenberg, www.miltenberg-schuetzenhaus.de // **Zum Riesen,** Hauptstraße 99, 63897 Miltenberg, www.riesen-miltenberg.de // **Konditorei und Café Sell,** Hauptstraße 152, 63897 Miltenberg

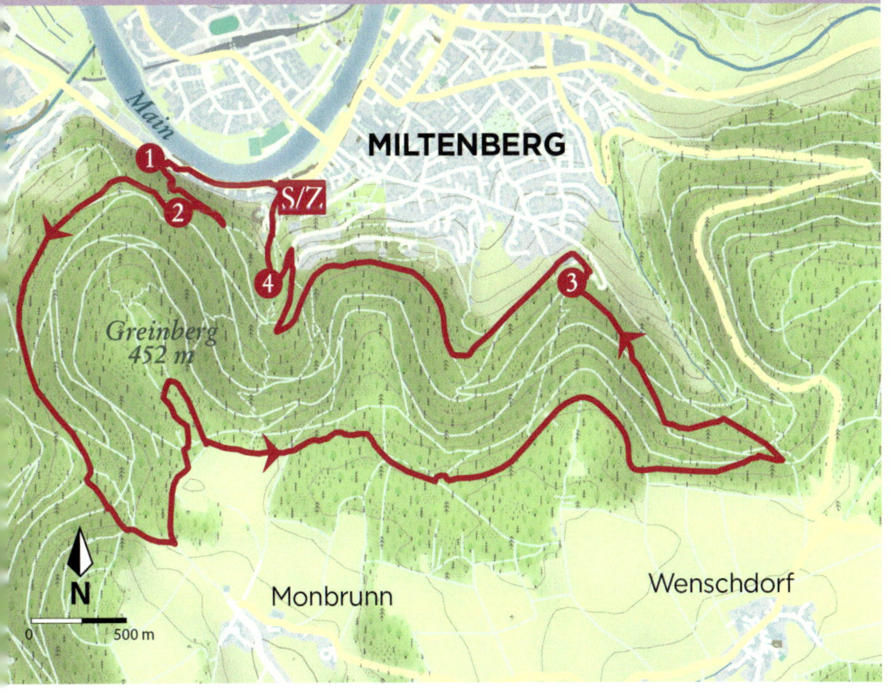

Von Neustadt an der Aisch auf den Ipsheimer Burgberg

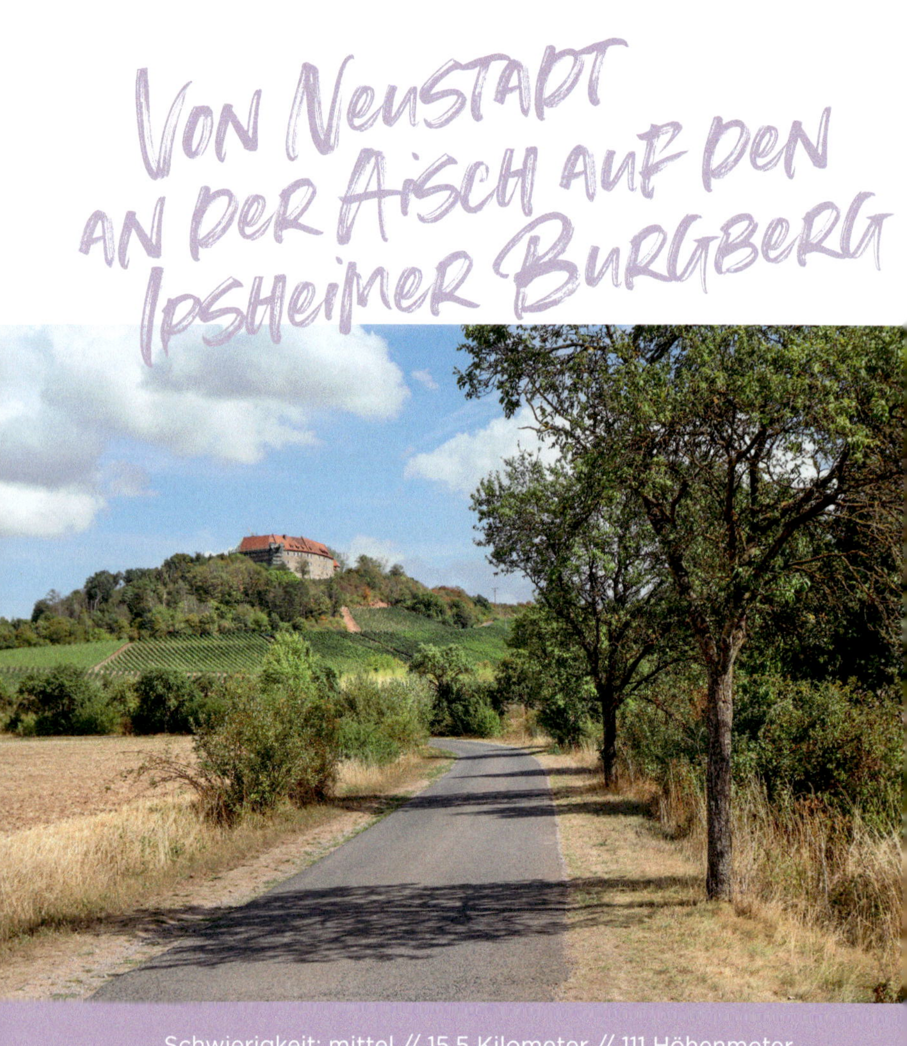

Schwierigkeit: mittel // 15,5 Kilometer // 111 Höhenmeter
Für Familien mit wanderaffinen Kindern geeignet

WER EINEN OZEAN AUS FELDERN DURCHSCHWIMMT, DER WIRD MIT EINEM TRÖPFCHEN VERWÖHNT: AUF DER WEINBAUINSEL

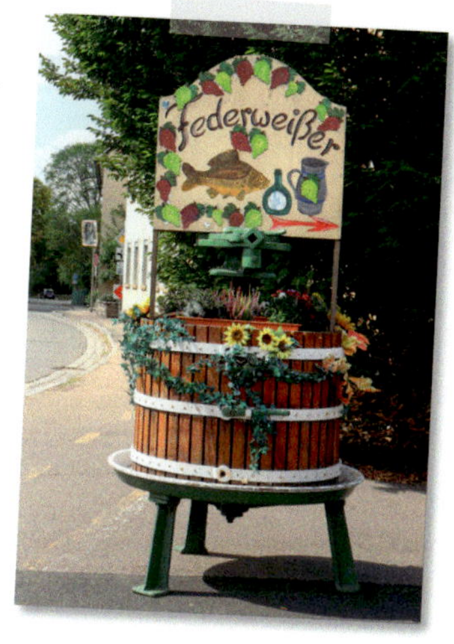

Die hoch aromatischen Weißen und bauchigen Roten, die weitab von den Epizentren des Genusstourismus auf der Weinbauinsel Ipsheim kultiviert werden, haben einen so kolossal eigenen Charakter, dass sogar der Ungeschulte den verblüffend klaren Unterschied herausschmeckt. In diesem Fall macht es den intensiven Aromen ganz offensichtlich Spaß, ihre Konkurrenz um die Gunst des Gaumen offen auszutragen. Sie betrachten den Mundraum als ihre Arena, in der sie um die Oberherrschaft rangeln. Grund für diese köstliche, erdig-bodenständige, zugleich aber höchst vitale, ja wilde Disharmonie ist das Terroir – das Gestein, in das sich die Wurzeln der Reben gern mehrere Meter weit hineingraben, um ausreichend Halt, vor allem aber Nährstoffe zu finden.

DER IPSHEIMER BURGBERG IST EIN PARADEBEISPIEL FÜR DEN SEGEN DES KEUPERS. DIESES VOR 235 BIS 200 MILLIONEN JAHREN ABGELAGERTE UND DAMIT ERDGESCHICHTLICH NOCH JUNGE SEDIMENTGESTEIN IST MIT GIPS DURCHSETZT. ES ENTHÄLT, GROB GESAGT, EIN NATÜRLICHES GEWÜRZ, DAS SICH DIE WEINSTÖCKE AUS DER TIEFE HERAUFHOLEN.

Ein Weinberg verzeiht seinem Winzer keinen einzigen freien Tag im Jahr, heißt es. Auch ihr müsst euch dieses Mal den krönenden Abschluss, den Schoppen nach dem Zieleinlauf, mühsam erarbeiten. Mit fast 16 Kilometern zählt diese Wanderung bereits zu den Ganztags-Landpartien. Als Verkehrsmittel empfiehlt sich der Zug. Die Tour startet am Bahnhof von Neustadt an der Aisch. Er liegt an der Magistrale Nürnberg-Würzburg, die auch am Wochenende in einem sehr guten Takt bedient wird. Mal am unteren, häufiger aber am oberen Rand des Aischgrunds, einem breiten, kaum mehr als solchem erkennbaren Tal, verwöhnt euch euer Weg auf den ersten zwölf Kilometern mit immer neuen Panoramablicken übers Bauernland. Dann nimmt euch Ipsheims berühmter Weinberg in Empfang. Wer alles richtig macht, packt sich auch diesmal einen Wein für unterwegs ein. An einem traumhaft einsamen Rastplatz, auf den ihr bei etwa Kilometer zehn stoßt, soll er eure Lippen nässen. Die flüssige Wegzehrung müsst ihr euch bei Anfahrt mit dem Zug von zu Hause mitbringen. Anders, wenn ihr mit dem Auto kommt. Dann fahrt ihr zunächst an den Zielort, nach Ipsheim, und besorgt euch direkt bei einem Winzer ein Fläschchen. Oder – Tipp! – ihr holt es euch in einem der für den Geldbeutel gefährlichsten Getränkemärkte Frankens. Beim Bitzinger (Dottenheimerstraße 2, 91472 Ipsheim) bettelt

Zentrale Anlaufstelle für Durstige:
der Goldene Hirsch in Ipsheim

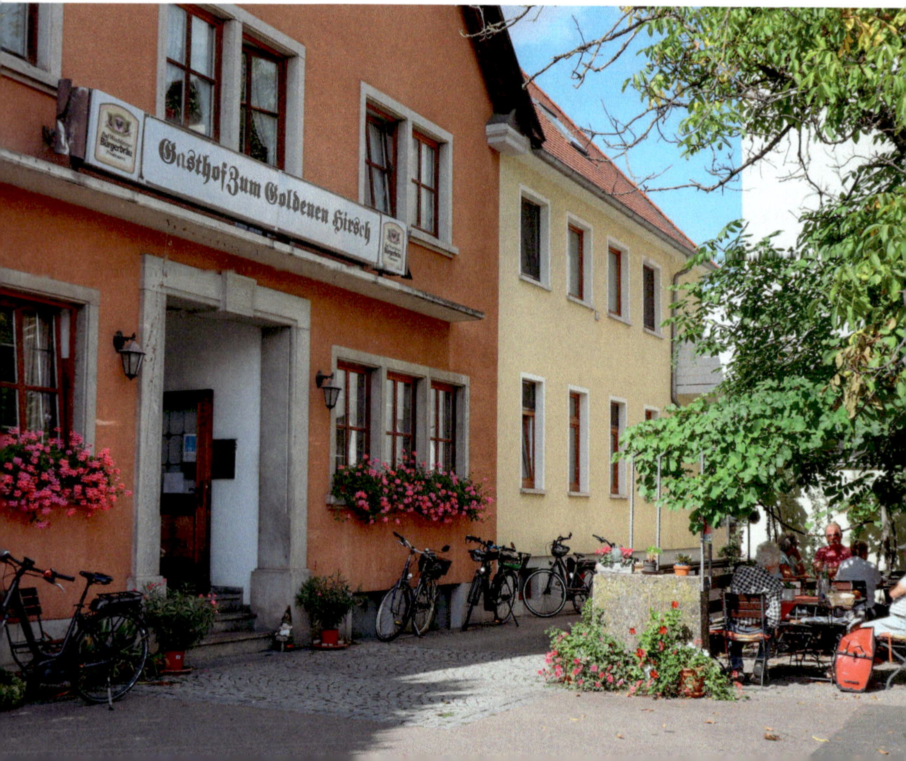

so ziemlich alles darum, endlich dem Regal entnommen, aus ihm befreit zu werden, was in den Vorjahren jenseits des Marktflecks auf einem steilen Südhang herangewachsen ist. Vor allem aber wegen des Biersortiments wiederholt sich beim Bitzinger immer wieder die unschöne Tragödie, dass – »Sorry, Leud, ihr musst mit dem Zug zurück!« – Kästen alle Sitzplätze im Auto belegen außer dem des Fahrers. Beim Bitzinger ballen sich die Raritäten. Der Inhaber fährt regelmäßig Dutzende kleinere Brauereien mit dem Lkw an, packt auch saisonale Sondersude auf die Ladefläche. Frankenweit, in der Oberpfalz und im Süden von Bayern.

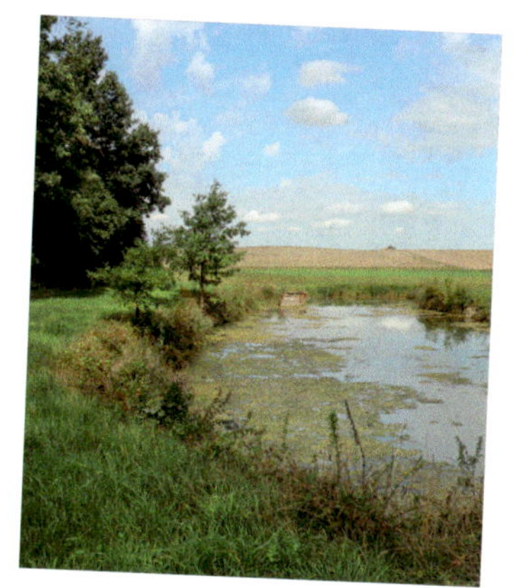

Idyll am Wegrand

Euer Auto stellt ihr am Bahnhof von Ipsheim ab. Immer acht Minuten, nachdem die Kirchenglocken des Marktflecks eine neue Stunde geschlagen haben, hält ein Zug, der euch zum Ausgangspunkt bringt. Der Bahnhof von Neustadt an der Aisch liegt weit außerhalb des Zentrums. Vor dem Bahnhof wendet ihr euch nach rechts, überquert dabei einen Parkplatz, um nicht in einer Sackgasse zu landen. Haltet nach einem kleinen Schild mit einem gelben Strich auf weißem Grund Ausschau, es ist für die ersten zwölf Kilometer euer Wanderzeichen. Wenn ihr euch 100 Meter hinter dem Bahnhof zwischen links und rechts entscheiden müsst, weil eure Straße zu Ende ist: nach rechts. Zur Bahnunterführung. Unter den Gleisen hindurch und sogleich nach links. Gute 150 Meter später biegt eine Straße nach rechts ein, der Beerbacher Weg. Sobald ihr diesem folgt, kann auf den nächsten zwölf Kilometern und damit bis zu einer Schlüsselstelle, dem Wanderparkplatz bei Burg Hoheneck, eigentlich nichts mehr schiefgehen. Zieht den GPS-Track

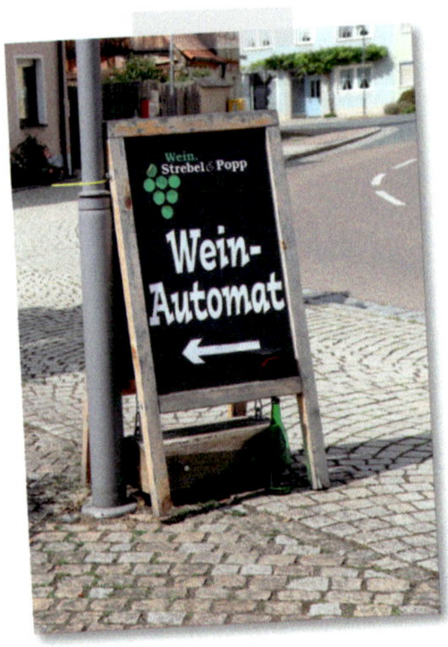

dennoch lieber einmal zu oft als zu wenig zurate, die Natur dürfte sich das eine oder andere Wanderzeichen einverleibt haben: zugewuchert. Nur einen Steinwurf hinter den letzten Häusern von Neustadt erreicht ihr einen grandiosen AUSSICHTSPUNKT 1: Zum ersten Mal liegt euch der Aischgrund zu Füßen. Wieder und wieder werdet ihr euch an Panoramablicken weiden. Mal auf Feldwegen, mal auf Trampelpfaden, dann wieder ein kurzes Stück auf einer geteerten Straße, geht es mal durch wilde, sich selbst überlassene Natur, mal vorbei an Äckern und Feldern. Wald saugt euch ein. Ein idyllisch vor sich hinplätscherndes Bächlein begleitet euch, als wäre es ein Delphin, ihr ein Kutter auf Hochsee-Kreuzfahrt und Franken ein Ozean.

VIELLEICHT PASSIERT ES MAL, DASS EIN TRAKTOR EUREN WEG KREUZT ODER SICH AUF EINEM FELD ZU SCHAFFEN MACHT. ANSONSTEN KEINE MENSCHENSEELE. WAS WOLLTE SIE AUCH HIER? IN DIESER ZONE DES ÜBERGANGS, IN DER DER FRUCHTBARE BODEN DES TALGRUNDS IN JENE ZONE ÜBERGEHT, VON DER DIE ALTVORDEREN WUSSTEN, DASS ES NICHT LOHNT, SIE ZU RODEN.

Umso größer das Staunen kurz vor Kilometer neun. Ihr dürft euch fühlen wie ein Schatztaucher, der seit zwei Jahrzehnten die Untiefen der Karibik absucht. Ja, holla! Es existiert tatsächlich! Dieses Fünfzehnhundertirgendwann gesunkene Schatzschiff und sein Bauch voll mit Gold. – Rebzeilen? Hier? Im Nirgendwo? Vor euch steigt der am besten versteckte Weinberg Frankens auf. Der nächste Ort ist fern. Gehört er Waldgeistern? Kobolden? Wenn euch euer Weg auf seinen Scheitelpunkt geführt hat, wisst ihr von selbst, für welchen eingangs erwähnten, traumhaft einsamen RASTPLATZ 2 das mitgebrachte Fläschchen gedacht ist. Wohl bekomm's!

Weiter geht's – und: Achtung, aufpassen jetzt! Wenn euch das nächste Mal ein Wald ins Freie entlässt, ihr sogleich an einem Dorf vorbeikommt, ihr von Alpakas gemustert werdet, die auf ihrer Weide vor sich hin dösen, nähert ihr euch jener einzigen Stelle, die eure volle Aufmerksamkeit erfordert. Ihr lauft jetzt auf Burg Hoheneck zu, eine im 15. Jahrhundert über einer niedergebrannten Vorgänger-Festung neu erbauten Landmarke. Das Kleinod, das im Lauf seiner wechselvollen Geschichte zu viele böse Menschen gesehen hat, ist nicht zugänglich. Einer der einflussreichsten Propagandisten der Rassentheorie, Julius Friedrich Lehmann, Verleger, glühender Antisemit und erklärter Feind der Weimarer Demokratie, stellte der

Route der Panoramablicke:
Nichts will den Weitblick ausbremsen

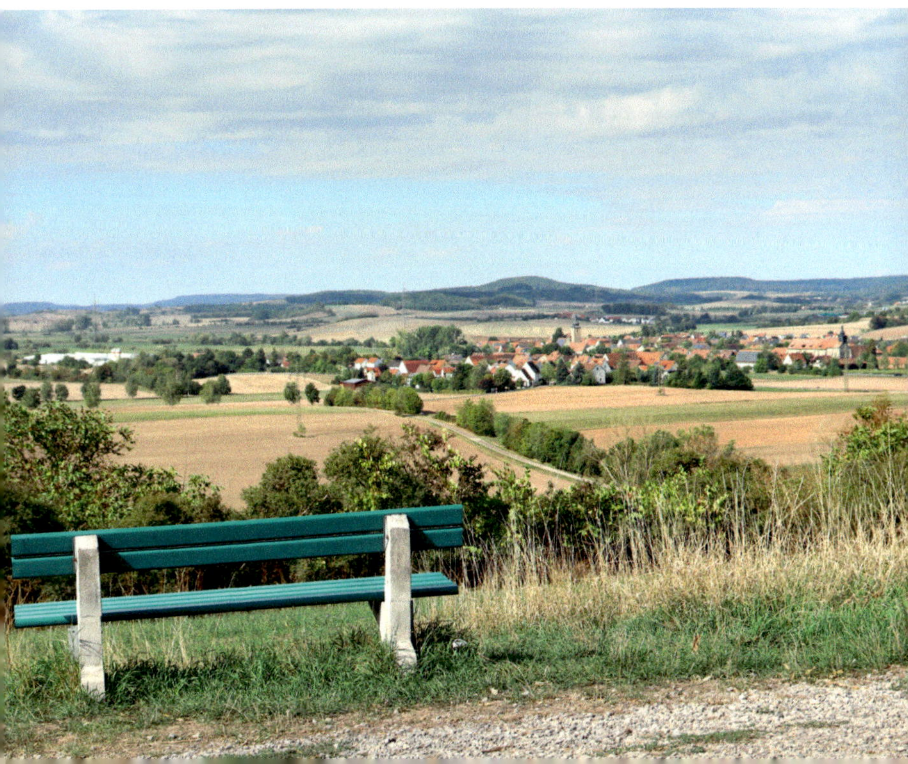

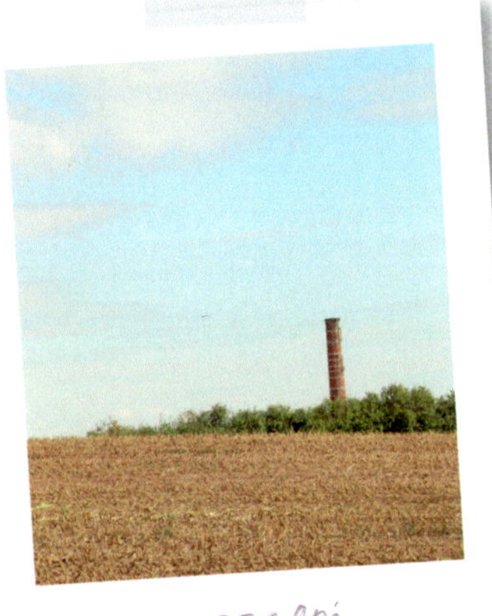

Neustadts letztes Adé

NSDAP das Adlernest als Schulungszentrum zur Verfügung. Hitler war da. Julius Streicher. Göring. Göbbels.

Gut 150 Meter vor der Burg stoßt ihr auf einen WANDERPARKPLATZ 3. Hier verlässt euch euer Wanderzeichen! Wenn ihr von der Straße aus nach links auf und über den Parkplatz geht, nimmt euch an dessen rechtem Ende ein Weg in Empfang, der auf die obere Kante des Ipsheimer Burgbergs führt. Ihr folgt ihm, bis sich rechts ein Zugang in den Weinberg zeigt. Unter der Woche und an den meisten Samstagen ist es egal, wie genau ihr euch durch die Monokultur nach unten durcharbeitet. Nach rechts ist es kürzer, aber alle Wege führen an den Fuß des Weinbergs und leiten euch von dort nach Ipsheim hinein. Am Sonntag gilt letztlich dasselbe: nach rechts, aber letztlich geleiten euch alle Wege dann zum Weinnest, dem BEWIRTUNGSHAUS 4, in dem sich an diesem Tag die örtlichen Winzer von ihrer besten Seite zeigen. Die Aussicht: fesselnd. Ipsheim selbst ist ein schmucker Marktfleck. Tipp: Wenn ihr nicht bereits beim Zieleinlauf in einer Heckenwirtschaft hängen bleibt, lasst ihr euch zunächst im Goldenen Hirsch (an der Hauptdurchfahrtsstraße links halten) verwöhnen und fragt euch dann durch, welches Weingut mit einem Heckenausschank an der Reihe ist. Ab Mittwoch hat das urige Gasthaus quasi immer offen. Der Ort ist recht weitläufig, seine Weingüter und ihre guten Stuben finden sich in allen Ecken und Enden. Gekeltert, ausgebaut und ausgeschenkt werden neben Müller-Thurgau und Silvaner längst auch rote Köstlichkeiten. Wer einiges verträgt, darf zudem nach hausgebrannten Obstwässern Ausschau halten. Wohl bekomm's!

Alles, was ihr wissen müsst

keine Rundtour: sportliche Wanderung durch Wald und Flur, die in einem Weinberg und dem dazugehörigen Winzerort endet // **Wanderzeit:** April bis Oktober

Markierung: gelber Strich auf weißem Grund // Drei Kilometer vor dem Ziel endet das Wanderzeichen! Ein Verlaufen ist ab dann dennoch nahezu unmöglich

Entfernung von Fürth: 37 Kilometer
ÖPNV: RE10 ab Würzburg, S6 ab Nürnberg und Fürth
Auto: Parkplatz, Am Bahnhof 1, 91472 Ipsheim, mit dem Zug weiter nach Neustadt an der Aisch und zurück

Einkehr: **Weinnest im Ipsheimer Burgberg,** www.weinbauverein-ipsheim.de // **Gasthaus Goldener Hirsch,** Kirchplatz 4, 91472 Ipsheim, www.goldener-hirsch-ipsheim.de // in Ipsheim zahlreiche Vinotheken und Heckenwirtschaften

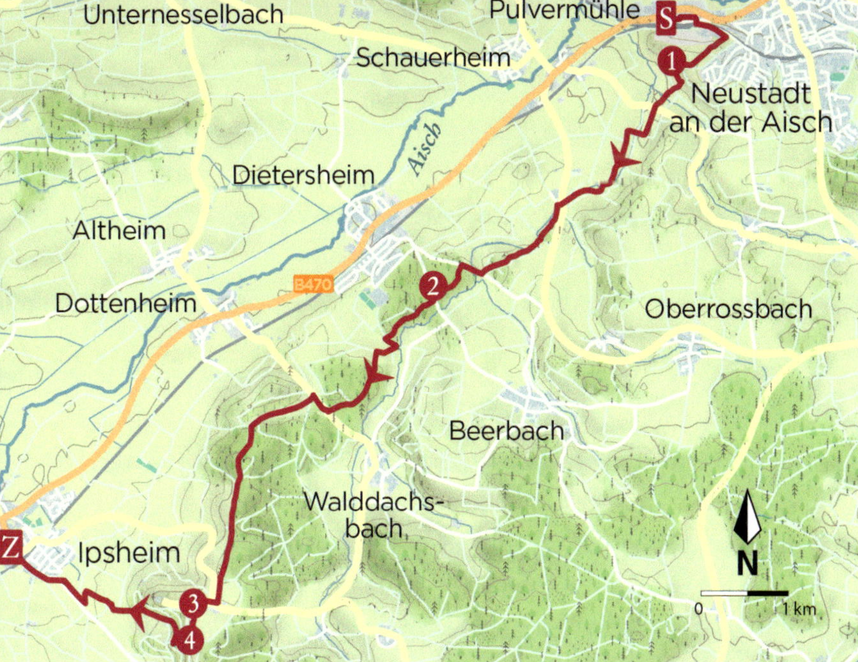

Ins Weinfranken von Alzenau

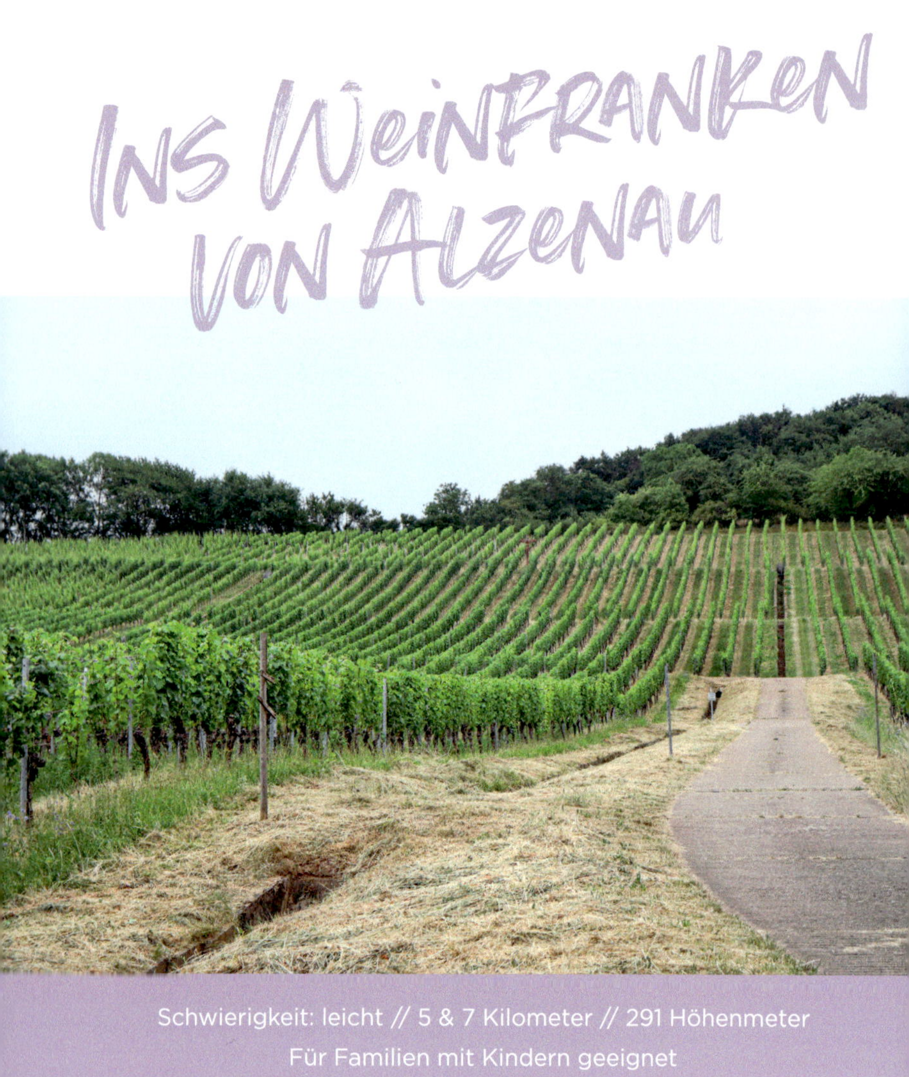

Schwierigkeit: leicht // 5 & 7 Kilometer // 291 Höhenmeter
Für Familien mit Kindern geeignet

UNTERWEGS IN EINEM ANBAUGEBIET, DESSEN FRÄNKISCHE IDENTITÄT NOCH SO JUNG IST WIE EIN FEDERWEISSER

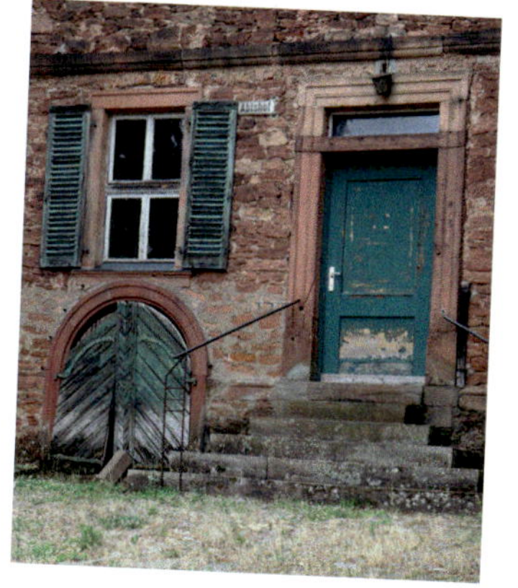

Das Abtshaus in Hörstein

Niemand, der im Vollbesitz seiner geistigen Kräfte ist, hat je daran gezweifelt: Franken, das ist die bessere Hälfte Bayerns. Aber wo das von der Natur aufs Feinste ausgestattete Wein- und Bierparadies im Westen endet oder ob es hinter seiner Grenzfestung, dem sonnenverwöhnten Aschaffenburg, nicht doch noch ein paar Kilometer weitergeht, zu dieser geographischen Detailfrage kursiert eine Unzahl von Gerüchten. Die Wahrscheinlichkeit, dass euch das verschlafene Alzenau, das es inklusive Eingemeindungen auf gerade einmal 19.000 Einwohner bringt, bereits an anderer Stelle als ein fränkisches Must-see ans Herz gelegt wurde, geht daher gegen Null. Seine bescheiden bemaßten Weinberge, die in der Mitte des 19. Jahrhunderts nahezu komplett verwaisten und erst in den 1950ern eine Wiederauferstehung erlebten, schauen alle in die falsche Richtung. Sie zieren jene Flanke des Hahnenkamms, eines mächtigen, 435 Meter hohen, vom Herrgott mit Absicht in die Länge gezogenen Ausläufers des Spessarts, der das Gute vor den Hessen abschirmt.

OB IN WASSERLOS DER SCHLOSSBERG, IN MICHELBACH DER APOSTELGARTEN ODER IN HÖRSTEIN DER ABTSBERG, AUF DEM MÖNCHE BEREITS UM DAS JAHR 1000 DIE ERSTEN REBSTÖCKE PFLANZTEN, FRANKENS NORDWESTLICHE WINZER ARBEITEN ALLE AUF DER DEN FRANKFURTER LUMBESEGGELN ZUGEWANDTEN SEITE.

Alzenau und seine Dörfer haben ihre historischen Wurzeln drüben bei den Fremden, den Nachbarn. Allein schon deshalb ist dieser Wander- zugleich ein Bildungsausflug in eine Sonderzone der Ge-

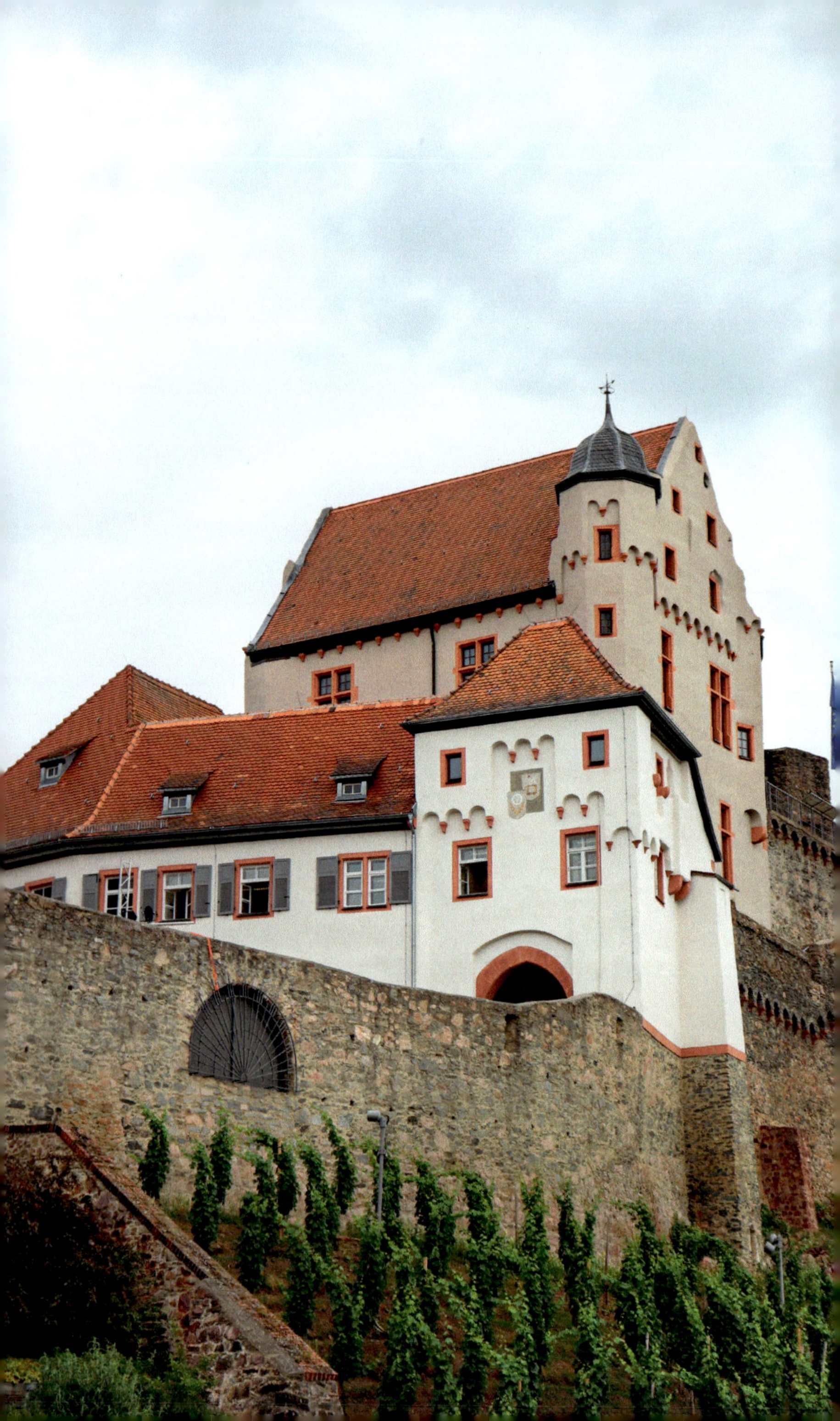

schichte. In zwei Schleifen, die euch vom Weinbaudorf Wasserlos in die Alzenauer Sande führen, ein karges, von eiszeitlichen Dünen geprägtes Weideland, das bereits zur Rhein-Mai-Ebene gehört, macht ihr euch mit den andersartigen Herrschaftsverhältnissen vertraut, die hier bis vor 200 Jahren das Leben der Menschen prägten.

DANN, AM 17. JULI 1816, NAHMEN DER AMTMANN DITTMANN UND SEIN SCHREIBER MÜNNICH ACHT STAATSWAPPEN ENTGEGEN, DIE SIE AN DEN NEUEN AUSSENGRENZEN BAYERNS ANBRACHTEN. GEMÄSS INTERNATIONALEN VERTRÄGEN HATTE MÜNCHEN 1814 SÜDTIROL AN ÖSTERREICH ABGETRETEN. FÜR DIESEN SCHMERZHAFTEN VERLUST WURDE KÖNIG MAX I. JOSEPH UNTER ANDEREM MIT ALZENAU ENTSCHÄDIGT.

Euer Weg startet nicht in Alzenau selbst. Wasserlos – der kuriose Name des Dorfs, in dem die beiden Schleifen eures Wanderwegs zusammenlaufen, leitet sich von einem Entwässerungsgraben ab. Er machte den Untergrund der Alzenauer Sande, der partiell schon mal ins Rutschen geraten kann, wenn sich dort zu viel Nässe staut, zumindest für die Viehhaltung nutzbar. Gebt in euer Navi ein: Bezirksstraße 3, 63755 Alzenau. Dann leitet es euch in die Ortsmitte und dort zu einer unscheinbaren Grünfläche. Der Wanderweg heißt »Wein und Herrschaft«, im Wanderzeichen verschmilzt eine jungsteinzeitliche Felszeichnung eines Schiffs mit der Flagge der Europäischen Union. Ziel der ersten Schleife ist der Nachbarort Hörstein, euer Weg startet abseits der Straße, führt ein BÄCHLEIN 1 entlang. Zahlreiche Infotafeln werden euch mit der Historie der Region vertraut machen. Zum Beispiel mit den Alzenauer Hexenprozessen. 13 Frauen und ein Mann aus Wasserlos landeten von 1601 bis 1605 auf dem Scheiterhaufen. Selbstverständlich mit vollem Recht! Aus dem Etappenziel Hörstein sind sogar 34 Frauen und ein Mann zu

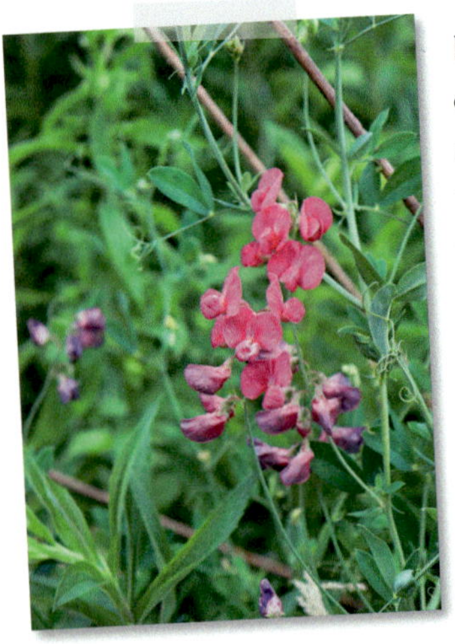

beklagen. Leider zeigt sich bald, dass es die Tourismusmanager mal wieder zu gut gemeint haben, als sie den Kulturweg aus dem Boden stampften. Obwohl die Sightseeing-Highlights, die euch am Wegrand versprochen werden, gar keine sind, wird euch die Tour lange in Erinnerung bleiben. Als Landschaftserlebnis sucht sie ihresgleichen. Schloss Wasserlos ist heute ein Krankenhaus. Daher werdet ihr an den Resten der Sommerresidenz und ihrem Park vorbeigelotst, die sich Ludwig Eugen, ein zweitgeborener Prinz von Württemberg, 1767/68 errichteten ließ. Ein immer noch grandioserer Ausblick Richtung Frankfurt und der erste Weinberg des Tages entschädigen dafür, dass ihr die einzige Sehenswürdigkeit des Orts nicht habt betreten dürfen. Weiter entlang des Hahnenkamms. Bald ist der Nachbarort Hörstein und dort der Abtsberg erreicht, der höchste Punkt der Schleife – und trotz seiner nur sanften Neigung die beste Lage an eurem Weg. Im Ort selbst tritt die schonungslose Vernachlässigung offen zu Tage, mit der die Politik den ländlichen Raum seit Jahrzehnten für seine Antiurbanität bestraft. Unterhalb der Kirche findet ihr einen RASTPLATZ 2. Wo ihr jetzt sitzt, stand bis 1982 die ehemalige Synagoge. Es war ihr gelungen, die NS-Zeit glimpflich zu überstehen, und 1945 wurde sie zum Feuerwehrhaus umfunktioniert. In die Knie zwang sie erst die Degradierung der Dörfer zu Durchfahrts- und Schlafeinöden. Hörsteins Ortskern: von Verfall gezeichnet. Einziges Zeichen von Leben: Wenn ihr der Hauptstraße um den Knick folgt, steht ihr vor einer Metzgerei, in der man euch bereitwillig mit Wurstsemmeln versorgt. Ja, es gibt auch urige Heckenwirtschaften und Weingüter. Wochentags aber halt erst, wenn ihr längst wieder fort seid: nach 16 oder 17 Uhr.

Es empfiehlt sich, die Wurstsemmeln für später in den Rucksack zu packen, denn hinter den letzten Häusern von Hörstein wartet mit der Alzenauer Sande endlich jene absonderliche Landschaft, die es in Franken nur einmal gibt. In der Eiszeit stoppte der damals noch deutlich mächtigere Hahnenkamm starke Winde, die Sand mit sich führten. Die Gesteinskristalle regneten in seinem Vorland ab, in großen Mengen. Die Dünen, die sich so über die Jahrtausende hin aufbauten, sind bis zu zehn Meter dick, der sanft gewellte Boden aus landwirtschaftlicher Perspektive eine Katastrophe. Umweltschützer aber freuen sich, denn er bietet Pflanzen, Insekten und Tieren einen Überlebensraum, für die auf den überdüngten Agrarkulturen von heute kein Platz mehr ist. Eine Arche für Hunderte bedrohter Arten. Wiesen, die zu mähen sich nicht wirklich lohnt, dominieren jenen Teil, durch den euch euer Wegzeichen leitet. Bald schon unterbricht

Wurde nur weit außerhalb des Ort anzulegen erlaubt: jüdischer Friedhof

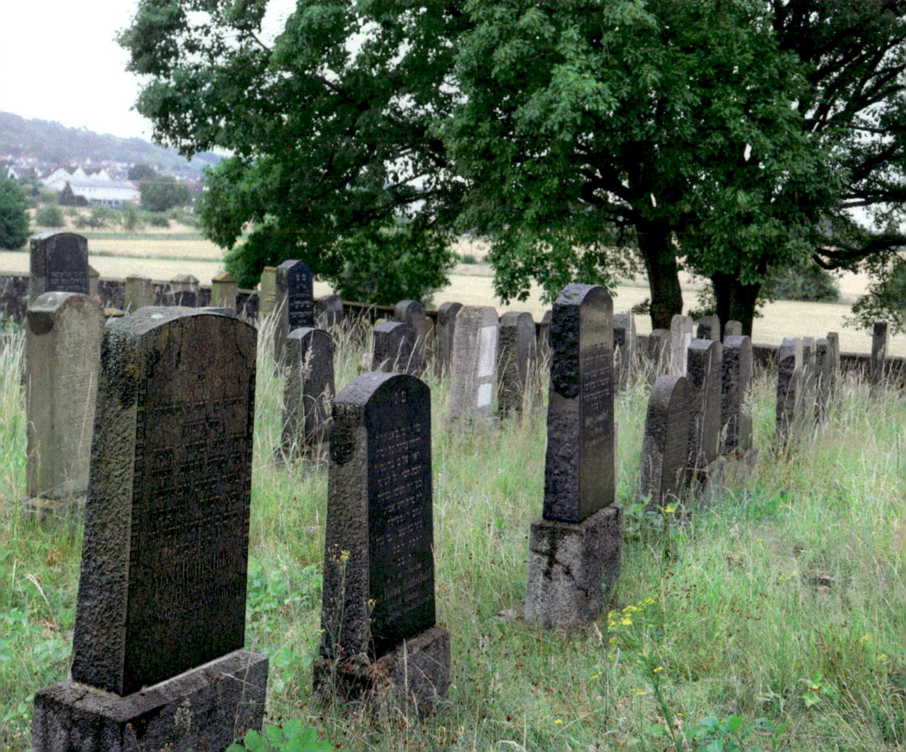

ein UMMAUERTES GEVIERT 3 euer Vorwärtskommen. Weit außerhalb des Orts wurde den Hörsteiner Juden 1810 erlaubt, einen Friedhof anzulegen. 244 Grabsteine, von denen manche so schief im Erdreich stecken, wie der Buckel eines Landarbeiters mit den Jahren krumm wird, klagen stumm, was der Mensch dem Menschen zuzufügen in der Lage ist.

HÖRSTEINS JÜDISCHE GEMEINDE, DIE SICH BIS 1657 ZURÜCKVERFOLGEN LÄSST, STELLTE 1880 FAST ZWÖLF PROZENT DER BEVÖLKERUNG: 137 VON INSGESAMT 1.154 MÄNNERN, FRAUEN UND KINDERN. 58 HÖRSTEINER FINDEN SICH AUF DER OPFERLISTE DER HOLOCAUSTGEDENKSTÄTTE YAD VASHEM IN JERUSALEM.

Ihr streift einen kümmerlichen Wald. 1856 angelegt, verhindert er, dass dort ein Sturm Gesteinskristalle aufnehmen kann, wo die Sandschichten besonders dick, instabil und windanfällig sind, die Dünen wandern. Zurück in Wasserlos, wo euch unter der Woche tagsüber ebenfalls lediglich eine Bäckerei zur Versorgung bereitsteht, stellt sich die Frage: Jetzt noch die zweite Schleife? Sie führt euch erst durch die Wälder des Hahnenkamms, dann übers Bauernland nach Alzenau und schlussendlich nach Wasserlos zurück. An Alzenau, das historische Zentrum der Region, allzu große Erwartungen zu stellen, das wäre allerdings fatal. Mitte der 1980er überbaute man einen Gutteil der Altstadt mit einer architektonischen Scheußlichkeit, für die sich der damalige Stadtrat noch im Grabe schämen wird, einem Forum aus Asphalt, Stein und Beton. Die ALZENAUER BURG 4 mag eine Augenweide sein, kann aber nicht besichtigt werden.

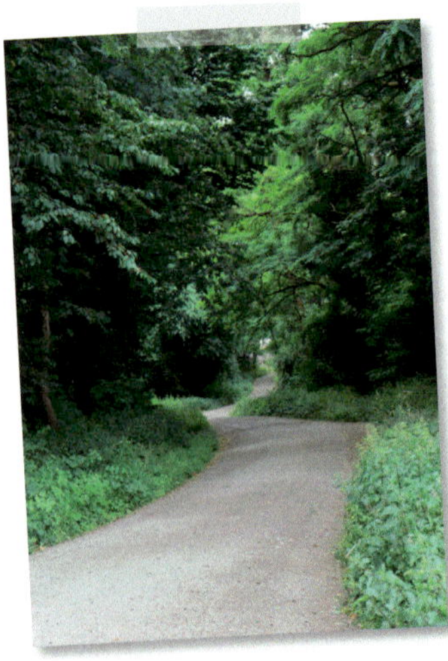

Alles, was ihr wissen müsst

Rundtour: abwechslungsreiche, informative Wanderung // Aufgeteilt in zwei Schleifen, die beide in Wasserlos bei Alzenau beginnen // Empfehlung: mit der sieben Kilometer langen Runde über Hörstein beginnen, dann nach Gusto die fünf Kilometer lange Tour über Alzenau anschließen // **Wanderzeit:** April bis Oktober

Markierung: jungsteinzeitliche Felszeichnung eines Schiffs mit der Flagge der Europäischen Union

Entfernung von Aschaffenburg: 21 Kilometer
ÖPNV: RE 55 ab Frankurt, Aschaffenburg, Würzburg bis Kahl, dann RB 56
Auto: Parkplätze ausgeschildert, Bezirksstraße 3, 63755 Alzenau

Einkehr: **Bäckerei Trapp,** Hahnenkammstraße 25, 63755 Alzenau // **Metzgerei Hellenthal,** Hauptstraße 21, 63755 Alzenau, www.metzgerei-hellenthal.de

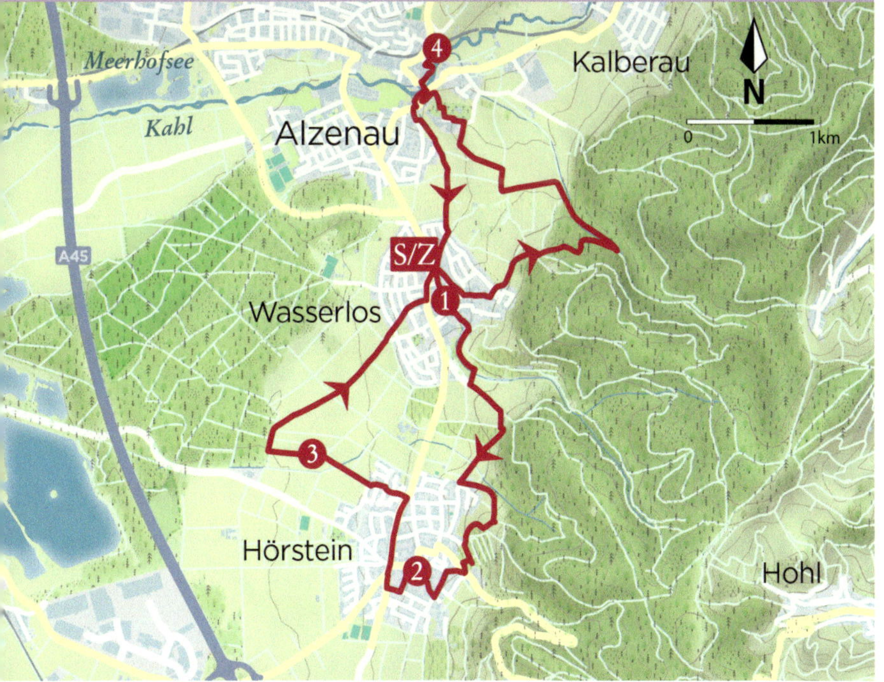

Der Weihnachtszauber von Himmelstadt

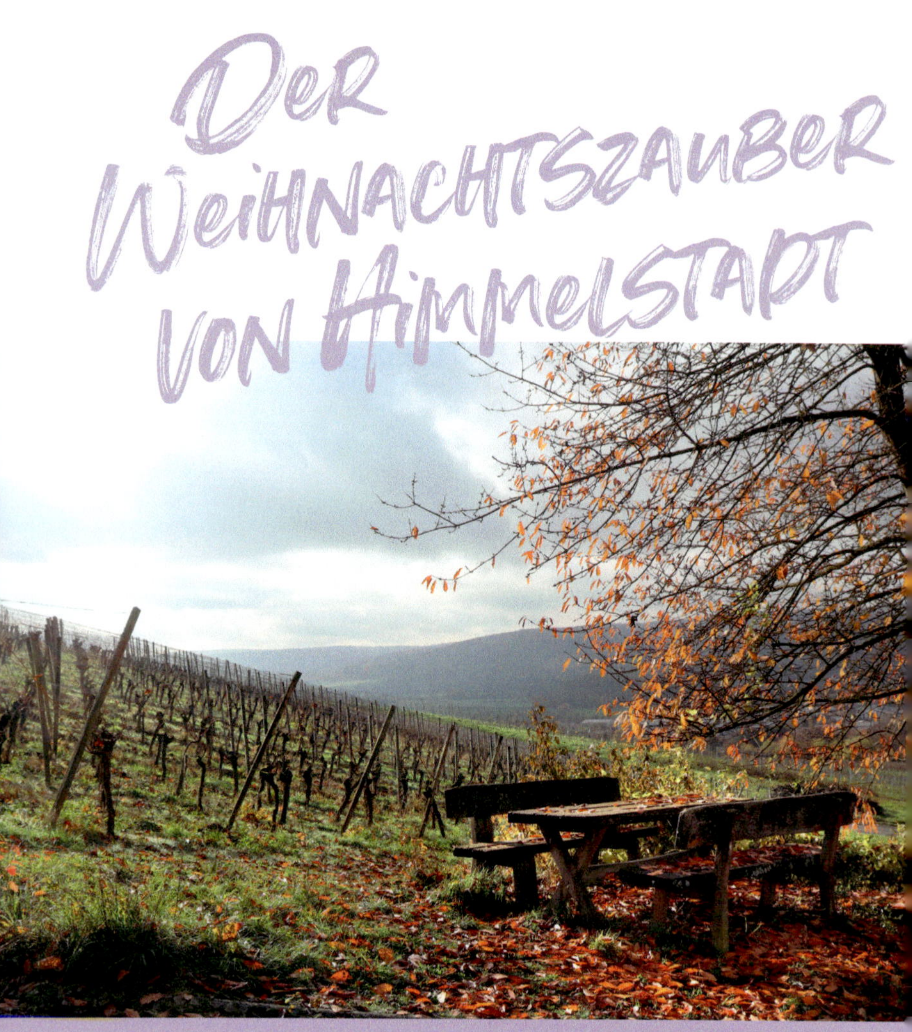

Schwierigkeit: leicht // 4/5,5 Kilometer // 101 Höhenmeter
Speziell für Familien mit Kindern geeignet

ES IST ADVENT UND IHR SEID GLÜCKSPILZE: ZURÜCK AUS DEM WEINBERG – DA TREFFT IHR DAS CHRISTKIND

Erstes Adventswochenende. Samstag, 15 Uhr. Elf Monate lang hat ein unscheinbares, auf die schattige Seite des Maintals gesetztes Dorf darunter gelitten, dass es nicht zu den Hotspots des fränkischen Weintourismus zählt. Trotz seiner 800-jährigen Erfahrung in der Kultivierung von Reben. In diesem Moment aber, bei dem ihr live dabei seid, schlägt Himmelstadts große Stunde. Eine schnelle Ansprache. Den örtlichen Vereinen und den Ehrenamtlichen wird gedankt. Dann eine Andacht. »Gib uns, o Herr«, fleht ein Posaunenchor, »deinen Segen.« Das Zeremoniell, mit dem der mit Sicherheit wichtigste fränkische Weihnachtsmarkt eröffnet wird, übt sich in Demut. Eine Show der Superlative? So etwas mag Nürnberg auf die Beine stellen. Himmelstadt aber muss sich seine Kräfte einteilen. 80.000 Jungen und Mädchen werden das Dorf auch in diesem Advent an seine Grenzen bringen. Kinder, die wissen, dass dem Christkind unter der Adresse: Kirchplatz 3, 97267 Himmelstadt, schriftlich mitgeteilt werden kann, was genau es bei ihnen unter den Baum legen soll. Knirpse, die voll der Hoffnung sind, dass es ihnen obendrein ein paar Zeilen zurückschreibt. Damit es abrechnen kann. Das Überbringerwesen! Die Gutschriften braver Taten mit all den Widerworten verrechnen. Wie hoch das Plus wohl heuer ist?

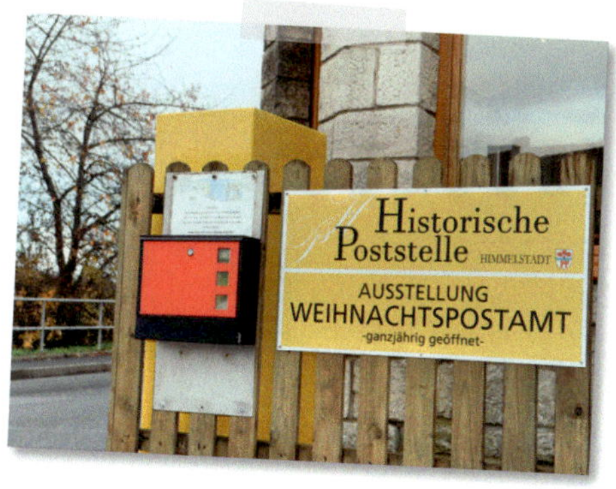

DAMIT DIESER AUSFLUG GELINGT, BRAUCHT IHR EIN, ZWEI, VIELLEICHT AUCH MEHRERE KINDER, DIE SICH FÜR DIE AUSSICHT AUF NACHRICHT VON OBEN BEREIT ERKLÄREN, ZUNÄCHST DURCH DIE HIMMELSTADTER KELTER ZU WANDERN, DEN BERG, AUF DEN SICH DER HIER EINST OMNIPRÄSENTE WEINANBAU ZURÜCKGEZOGEN HAT.

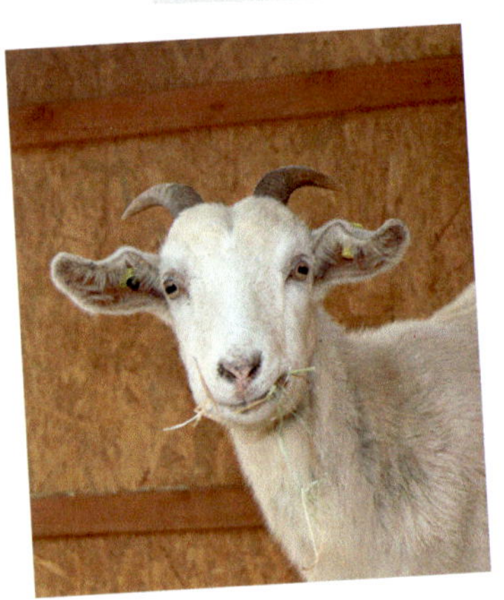

UND BEI EUCH SO?

Am besten ist es natürlich, wenn ihr hierzu auf euren eigenen Nachwuchs zurückgreift. Aber nicht alle Menschen haben Kinder. Deshalb ist es auch erlaubt, sich solche auszuleihen. Bei Freunden und Verwandten, die froh sein werden, einen halben Tag für sich zu haben. Wer keine Vier- bis Elfjährigen auftreiben und nach Himmelstadt mitnehmen kann, muss leider selbst ran. Die Post hat die Pflicht, alles zuzustellen, was man ihr anvertraut. So gesehen ist das Christkind für euch alle da. Es muss auch Briefe annehmen, in denen ihm ein Erwachsener seine materiellen Sehnsüchte auflistet.

Die Lage Himmelstadter Kelter hat die Besonderheit, dass sie nicht nur weit außerhalb des Orts liegt, sie ist zudem durch den Main von den Winzerhöfen getrennt. Erst seit 1907 erlaubt es eine Brücke, trotzdem abends noch schnell die Öchslegrade zu messen. Bis dahin konnten die Häcker ihre Parzellen nur per Fähre erreichen. Wenn ihr mit dem Auto anreist, fahrt ihr erst einmal nicht nach Himmelstadt hinein. Denn bevor ihr dem Christkind eure Aufwartung macht, wollt ihr und vielleicht wollen ja auch die Kinder noch durch Rebzeilen schlendern. Ihr biegt dort, wo der Ortszubringer von der B27 abzweigt, in die entgegengesetzte Richtung ab. Ein unscheinbares Sträßchen leitet euch zum Parkplatz an der Weinbergkapelle Maria an der Kelter, an der die Wanderung beginnt. Wer den Zug bevorzugt, geht vom Bahnhof aus nicht in den Ort, sondern in die entgegengesetzte Richtung: erst zum, dann auf dem Ortszubringer aus Himmelstadt heraus, die B27 überqueren, um die in den 1990ern errichtete Kapelle auf demselben Sträßchen zu erreichen (ca. 1,5 Kilometer). Euer Wanderweg hat als Wegzeichen H5 auf blauem

Grund. Wenn ihr vor der KAPELLE 1 steht und sich das Gewebe aus Rebzeilen mit seiner mathematisch exakten Struktur wie ein Tuch vor euch ausbreitet, führt euch der Rundweg rechtsherum um den Weinberg. Ein Tuch aus Großmutters Aussteuer: Spitzenbordüre an Spitzenbordüre. Die Weinstockzeilen sind in dieser Jahreszeit nackt und kahl. Nur die Rispen der Trauben hängen noch an den Ästen. Seit der 1976 abgeschlossenen Flurbereinigung übernehmen Vollernter, die entgegen der landläufigen Vorstellung die Trauben nicht abschneiden, sondern die Beeren abschütteln, die Lese. Auch qualitativ können die monströsen Gefährte längst mit dem Menschen mithalten. Sie sind in der Lage, über- und unreife Früchte auszusortieren. Im Fall der Himmelstädter Kelter vorwiegend vom Müller-Thurgau, Silvaner und Bacchus. Letztem macht seit Kurzem der Klimawandel zu schaffen, er bekommt Sonnenbrand. Deshalb darf

Von wegen stille Zeit: Im Winter geht die Weinbergarbeit weiter

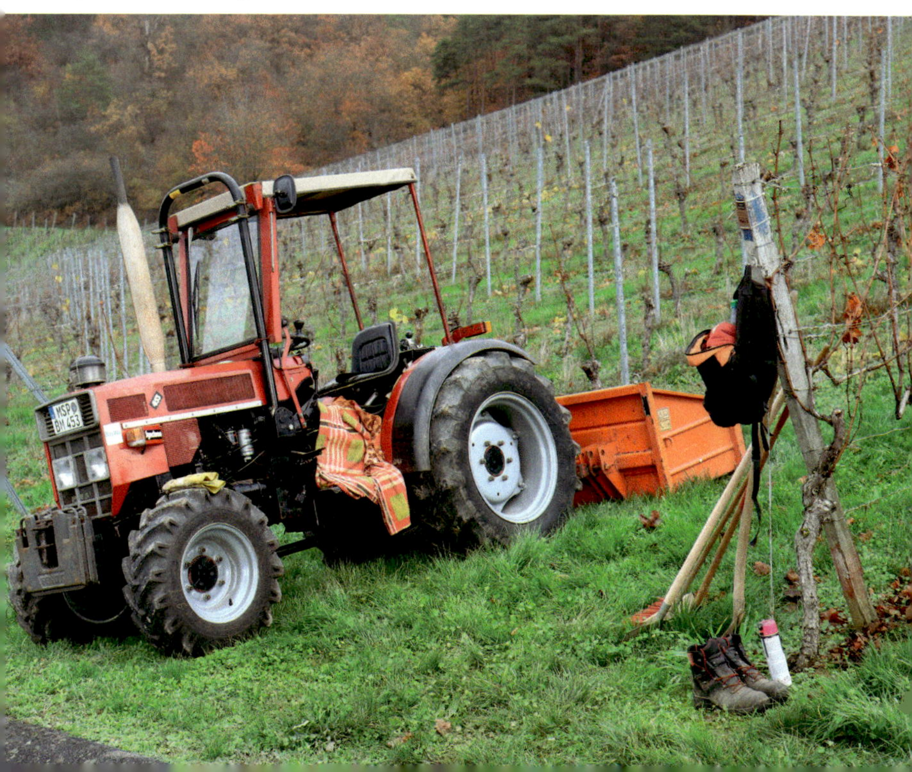

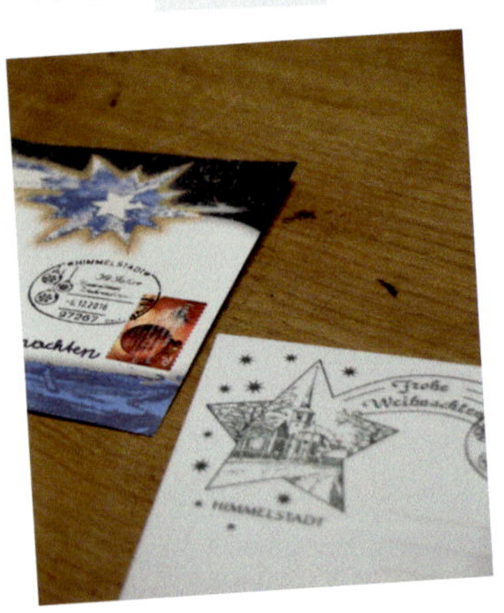

SAMMLERSTÜCKE, HOCH BEGEHRT

sich bald auch die leidensfähigere Sorte Chardonnay beweisen. Wenn auch erst einmal nur als Versuch, hat der örtliche Weinbauer Thomas Hemmelmann eine erste Parzelle mit dieser Sorte bepflanzt. Der AUFSTIEG 2 bis zur oberen Weinbergkante bringt die Muskeln, die Lunge und den Kreislauf an ihre Grenzen. Aber er lohnt. Der kolossalen Aussicht wegen. Und, weil zwischen dem Wein und der typischen Vegetation auf seinem Rücken, dem Wald, ein Streifen sich selbst überlassen wurde. Nur anspruchslose Sträucher und Büsche finden in dieser Zone, in der das für das Würzburger Maindreieck charakteristische Kalkgestein offen liegt, ein Auskommen. Jetzt, im Übergang vom Herbst in den Winter, präsentiert sich das Biotop im Farbrausch. Gelbe, rote, braune Blätter, dazu knallorange Beeren und Hagebutten an den Ästen. Am höchsten Punkt: ein ÜBERDACHTER PAVILLON 3. Eurer Rast-, Picknick- und Entscheidungsplatz. Es ist keine Schande, solltet ihr beschließen, die Wanderung um gut die Hälfte abzukürzen und bereits auf dem nahen MITTELWEG 4 ins Tal zurückzukehren. Auch wenn das Christkind erst um 15 Uhr seine Arbeit aufnimmt und bis 19 Uhr auf euch warten würde. Aber hier oben habt ihr letztlich schon alles gesehen.

Für Bahnreisende gibt es leider keinen anderen Weg ins Zentrum von Himmelstadt, als den bereits bekannten, lauten, nicht wirklich angenehmen Ortszubringer. Wenn ihr mit dem Auto unterwegs seid, werdet ihr ebenfalls beim Überqueren der Mainbrücke alle Ziele erspähen, die aus den kommenden Stunden ein Erlebnis der Extraklasse machen. Rechts unten die kleine Budenstadt des Weihnachtsmarkts. Wollt ihr euch dort erst einmal stärken und in Stimmung bringen? Eure Herzen bei Kinderpunsch und Glühwein vom Winzer erwärmen? Dazu eine Waffel? Lieber einen Burger, eine Bratwurst et cetera? Auf dem Brückenkopf und damit unmittelbar am Eingang zum Dorfkern ein geducktes Häuschen aus beigem Kalkstein. Die Historische Poststelle, die anno dazumal freilich nie eine solche, sondern stets nur ein Zollhäuschen war. 1986 hat man sie zu einem Minimuseum ausgebaut. Sie ist euer zweites Ziel. Stifte und Papier liegen dort bereit. Für den Fall, dass eure Kleinen ihre Wunschzettel nicht bereits zu Hause angefertigt haben oder eine spontane Eingebung vorliegt, weshalb sie sie korrigieren müssen. Den Postkasten vor dem Häuschen ignoriert ihr. Stattdessen wendet ihr euch, eure Christkindelspost in der Hand, erst einmal nach links in den Pfarrhof. Ihr geht um die Kirche herum und dann an ihrer

Natürlich wird auch Glühwein getrunken: gekeltert von den lokalen Winzern

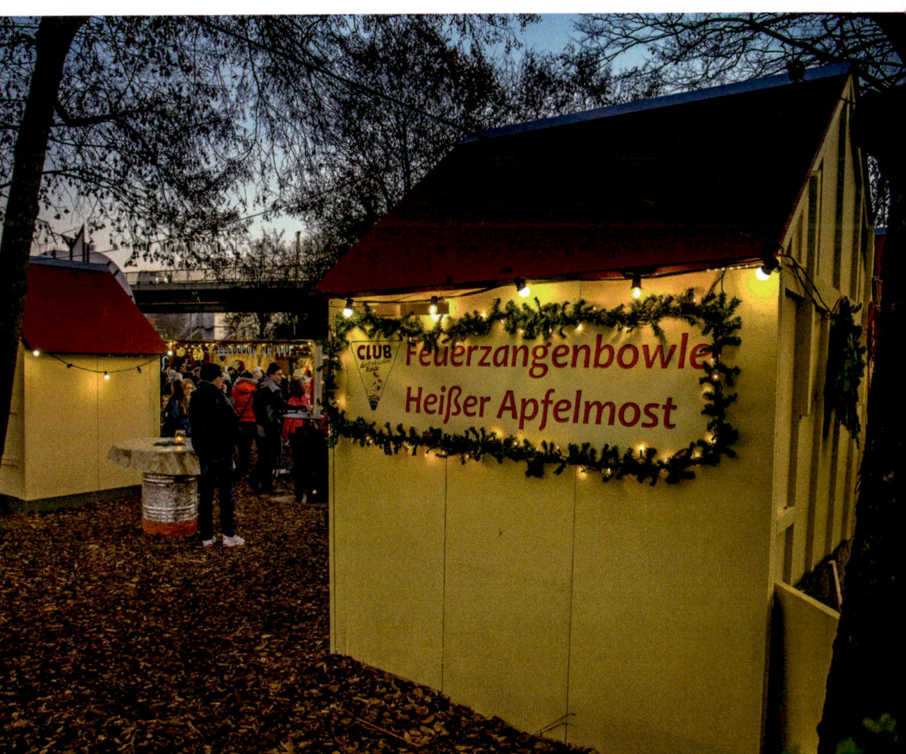

Vorderseite nach rechts. Der Eingang zum Weihnachtspostamt ist nicht wirklich gut ausgeschildert. Aber er findet sich. Er liegt dort, wo man den Posaunenchor nicht mehr hört, der die Budenflaneure zum Mitsingen auffordert. Kommt, ihr Kinderlein, kommet.

EINE SCHAR ENGELCHEN – MÄDCHEN AUS DEM ORT, DIE MAN IN GLITZERGEWÄNDER GESTECKT HAT – FREUEN SICH, DASS IHR IHNEN EURE AUFWARTUNG MACHT. EINE DAME NIMMT EURE WEIHNACHTSPOST ENTGEGEN, VERSPRICHT, DASS SIE SIE AN DAS CHRIST-KIND WEITERLEITEN WIRD. ES SITZT IM ERSTEN STOCK UND DARF LEIDER NICHT GESTÖRT WERDEN.

Die Dame gehört zu jenem Team aus 40 Ehrenamtlichen, die sich bis Heiligabend die Finger wund schreiben werden. Denn jeder Brief wird beantwortet. Wie ihr, zurück auf dem Weihnachtsmarkt, damit umgeht, dass eure Kleinen mindestens schwer beeindruckt, wenn nicht verstört sind, bleibt euch überlassen. Sollten sie allerdings jener großen Mehrheit angehören, die von der Budenstadt schnell gelangweilt ist, stellt euch mit ihnen auf die Mainbrücke. Direkt unter ihr: eine Schleuse. Dem Schauspiel aus Einfahrt, Vertäuen, Heben/Senken, Abtäuen und Ausfahren, sind sie noch alle hoffnungslos verfallen. Unten versucht es der Posaunenchor noch immer. Morgen Kinder wird's was geben. Aber kaum einer will einstimmen. Halb Himmelstadt wartet auf der Brücke. Denn ein Schiff wird kommen. Bald. Irgendwann. Und meinen Traum erfüllen. Die ersten Buden schließen. Der Posaunenchor packt ein. Und meine Sehnsucht stillen. Die Sehnsucht mancher Nacht.

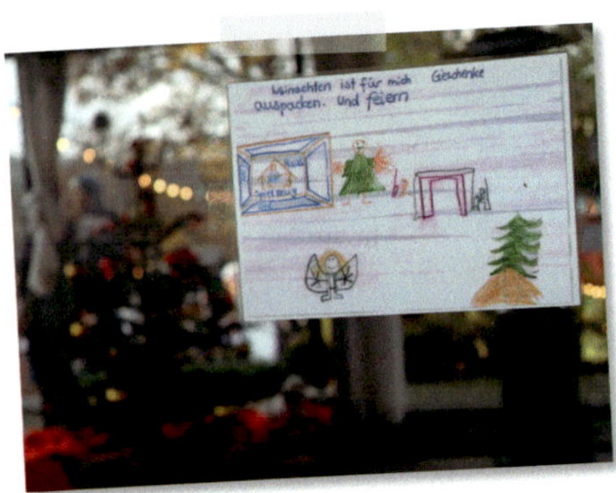

Alles, was ihr wissen müsst

Rundtour: entspannter, abkürzbarer Spaziergang vorwiegend auf geteerten Weinbergwegen // anschließend Besuch auf dem Weihnachtsmarkt und Abgabe eurer Wunschzettel // **Wanderzeit:** Mit Weihnachtsmarkt und -postamt nur am 1. und 3. Adventswochenende

Markierung: H5 auf blauem Grund

Entfernung von Würzburg: 22 Kilometer
ÖPNV: RB 53 ab Würzburg
Auto: Parken an der Weinbergkapelle Maria an der Kelter, 97267 Himmelstadt // Weihnachtsmarkt und -postamt: Parkplätze im Ort

Einkehr: Snacks und Glühwein auf dem Weihnachtsmarkt // **Zur Brücke,** Brückenstraße 16, 97267 Himmelstadt, www.gaststaette-zur-bruecke-himmelstadt.de // **Weinscheune,** Hauptstraße 111, 97267 Himmelstadt, www.weinscheune-himmelstadt.de

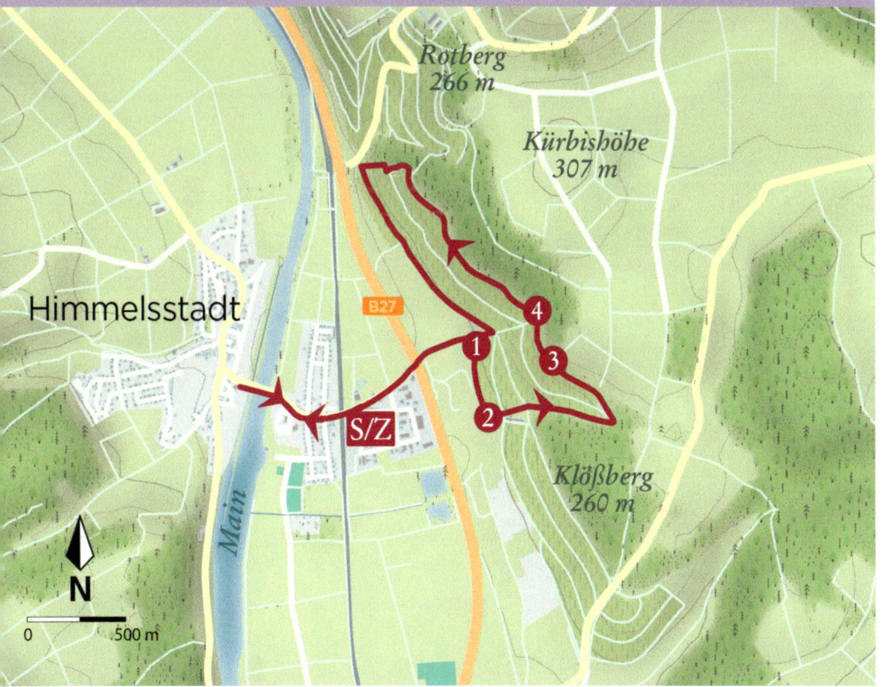

Südwärts den Steigerwald entlang

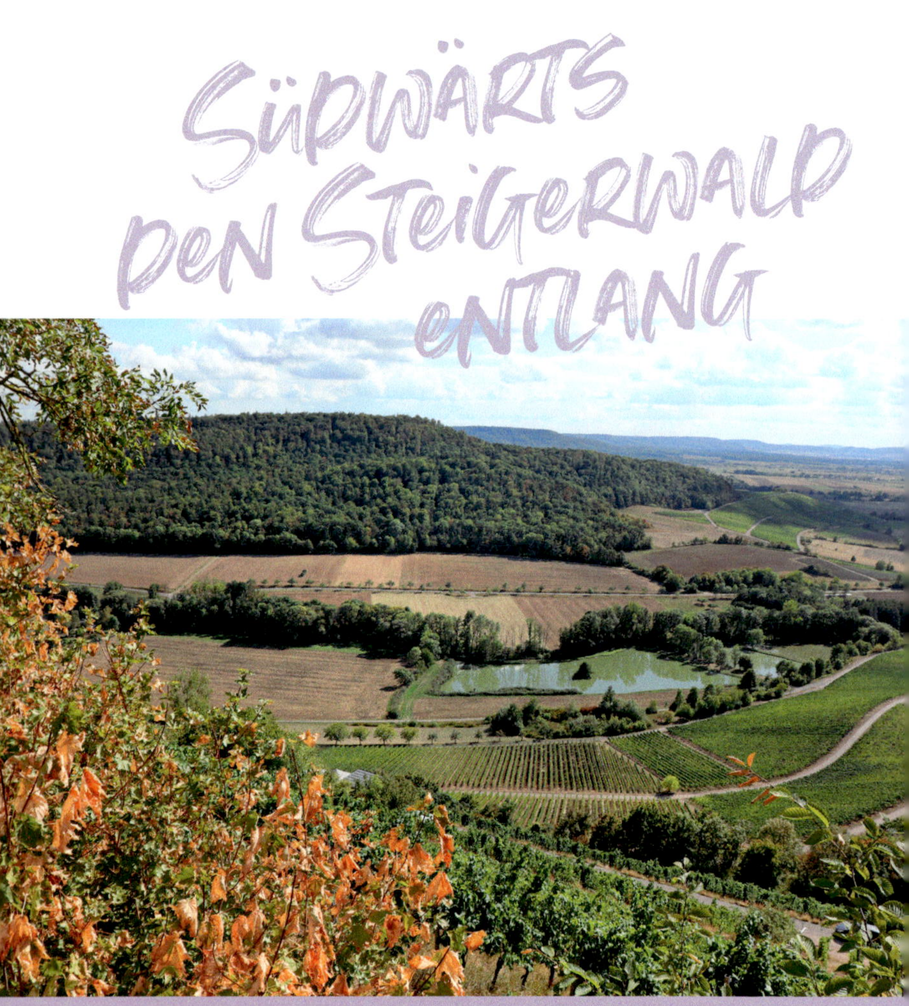

Schwierigkeit: mittel // 43 Kilometer // 880 Höhenmeter

Für Familien mit wanderaffinen Kindern geeignet

UNTEN DAS GRÜN DER FELDER,
OBEN DIE WÄLDER: IN DREI TAGEN
AUF DEM WEINSTEIGER ZUM KLOSTER EBRACH

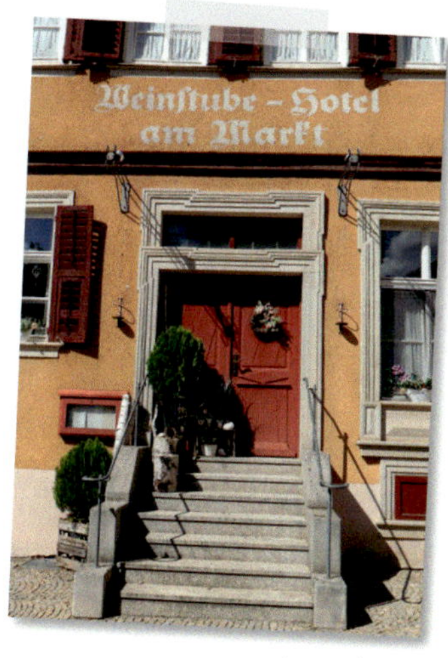

Gerüchten zufolge leben in Bamberg und Würzburg nicht wenige Menschen, die einer Angewohnheit frönen, über die man in Zeiten des Klimawandels nur ungern offen spricht. Nicht nur, dass die Sonderlinge das Auto bevorzugen, wenn sie in die andere der genannten fränkischen Perlen reisen. Anstatt sich brav in den Autobahnverkehr einzufädeln, ziehen sie es obendrein auch noch vor, die Anwohner der Bundesstraße 22, die sich parallel von Dorf zu Dorf vorwärtshangelt, mit Feinstaub und Lärm zu belästigen. Freiwillig zockeln sie Lkws hinterher. Für den Kick! Für diesen einen Kilometer! Die Rede ist von jener Kante, an der der nasskalte Steigerwald mit derselben Abruptheit abbricht, mit der sich der Tag um 24 Uhr verabschiedet. Von jener Kante, an der eine völlig neue Landschaft beginnt. Ein liebliches, von der Sonne verwöhntes, sanft hügeliges Bauernland.

100 HÖHENMETER – MAL ETWAS MEHR, MAL WENIGER – TRENNEN DIE BEIDEN WELTEN. DIE ÜBERGANGSZONE IST STEIL. UND EXAKT EINEN WEINBERG BREIT …

Wie Perlen an einer Kette reihen sich zwischen dem Dörfchen Donnersdorf, das im Mittelalter den Handelsverkehr über den Steigerwald kontrollierte, dann aber in die Bedeutungslosigkeit versank, und dem ebenfalls keine 1.000 Seelen zählenden Oberschwarzach die mit Rebstöcken bepflanzten Steillagen aneinander. Dicht bewaldete Hänge, die in die falsche, sonnenabgewandte Richtung zeigen, zerschneiden den Gürtel der Weingärten. Drei Tage lang werdet ihr diese Zone, die weder dort noch da dazugehört, von Nord nach Süd durchstreifen. Auf dem Weinsteiger. Körperlich wird euch der 40 Kilometer lange, speziell im Herbst überwältigend schöne Fernwander-

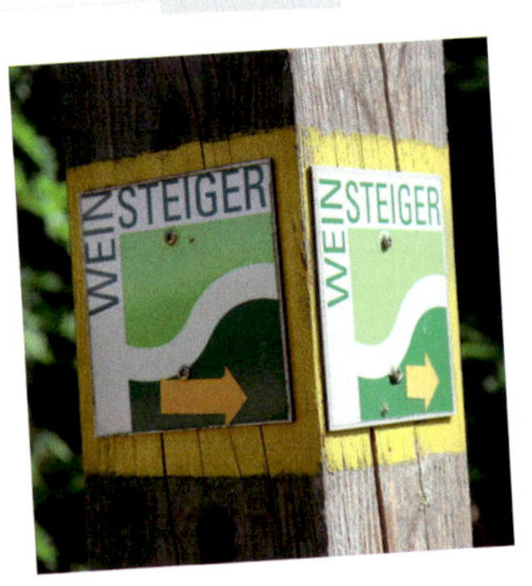

Wegbegleiter

weg nicht wirklich fordern. Die Etappen sind kurz, die Höhendifferenzen überschaubar. Aber seid gewarnt: Speziell für Großstadtbewohner, die es gewohnt sind, zu jeder Zeit auf alle Segnungen der Zivilisation zurückgreifen zu können, könnte sich die Tour zu einem Drama entwickeln. Hier draußen ist die Infrastruktur längst erodiert.

IN DEN MEISTEN DÖRFERN GIBT ES NICHTS MEHR. KEINEN BÄCKER, KEINEN METZGER. OHNE AUTO, SO HEISST ES, IST AUF DEM LAND KEIN ÜBERLEBEN MÖGLICH. IHR ABER SEID ZU FUSS UNTERWEGS. IN EINER SELBST FÜR FRÄNKISCHE VERHÄLTNISSE WELTABGEWANDTEN ECKE. RUSTIKAL. URSPRÜNGLICH. URIG.

… von den Vordenkern einer neuen Mobilität übersehen und übergangen. Öffentlicher Nahverkehr. Was ist das? Problem Nummer eins, das ihr lösen müsst: Die An- und Abreise. Mit Bahn und Bus: vergesst es! Dann halt das Auto nehmen. An Tag 3 mit dem Bus vom Ziel- zum Startort zurückfahren: vergesst es! Deshalb: Stellt euren Wagen in Gerolzhofen ab, dem größten Ort am Wegrand, und nehmt ein Taxi. Dasselbe vom Zielort zum Auto. Anders geht es nicht. Problem Nummer zwei: In beiden Örtchen, in denen ihr übernachtet – Michelau und Oberschwarzach – gibt es nur eine Handvoll Gästezimmer. Aber die dichte Abfolge extrem augenschmeichlerischer Panoramablicke, die die Hanglage der Übergangslandschaft garantiert, wird euch mehr als reichlich für Momente der Askese und euren organisatorischen Aufwand entschädigen.

TAG 1: *DONNERSDORF BIS MICHELAU // 13,5 KM*

Verrücktes Mittelalter! Wo auch immer der Mensch damals einen Bergsporn fand, setzte er ihm eine Burg auf. Als wäre es sein allergrößtes Vergnügen, sich Steinklötze auf den Rücken zu schnallen und der Schwerkraft ein Schippchen zu schlagen. Von der einst mit Wehrmauern geschützten Kirche, dem Blickfang des 23 Kilometer östlich von Schweinfurt gelegenen Donnersdorf, lotst euch euer Weg zu einem besonders exponiert platzierten Exemplar. Über Felder und euren ersten Weinberg kämpft ihr euch zunächst zu den Resten einer Festung hinauf, von der der Zahn der Zeit nur ein paar Erdwälle zurückgelassen hat. In der ersten Phase des Burgenbaus errichtet, bestand sie lediglich aus einem Holzturm. Dass sie bereits im 13. Jahrhundert aufgegeben wurde, hat mit dem Zabelstein zu tun, der benachbarten Erhebung, zu der es noch einmal gut 100 Höhenmeter weiter bergauf

Predigt nach außen Bescheidenheit:
die Klosterkirche in Ebrach

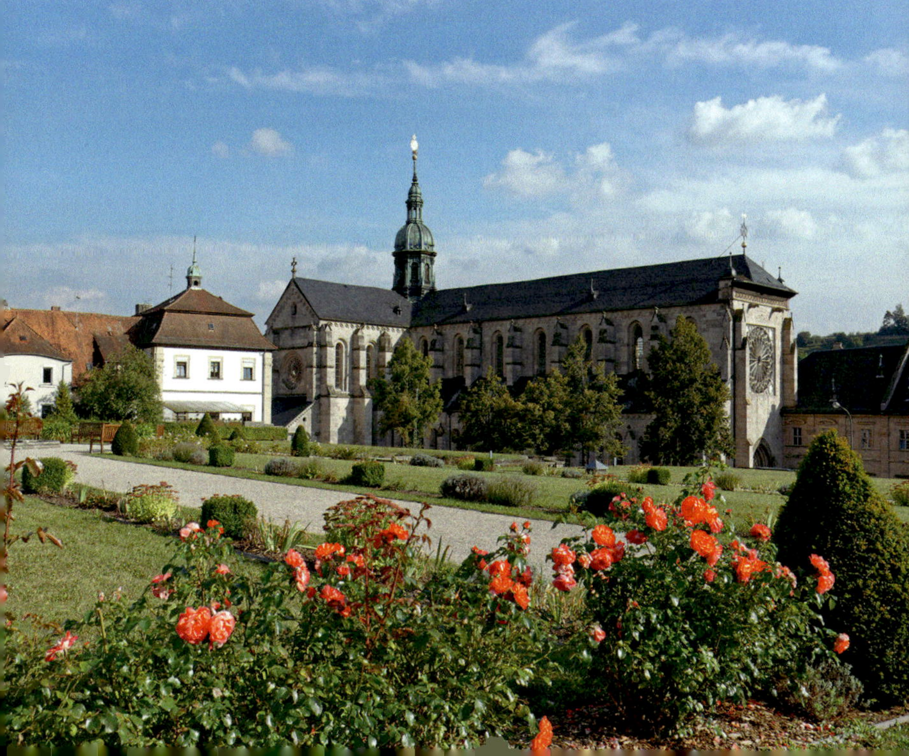

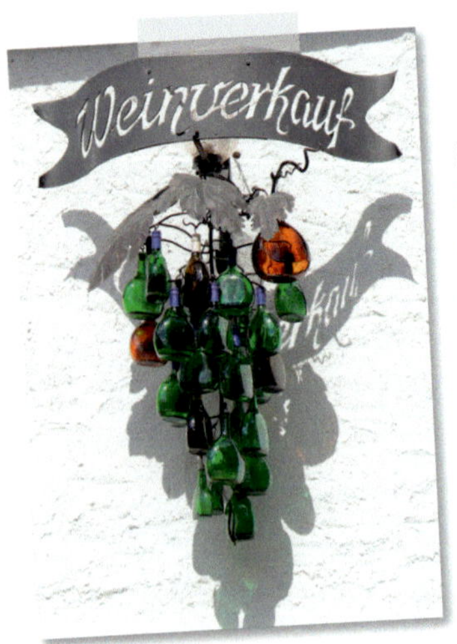

geht. Folgt dem ausgeschilderten ABZWEIG 1, der zum Gipfel führt – die dortigen Attraktionen liegen nicht direkt an eurem Weg. Die gigantische Burganlage, die die Würzburger Bischöfe immer weiter ausbauen ließen, gilt als eines der ambitioniertesten Militärbauten des Mittelalters in Franken. Bei gutem Wetter reicht der Blick bis zu den Bergkämmen der Rhön und des Thüringer Waldes. Hätten innere oder äußere Feinde des Bischofs seinen Hauptsitz, die Festung Marienberg in Würzburg, zu Fall gebracht, hätte er sich hierher zurückziehen können, um auf die Truppen treuer Amtskollegen zu warten und sein Territorium zurückzuerobern. Ein 1956 erstmals errichteter, 1999 erneuerter Aussichtsturm verdeutlicht, wie perfekt sich das Land von hier oben aus überwachen ließ. Bei gutem Wetter reicht der Blick bis zu den Bergkämmen der Rhön und des Thüringer Waldes. Zwei Drittel des Wegs liegen noch vor euch, sie gehören dem Landschaftserlebnis. Am Zielort Michelau wartet eine griechische Taverne darauf, euren Hunger zu stillen. Übernachtung in Michelau siehe www.michelau.de, Tipp: die Ferienwohnung der Weinmanufaktur Pfrang.

Tag 2: *MICHELAU BIS OBERSCHWARZACH // 17,5 KM*

Nach einer Schleife durch das nur mäßig hügelige Vorland des Steigerwalds, die euch durch den bemerkenswert schönen WINZERORT DINGOLSHAUSEN 2, am sehenswerten STÄDTCHEN GEROLZHOFEN 3 aber nur vorbeiführt, taucht ihr nach etwa der Hälfte der Strecke wieder in die Übergangszone ein. Auch die heutige Burg liegt nicht direkt an eurem Wegrand. Aber achtet, wenn ihr nach dem Dorf Mutzenroth zum zweiten Mal mitten in einem Weinberg steckt – übrigens dem höchst gelegenen in Franken – und

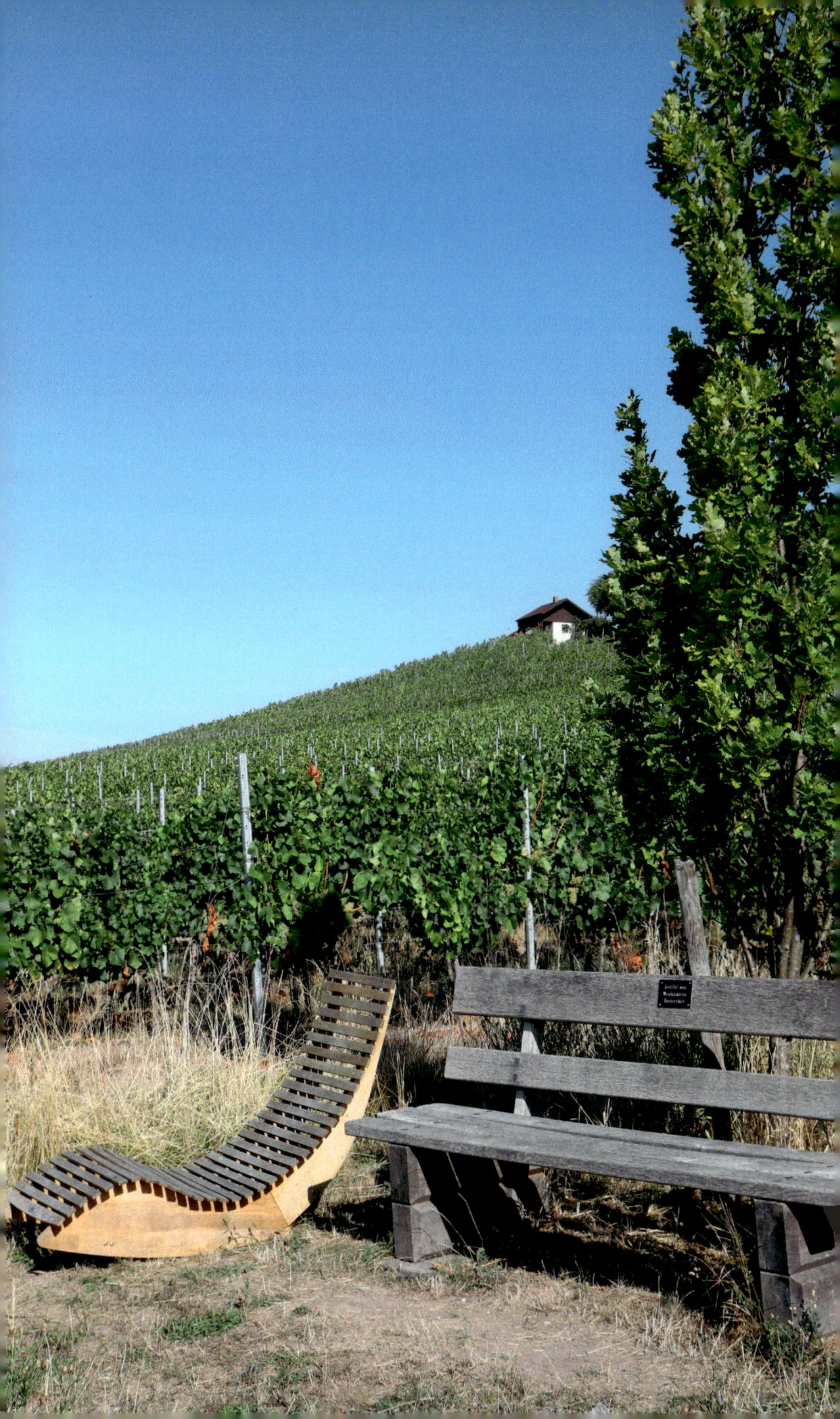

dort eben ein extremes Auf- und Ab absolviert habt, auf den Abzweig zur STOLLBURG 4. Auch wenn sich von der im 12. Jahrhundert aufgemauerten Anlage nur ein Gerippe-Rest des Bergfrieds erhalten hat, es lohnt sich hinaufzusteigen und damit auch zu einem Gasthaus. Der Ausblick verdient das Prädikat gigantisch. Am Zielort Oberschwarzach angekommen, gilt es herauszufinden, welcher Winzer gerade mit seiner Heckenwirtschaft an der Reihe ist. Oberschwarzach bietet nur wenige Übernachtungsplätze – unbedingt vorab buchen: Alter Gewölbekeller, www.famwagner.de oder Ferienwohnung Engel, www.engel-oberschwarzach.de.

TAG 3: BERSCHWARZACH BIS EBRACH // 12 KM

Noch einmal Weinberge und Weitblicke. Dann heißt es, vom lieblich milden Vorland Abschied zu nehmen und 100 Höhenmeter in den Steigerwald hinaufzusteigen. Dichtes, von Laubbäumen dominiertes Gehölz wird euch in sich aufsaugen und erst kurz vor eurem Zielort wieder freigeben. Ebrach müsst ihr euch genauer ansehen. 1127 gründeten dort Zisterziensermönche ein Kloster, das sich im Lauf der Jahrhunderte zu einem der mächtigsten und reichsten in Franken entwickelte. Ein Großteil des barocken, schlossartigen Areals dient heute als Gefängnis, zumindest das fast schon unanständig verschwenderische Treppenhaus und ein Festsaal können besichtigt werden. Ein wahrhaft krönender Abschluss eurer Wanderung ist die Klosterkirche. Von außen eher unscheinbar, entpuppt sich die mit fast 90 Meter Länge und 50 Meter Breite gigantisch weitläufige Halle im Inneren als ein nachgerade zu dekadentes Highlight des ausklingenden Barocks. Es gibt reichlich Bänke. Ihr könnt euch ganz beiläufig auch hinsetzen und ausruhen.

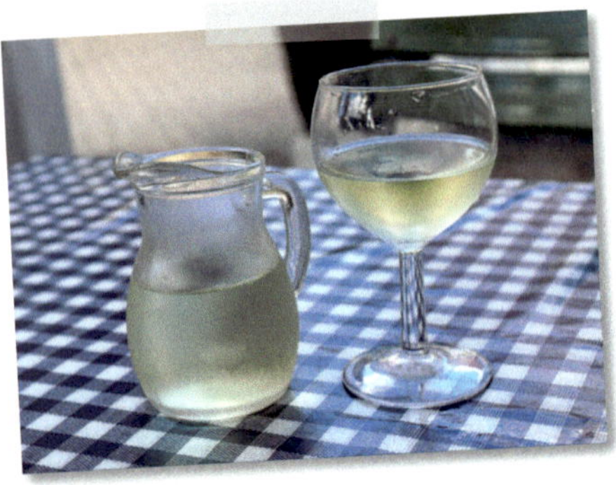

Alles, was ihr wissen müsst

keine Rundtour: in drei entspannt kurzen Etappen vom nordwestlichen Ende des Steigerwalds an seinen Ausläufern entlang nach Süden, anschließend zum Kloster Ebrach // bildschöne Landschaft, extreme Weitblicke – und die Herausforderung einer lückenhaften Infrastruktur // **Wanderzeit:** am schönsten im Herbst

Markierung: Weinsteiger mit grün-weißem Muster // GPS-Track unentbehrlich

Entfernung von Schweinfurt: 23 Kilometer
ÖPNV: nicht praktikabel
Auto: Parken in Gerolzhofen, mit dem Taxi zum Ausgangsort bzw. vom Zielort zurück. Taxi-Ruf: Eugen Hofmann, Tel. 09382/4567

Einkehr: **Burgruine Zabelstein,** www.freyamzabelstein.de // **Taverne Meteora,** Hauptstraße 25, 97513 Michelau // **Gaststube Stollburg,** Handthal 50, 97516 Oberschwarzach, www.stollburg-handthal.de

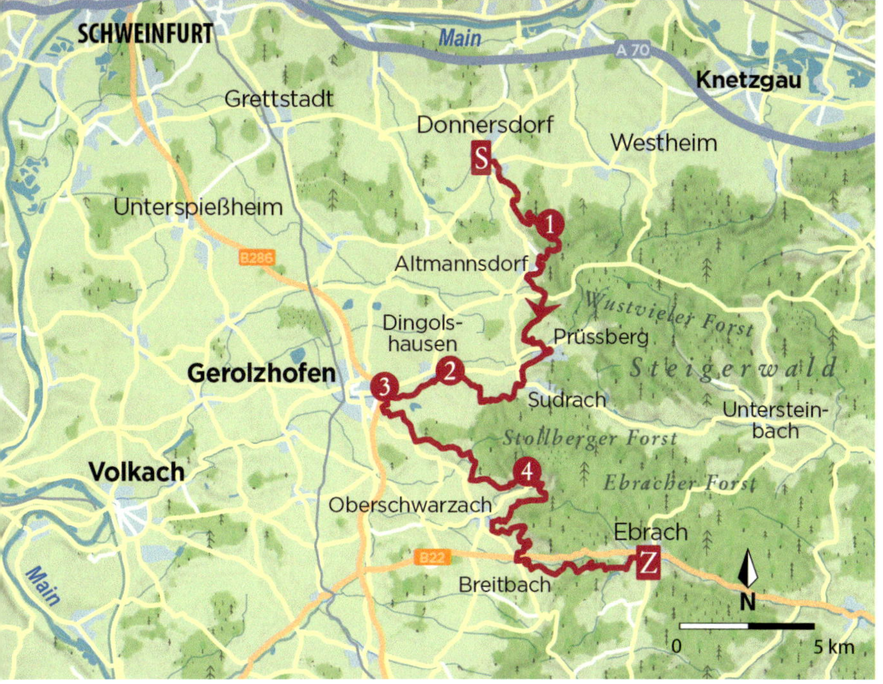

Vom Main nach Bad Kissingen

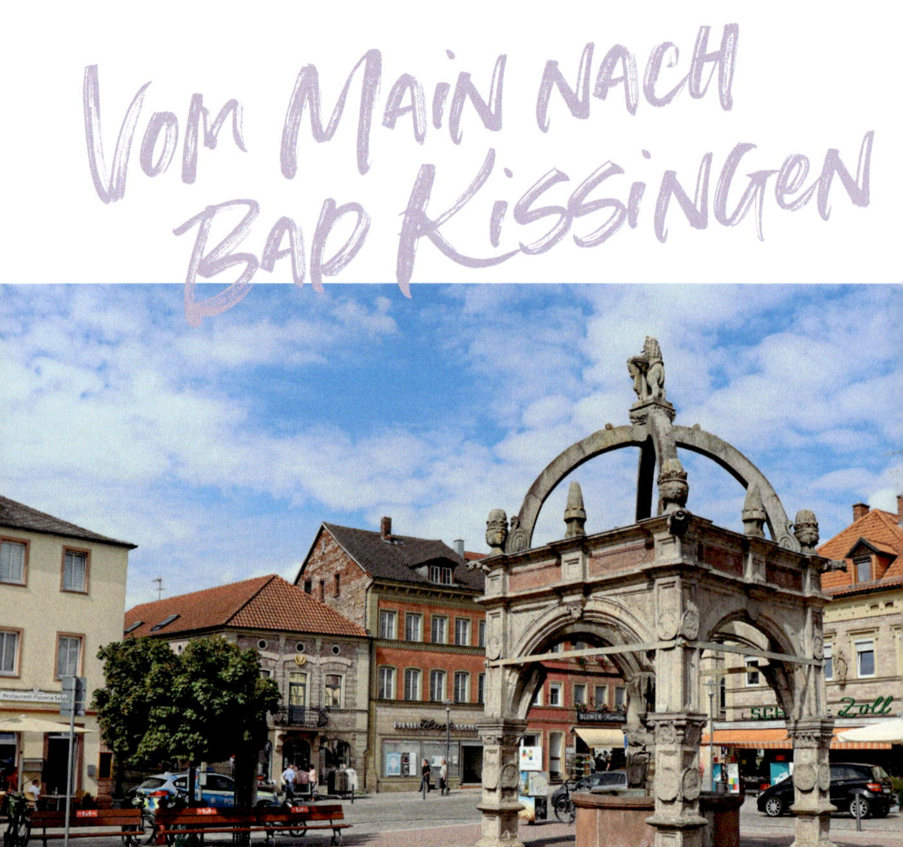

Schwierigkeit: schwer // 66 Kilometer // 1170 Höhenmeter

Für Familien mit sportlichen Kindern geeignet

VIER TAGE AN DER FRÄNKISCHEN SAALE: VON GEMÜNDEN IN DIE WEINBERGE UND WEITER IN EIN WELLNESS-MEKKA

Eine gründliche Planung und eine gute Kondition sind die Voraussetzungen, dass sich diese nicht zu unterschätzende Wanderung als eine jener glücklichen Strapazen entpuppt, die den Körper aufs angenehmste mit Hormonen fluten. Stimmt obendrein das Wetter, womit im regenarmen, von der Sonne verwöhnten Vorland der Rhön zu rechnen ist, dürft ihr euch sogar eine kolossale Langzeitwirkung versprechen. Die idyllisch vor sich hinplätschernde Fränkische Saale, die eurem Weg die Richtung weist, ist ein sträflich unterschätzter Naturraum. Noch Jahre später werden euch die Erinnerungen an den breit aufgestauten Fluss, durch den ihr barfuß gewatet seid, und die Süße des am Wegrand vom Baum gepflückten Apfels nützlich sein. Wie sich die Alten ein Familientreffen mit verwackelten Super-8-Filmen schönfärben, müsst ihr die in euch gespeicherten Bilder lediglich auf eure körpereigene Leinwand, das innere Auge, projizieren, wenn es im Job mal wieder stressig wird. Und schon seid ihr zurück in einem Paralleluniversum, in das das Fast-Forward des globalisierten Einheitsworkflows bislang nicht vorgedrungen ist. Sattes Grün im gleißenden Licht. Mild und lieblich wie die Toskana im Frühling – das erste Drittel, das euch meist am Flussufer entlangführt.

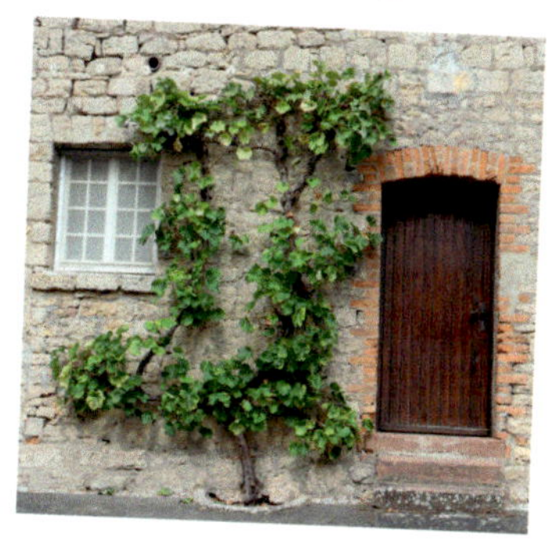

HAUSWEINPARZELLE

DANN WIRD ES BERGIG. WEINBAU IM GROSSEN STIL UM HAMMELBURG. DAHINTER DIE MAGIE AUFGEGEBENER AGRARLANDSCHAFTEN, STRUPPIGE, RAUE SÜDLAGEN, AN DENEN OBSTBÄUME VERWILDERN. URALT, WISSEN SIE SELBST NICHT MEHR, WESHALB SIE AN DER ALTEN GEWOHNHEIT FESTHALTEN, ZUR ERNTEZEIT DIE LECKERSTEN FRÜCHTE BEREITZUSTELLEN.

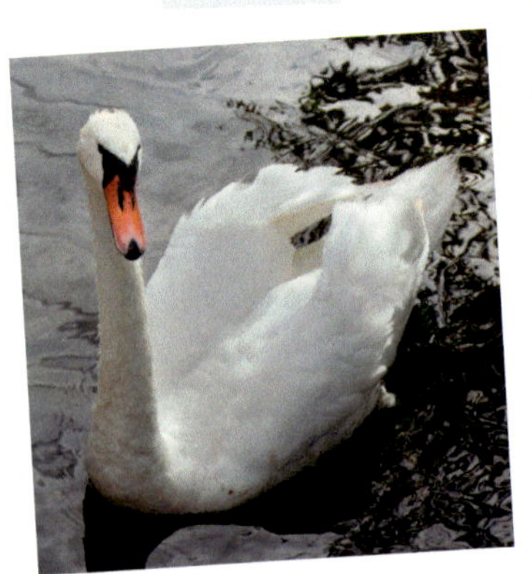

IHRE MAJESTÄT IST DA

Die Tourismusmanager, die den 66 Kilometer langen, sogenannten Weingenussweg in einen nur dünn besiedelten, an Wirtshäusern, Versorgungsstationen und Unterkünften äußerst armen Landstrich eingeschrieben haben, dürften toben, wenn man ihnen einen realitätsfernen Aktionismus attestiert. Aber gerade, weil an der von ihnen festgelegten Route ein paar rote Ampeln stehen, die immer nur eine Handvoll Wanderer passieren lassen, lohnt es sich, mit euren Reservierungsanfragen nicht locker zu lassen, bis sie für euch auf Grün steht. Generell gibt es zwei Möglichkeiten, wie ihr eines der letzten Wanderabenteuer vor der Haustüre ohne Blessuren bewältigen könnt. Entscheidend ist die Frage, wo ihr übernachten könnt.

VARIANTE 1: DER WEINGENUSSWEG IN EINEM STÜCK

Natürlich ist es naheliegend, von Gemünden am Main in einem Rutsch nach Bad Kissingen zu wandern. Dauer: Vier Tage. Drei Zwischenübernachtungen also. Und genau diese machen die Sache kniffelig. Hier eine Anleitung.

1. Tag: Anfahrt nach Gemünden, ein von Senioren überrolltes Städtchen, die aber alle den flachen Main-Radweg entlang weiterziehen. Dort Proviant für die ersten zwei Tage zu besorgen, ohne den ihr Durst und Hunger leiden werdet, ist mühsam – bringt ihn von zu Hause mit. Erst am dritten Tag gibt es Einkaufsmöglichkeiten! Den GPS-Track Nr. 1 aufs Smartphone laden. Das Wegzeichen »Fränkische Saale Weingenussweg« findet ihr dort, wo neben der Kirche St. Peter und Paul ein Fußweg zu Ruine der Stollburg seinen Anfang nimmt.

Nach fünf Bergkilometern heißt euch das Flusstal willkommen. Nach 17 Kilometern lauft ihr im DÖRFCHEN MICHELAU 1 ein, wo sich die letztlich einzige sinnvolle Übernachtungsmöglichkeit befindet, die Saaletalstuben (alternativ zu Fuß bestens erreichbar: www.freizeitzentrum-rossmuehle.de in Rossmühle, dem nächsten Dorf; www.hotel-noeth.de im übernächsten Dorf, Morlesau).
2. Tag: 19 Kilometer stehen euch heute bevor. Nachdem ihr zunächst dem Fluss gefolgt seid, wird es anstrengend: 200 Höhenmeter den Sodenberg hinauf und wieder hinunter. Gleich noch einmal hinauf zur Burg Saaleck – seit 800 Jahren wacht sie über euer Ziel, Hammelburg. Ihr seid jetzt, nimmt man Urkunden als Maßstab, in Frankens ältestem Weinanbaugebiet. Jenes Dokument, das bezeugt, dass Karl der Große am 7. Januar 777 den Ort Hamalumburg dem Kloster Fulda schenkte, ist das erste, das auch Rebstöcke erwähnt.

Silvaner von der Saale: der ewige Geheimtipp unter den Frankenweinen

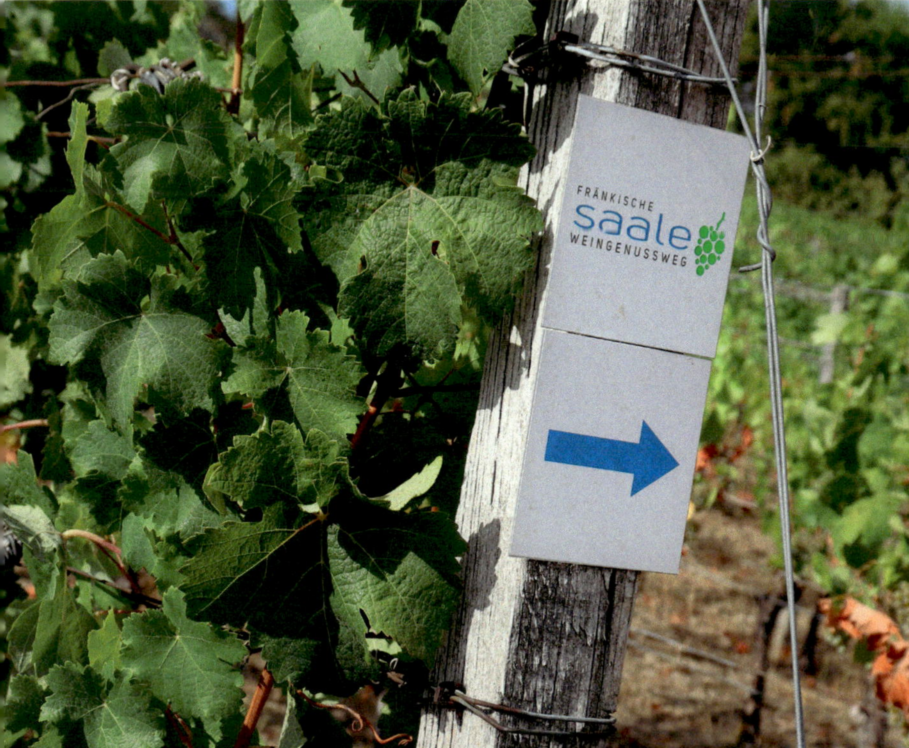

MIT 10.000 EINWOHNERN BIETET EUCH HAMMELBURG ETLICHE ÜBERNACHTUNGS- UND EINKAUFSMÖGLICHKEITEN – EIN ÄUSSERST HÜBSCHES STÄDTCHEN MIT EINEM TOLLEN MARKTPLATZ UND VIELEN WEINLOKALEN. ES WÄRE INTERESSANT GENUG, UM EINEN TAG PAUSE EINZUSCHIEBEN!

3. Tag : Selbstverständlich wollt ihr jene von zwei Routenvarianten gehen, die dem Thema Wein gewidmet ist. Auf dieser ist der Mangel an Nachtquartieren so eklatant, dass ihr heute 23 Kilometer vor euch habt. Erstes Etappenziel ist das am Fuß einer weithin sichtbaren Burgruine gelegene WEINBAUDORF TRIMBERG 2. Wichtig: Hier, genauer am Ortsausgang, spaltet sich der Weingenussweg in seine zwei Arme auf. Euer Weg ist jener, der auf die Trimburg hinauf-

Barockes Pilgerziel mit himmlischen Ausblicken: auf dem Kalvarienberg bei Hammelburg

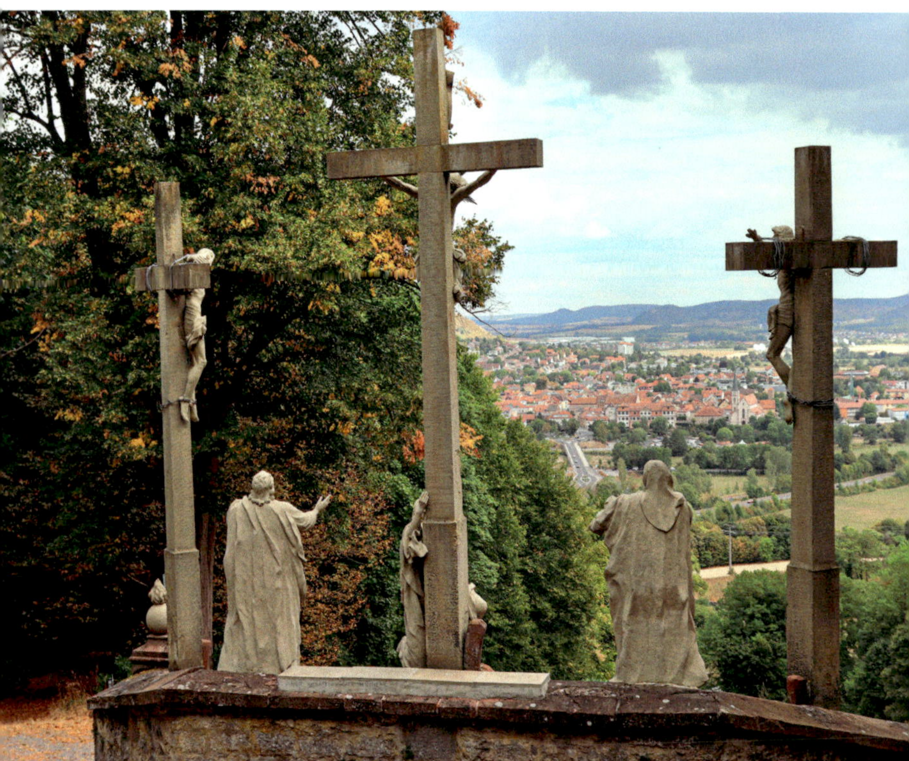

führt (weiterhin: GPS-Track Variante 1). Hinter der Burg nehmt ihr die geleisteten Höhenmeter wieder zurück. Ihr steigt in ein klaustrophobisch enges Tal mit großem Bedarf an Schutzengeln ab. Das Dorf Engelthal ist nur durch eine Stichstraße an die Welt angeschlossenen.

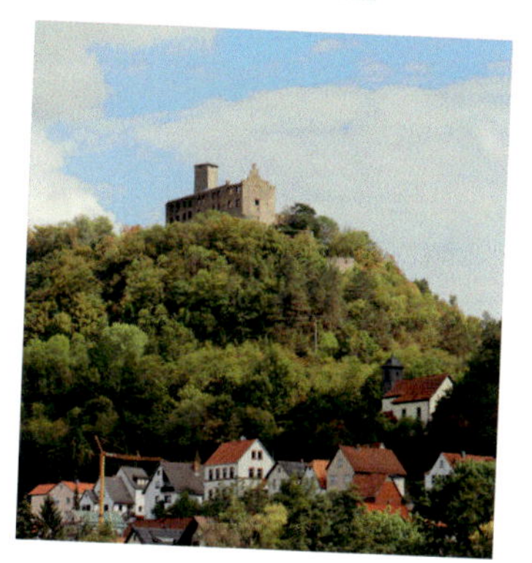

Die Trimburg über Trimberg

Schon ab Hammelburg seid ihr in einer Region unterwegs, in der im Mittelalter jedes halbwegs nach Süden ausgerichtete Flurstück mit Weinstöcken besetzt war. Längst lohnt es nicht einmal mehr, die mit den Mehltau- und Reblaus-Epidemien des späten 19. Jahrhunderts als Einkommensersatz gepflanzten Streuobstwiesen zu bewirtschaften.

Ihr kämpft euch über die Ausläufer der Rhön weiter durch bis nach RAMSTHAL 3, wo der Weinbau alle Krisen überstanden hat. Mit Sicherheit erschöpft, bezieht ihr dort im uralten Gasthaus Wahler Quartier – dem einzigen weit und breit.

4. Tag: Tun euch die Füße weh? Nicht schlimm! Nur noch knapp sieben Kilometer trennen euch von Bad Kissingen. Aber leider auch ein Berg! Dass er mit zwei Attraktionen aufwarten kann, wird euch helfen, euch 130 Höhenmeter hinaufzuwuchten: der Aussichtsnadel Wittelsbacher Turm und einem Gasthaus, das sein Bier selbst braut.

VARIANTE 2: DIE EISENBAHN ALS HILFSMITTEL

Empfehlenswerter, weil mit deutlich geringerem Planungsaufwand verbunden: Weshalb sich nicht zunutze machen, dass der Fränkische Saale Weingenussweg in großen Teilen parallel zur Saaletalbahn verläuft. So geht's natürlich auch: Ihr sucht euch in Bad Kissingen, das auch am Abend einige Vergnügen bereithält, ein Quartier. Am ersten

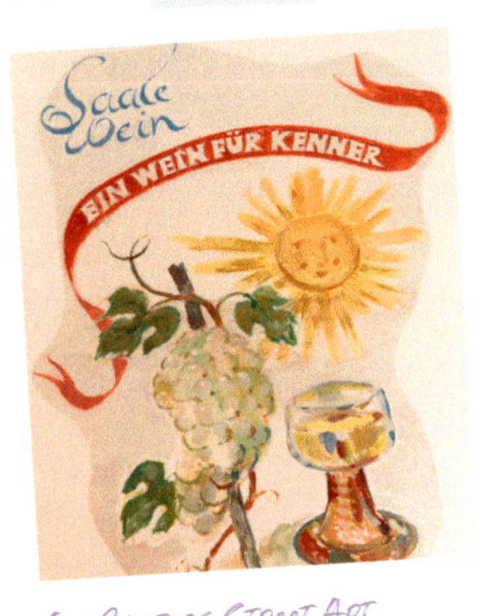

Großvaters Street Art

Wandertag fahrt ihr mit der Bahn nach Gemünden, bringt (wie in Variante 1) 17 Kilometer hinter euch. Aber ihr übernachtet nicht in Michelau, sondern steigt dort wieder in den Zug ein. An Tag 2 lasst ihr euch von der Saaletalbahn wieder nach Michelau bringen, abends fahrt ihr aus Hammelburg nach Bad Kissingen zurück. Anschließend wird es auch für euch knifflig. Damit der übrige Weg aufgeht, nehmt ihr euch entweder einen Tag länger Zeit oder ihr nehmt die andere Routenvariante, auch wenn diese nur wenig zum Thema Wein zu bieten hat. Wichtig: Den GPS-Track Variante 2 aufs Smartphone laden! An Tag 3 wandert ihr von Hammelburg nach Trimberg – 10 km. An Tag 4 ab Trimberg über die VORBERGE DER RHÖN 4 bis Euerdorf – 10 km. Bleibt für den letzten Tag das zehn Kilometer lange Wegstück von Euerdorf über das Weinbaukleinod Wirmsthal nach Bad Kissingen.

Seine Vergangenheit als Kurbad von Weltrang und seine Gegenwart als Gesundheits- und Wellnessresort, das auch jüngeren Angehörigen etwas bieten will, verleiht Bad Kissingen einen filmreifen, kuriosen Charme. Tipp: In der Fußgängerzone Kaffee trinken und die Leute beobachten. Das Städtchen, in dessen alten Wandelhallen wie eh und je ältere Damen und Herren nach dem nächsten Kurschatten Ausschau halten, während sich drei Behandlungspraxen weiter selbsternannte Influencer neuen Botox-Experimenten hingeben und wo sich wieder zwei Häuser weiter die gelangweilten Enkel einer Reha-Patientin die Zeit mit Blödsinnmachen vertreiben, ist extrem unterhaltsam. Eine verwinkelte Bühne, auf der sich ein Ensemble aus Tausenden von Laienschauspielern täglich aufs Neue inszeniert.

Alles, was ihr wissen müsst

keine Rundtour: anfangs entlang der Fränkischen Saale, dann über die ersten Ausläufer der Rhön vom Main in die Kurstadt Bad Kissingen // Es stehen zwei Routenvarianten zur Auswahl: vier oder fünf Tage // **Wanderzeit:** Mitte Mai bis Ende Oktober

Markierung: Fränkische Saale Weingenussweg // GPS unentbehrlich

Entfernung von Schweinfurt: 50 Kilometer
ÖPNV: RB 50 zwischen Gemünden und Bad Kissingen
Auto: Parken auf dem Besucherparkplatz Luisenwiese, Duivenallee, 97737 Gemünden am Main // Parken mehrere Tage möglich

Einkehr: Saaletalstuben, An der Saale 1, 97782 Gräfendorf-Michelau, www.saaletalstuben.de // **Gasthof Wahler,** Hauptstraße 28, 97729 Ramsthal, www.gasthof-wahler.de // **Gasthausbrauerei Wittelsbacher Turm,** www.wittelsbacher-turm.de

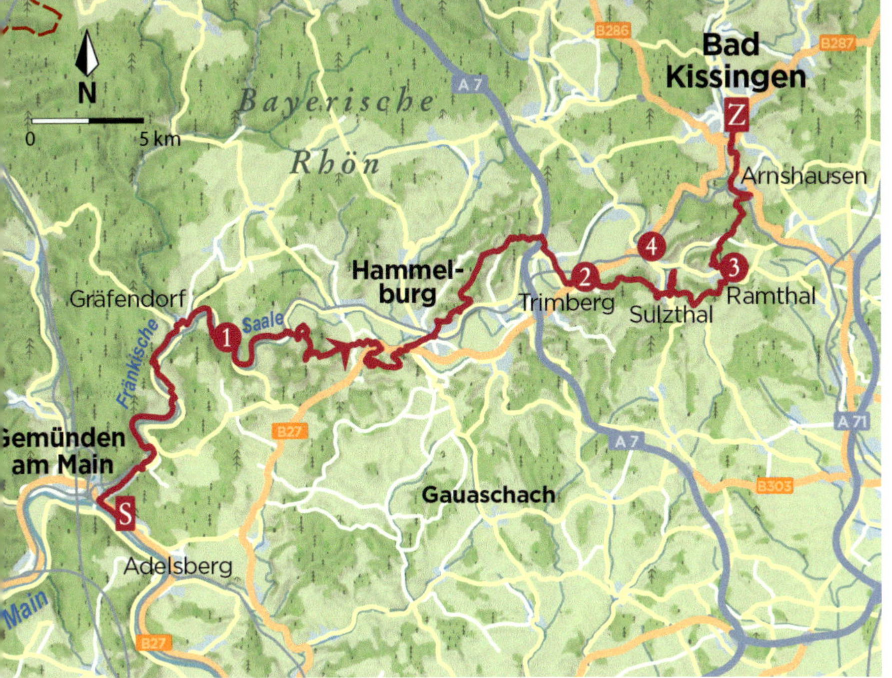

Ganz Churfranken in einem Rutsch

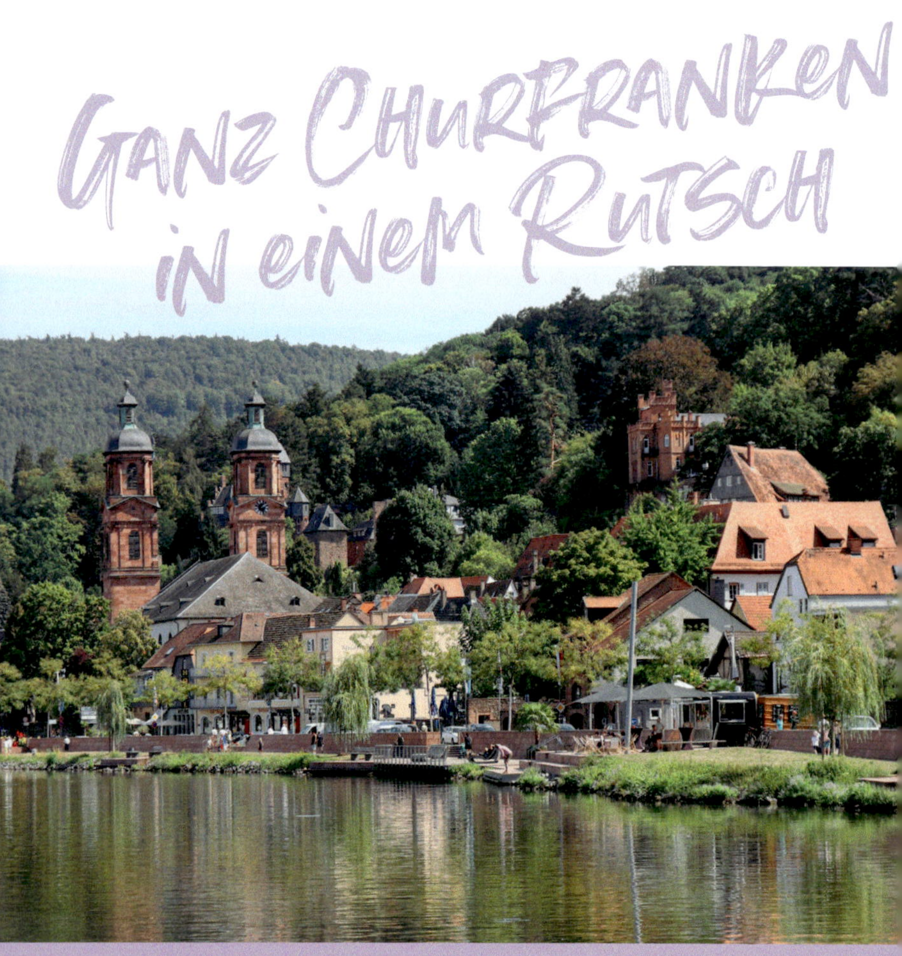

Schwierigkeit: mittel // 79 Kilometer // 1523 Höhenmeter

Für Familien mit sportlichen Kindern geeignet

AUF DEM FRÄNKISCHEN ROTWEINWANDERWEG: IN SECHS TAGEN DEN MAIN ENTLANG NACH BÜRGSTADT

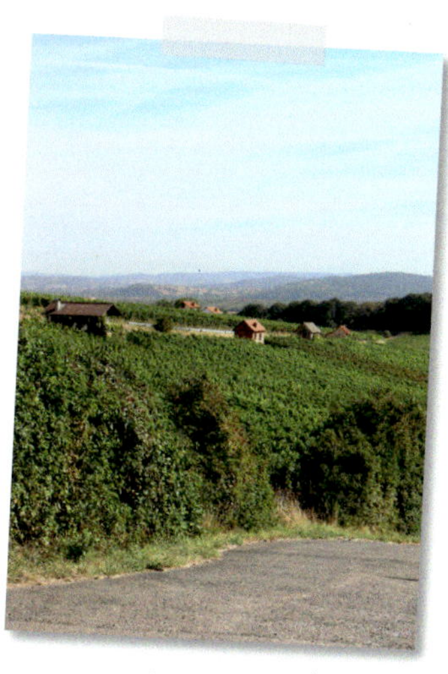

Abenteuer: oh ja! In einer Landschaft mit Wow-Effekt. Aber bitte nicht ohne den Komfort, vor Ort jemand zu haben, der sich auskennt, ja sich sogar mit demselben breiten Lächeln für euch ins Zeug legt wie der Stuart aus der Fernsehadaption einer Kreuzfahrt durchs Mittelmeer. Der Klassiker der fränkischen Mehrtages-Genusswanderwege ist zugleich der einzige, der auch mit einer Gelinggarantie zu haben ist. Via Google finden sich etliche Spezialisten, die Komplettpakete mit Übernachtung, Gepäck-Shuttle, Weinproben und Winzererlebnissen schnüren. Aber schon, weil es an der westlichen Vertikale des Mainvierecks, an der ihr gegen die Fließrichtung in das bis zu 200 Meter tief eingeschnittene Flusstal hineinkommt, das den Spessart vom Odenwald trennt, kolossal viel zu entdecken gibt, tut ihr euch selbst einen Gefallen, wenn ihr eure Planung lieber selbst in die Hand nehmt, auf euch zuschneidet. Hier eine Übersicht, was ihr dafür wissen müsst: Erstens: Man merkt, dass der Fränkische Rotweinwanderweg auf einen Winzer zurückgeht. Die Wegführung und die Unterteilung in sechs Etappen (siehe unten) schließt alle wichtigen Lagen und Landschaftsfacetten ein. Es empfiehlt sich, nicht an ihrer Dramaturgie zu rütteln – aber auch, am Start- und am Zielort eine Übernachtung voran- beziehungsweise nachzuschieben, sodass ihr mit An- und Abreise insgesamt acht Tage unterwegs seid. Der dortigen Weine wegen.

IN DEN WEINBAUDÖRFERN UND -STÄDTCHEN KEHRT – MIT AUSNAHME VON MILTENBERG – ERST AM ABEND LEBEN EIN. SCHLAFT ALSO STETS RUHIG AUS!
LASST EUCH ZEIT! ES MACHT KEINEN SINN, AUFS TEMPO ZU DRÜCKEN, VIEL ZU FRÜH AM ZIEL ZU SEIN.

Zweitens: Gastronomisch ist die Region von Heckenwirtschaften geprägt. Das bedeutet, dass sich die örtlichen Winzer reihum dabei abwechseln, wer seine Ausschankstube öffnet. Der Häckerkalender (siehe Seite 206/207) weist euch den Weg zum abendlichen Schoppen. Häckerwirtschaften sind Kult und allem anderen vorzuziehen! Drittens: Bucht alle Übernachtungsquartiere vorab, denn ihr konkurriert mit einem Heer an Pedalrittern, die alle den überlaufenen Main-Radweg entlangrollen. Kümmert euch dabei immer auch um das Thema Gepäck-Shuttle – da eure Zielorte nah beieinander liegen, ist hier auch ein Taxi eine gute Lösung.

Viertens: Im Gegensatz zum Heer der Radwanderer seit ihr vorwiegend abseits der schmalen Uferzone unterwegs – auch auf unwegsamen Trampelpfaden. Eine gute Ausrüstung und festes Schuhwerk sind Pflicht.

Uralte Städtchen, die sich wie an einer Perlenkette aneinanderreihen: Fachwerkromantik

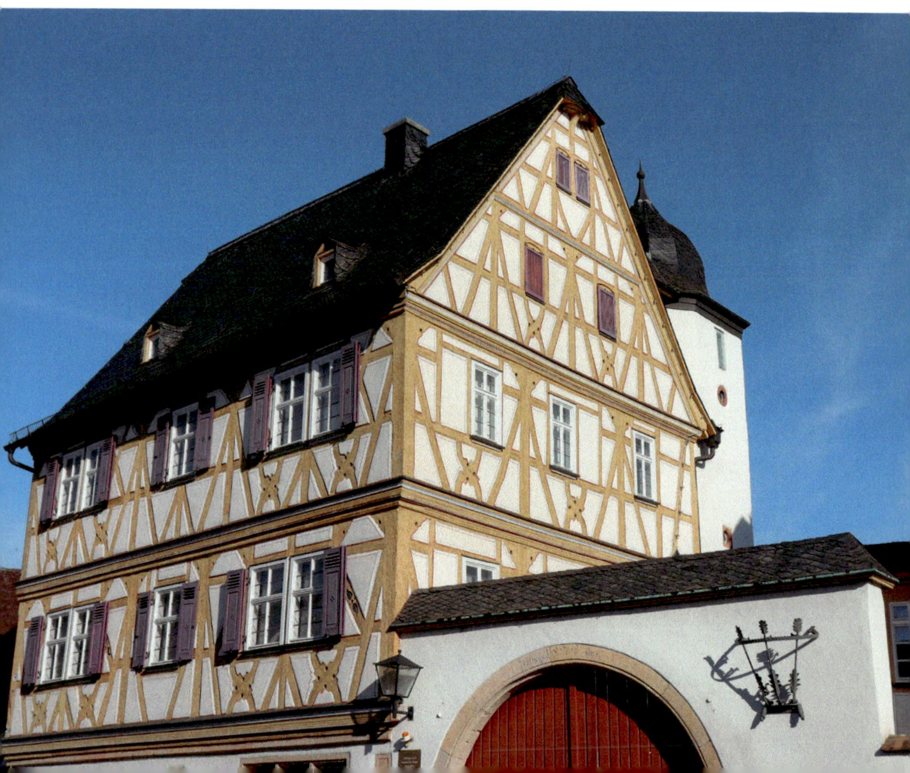

TAG 1: *VON GROSSWALLSTADT NACH GROSSOSTHEIM // 16 KM*

Das kleine, direkt ans Ufer des Mains platzierte Großwallstadt, das wie die meisten Orte an eurem Weg mit einer breiten Flusspromenade gesegnet ist, mag für die Augen keine rechte Attraktion sein, beherbergt aber mit Weingut Giegerich eine mit Preisen überschüttete Genussadresse. Allein seinetwegen lohnt es, schon eine Nacht vor dem Abmarsch anzureisen.

... UND, WEIL IHR EUCH DANN SCHON VORAB IN JENER DISZIPLIN ÜBEN KÖNNT, DIE AN DEN FOLGENDEN TAGEN IMMER WIEDER DEN KULINARISCHEN AUSKLANG EINLÄUTEN WIRD: AM MAINUFER DIE GERUHSAM VORBEIZIEHENDEN SCHIFFE ZÄHLEN, BIS DIE GASTHÖFE UND HÄCKERSTUBEN ÖFFNEN.

Die erste Wanderetappe ist wie dazu gemacht, eure Glieder erst einmal zu entrosten. An der Uferpromenade auf Höhe der Kirche findet ihr den Einstieg in den Wanderweg. Erst am Main entlang, lotst er euch durch die Ebene zu einem BAGGERSEE MIT RESTAURANT 1. Hügelig wird es erst auf dem letzten Drittel, wenn ihr eure ersten Weinberge erreicht. Die Fachwerkstadt Großostheim, speziell ihr Marktplatz, ist ein Schmuckkästlein.

TAG 2: *VON GROSSOSTHEIM NACH OBERNBURG ODER ELSENFELD // 17 KM*

Einstieg: am Marktplatz von Großostheim. Dass an den östlichen Ausläufern des Odenwalds, die hinter Großostheim die Sonne einfangen, für fränkische Verhältnisse auffallend viele blaue Trauben heranreifen, dürfte die banalste Beobachtung dieser besonders abwechslungsreichen Etappe sein. Am Fränkischen Rotweinwanderweg prägt Buntsandstein den Untergrund der Weingärten. Ein Terroir, das für Rote optimal ist,

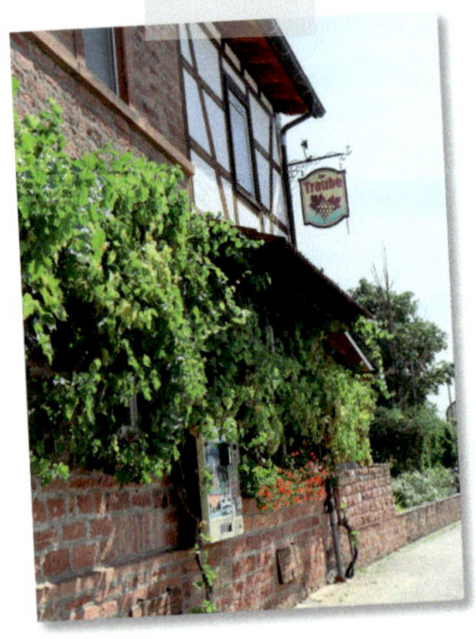

den in Franken traditionell dominierenden Weißen hingegen eine nur dezente Mineralität und Würzigkeit verleiht. Mal wandert ihr hoch über dem hier noch sehr breiten Tal, genießt grandiose Ausblicke, mal unten, mal führt euch ein Taleinschnitt ins Hinterland. Erst an eurem Ziel, den Zwillingsorten Obernburg und Elsenfeld, verengt es sich die Landschaft zu einem Schlund. OBERNBURG 2 ist in Sachen Wirtshäuser deutlich besser ausgestattet als das nur durch den Main von ihm getrennte Elsenfeld.

TAG 3: *SCHLEIFE DURCH DEN SPESSART NACH ERLENBACH // 15 KM*

Einstieg: Fußgängerbrücke zwischen Obernburg und Elsenfeld oder bei der Kirche in Elsenfeld. Heute lockt euch ein Seitental tief in den Spessart hinein. Über den Schalk und den Jesuitenberg, die beiden Weinbauinseln um das Dorf Rück-Schippach, stoßt ihr in eine karge Mittelgebirgswelt vor. Wald spendet Schatten. Mit dem Übernachtungsort Erlenbach – keine Schönheit – hat euch dann das Maintal zurück. Tipp: Beim Zieleinlauf trefft ihr auf einen DROGERIEMARKT 3 –, hinter dem ihr in zweiter Reihe einen Supermarkt mit vielen lokalen Weinen findet. Deckt euch für den Abend auch mit einer Brotzeit ein und lasst den Tag nahe der Kirche St. Peter und Paul am Mainufer ausklingen.

TAG 4: *DURCH FRANKENS BERÜHMTESTE TERRASSEN-STEILLAGE NACH KLINGENBERG // 4 KM*

Einstieg: An der Kreuzung Bahnstraße/Barbarossastraße/Mechenharder Straße. Für eure Augen ist diese Kurzetappe das Highlight der Strapaze. Einer der steilsten fränkischen Weinberge geleitet euch quasi von Aussichtspunk zu Aussichtspunkt in ein märchenhaft romanisches Örtchen. Er ist zugleich der letzte, der im großen Stil terrassiert geblieben ist (siehe Wanderung 4). Im Städtchen Klingenberg so gut wie immer geöffnet hat der Inder an der Mainbrücke. Abends strotzen die mittelalterlichen Gässchen nur so vor Einkehrmöglichkeiten (siehe Seite 206/207).

TAG 5: *DAS MAINTAL ENTLANG NACH GROSSHEUBACH // 10 KM*

Erneut dürfte sich die Leber mehr als die Füße beansprucht wissen, denn euch bleibt ausreichend Zeit, euch durch die Weinvielfalt des Zielorts zu trinken. Immer am Rand des Maintals entlang, das sich

Hightech-Schönheit: der Mainübergang bei Großwallstadt

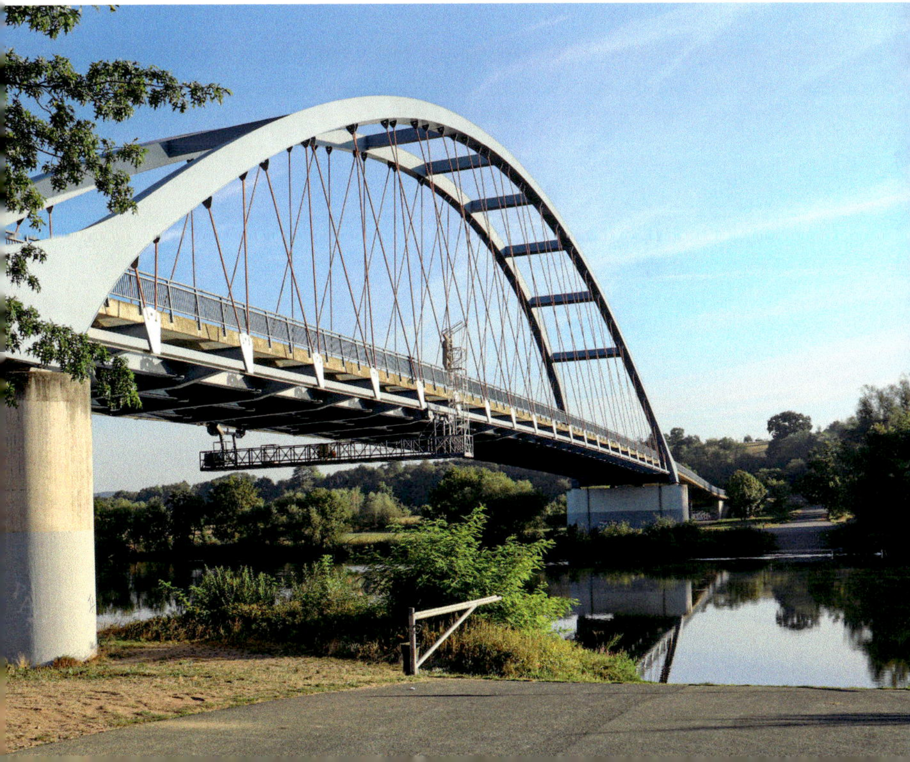

zu einem großen Kessel öffnet, lotst euch euer Weg ins Winzerparadies Großheubach. Durchschnaufen! 120 hauptberufliche, Nebenerwerbs- und Hobby-Winzer teilen sich den Großheubacher Bischofsberg. Entsprechend groß ist die Auswahl an Weinstuben.

TAG 6: *ÜBER DAS FACHWERKWUNDER MILTENBERG NACH BÜRGSTADT // 15 KM*

Was für ein furioses Finale! … sofern ihr gleich nach dem Start einen Abstecher einschiebt. Etappe Nr. 6 beginnt am alten Rathaus von Großheubach und lotst euch sogleich zu einer gewaltigen TREPPENANLAGE (4). Aber leider halt auch an dieser vorbei! Noch vital und frisch, entscheidet ihr euch bitte dafür, euch die 612 Stufen der von Kapellen flankierten Engelsstaffel bis zu jenem Kloster emporzuwuchten, das über eure heutige Route wacht. Auch, wenn ihr die längste Außentreppe Bayerns anschließend wieder hinabsteigen müsst. Von Kloster Engelberg aus seht ihr, was euch als krönender Abschluss erwartet. Am gegenüberliegenden Mainufer: Miltenberg, die Fachwerkperle (siehe Wanderungen 8 und 19). Links davon und bereits von den Klostermauern verdeckt, ein Ozean aus Grün. Die Weinberge des hübschen Bürgstadt, dem fränkischen Rotweinmekka! Winkt ihm zu, so gut es geht. Ruft: »Wir kommen gleich«, so laut ihr könnt. Auf dass sie dort schon mal ihr feinstes Tröpfchen entkorken. Ja, jetzt gleich. Damit er atmen, sich in einer Karaffe trinkbereit machen kann, bis ihr dann bei ihm eintrefft. Ihr habt es euch verdient!

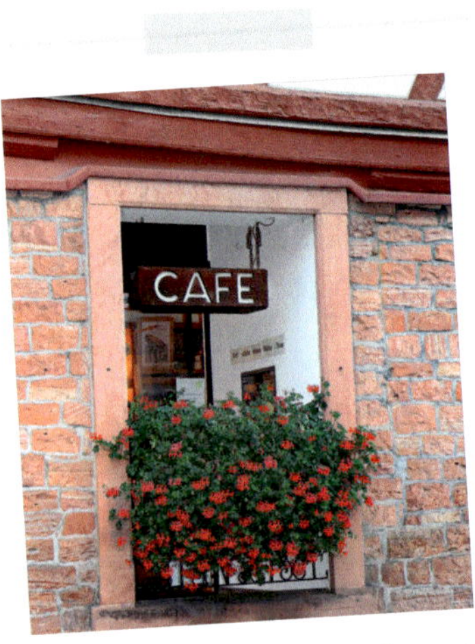

UNSER LETZTES »GUTEN MORGEN«

TOUR 25 // AUF DEM ROTWEINWANDERWEG

Alles, was ihr wissen müsst

keine Rundtour: in sechs Etappen entlang der östlichen Vertikale des Mainvierecks // mit einem Abstecher in den Spessart und einem furiosen Finale im Dreieck Großheubach-Miltenberg-Bürgstadt // Gelaufen wird von Norden nach Süden // **Wanderzeit:** Anfang Mai bis Ende Oktober

Markierung: grün-weißes Muster mit rotem Weinglas, Fränkischer Rotwein Wanderweg // GPS unentbehrlich

Entfernung von Aschaffenburg: 15 Kilometer
ÖPNV: ab Aschaffenburg Bus 60 nach Großwallstadt. Zurück: Bus 80 von Bürgstadt nach Miltenberg, dann mit RE 87 und RB 88 nach Aschaffenburg.
Auto: Parken in Großwallstadt, zurück siehe ÖPNV

Einkehr: **Unterkunftsverzeichnis:** www.churfranken.de // Vor Ort kann das Angebot größer sein, siehe Website der Gemeinden

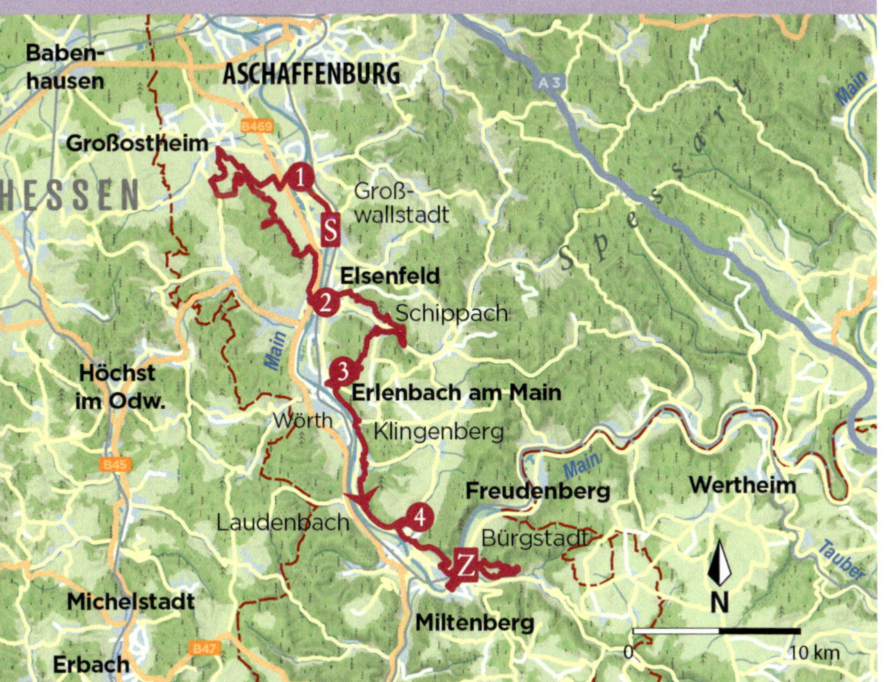

Hecken-Wirtschaften

Frankens temporäre Wirtshäuser

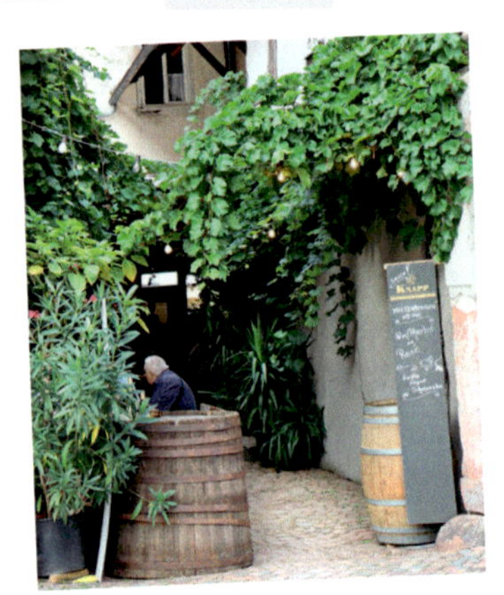

Heimat der Gemütlichkeit

Ein kühler Schoppen, direkt aus dem Winzerkeller - mit derben Sprüchen garniert. Dazu eine rustikale Brotzeit. Und ein paar ältere Herren, die ihre Instrumente auspacken. Zugegeben, das Klischee, demzufolge es in einer Heckenwirtschaft so tolldreist zugeht, dass am Ende sogar die Mäuse auf den Tischen mittanzen, erfüllt sich immer nur an jenen Abenden, an denen man selbst verhindert ist. Es speist sich aus der glorreichen Vergangenheit dieser urfränkischen Institution, deren Hotspots ständig wandern und deshalb nicht immer leicht zu finden sind.

Was sind Heckenwirtschaften?

Der Legende nach bereits unter Karl dem Großen, in Wirklichkeit erst ab dem späten Mittelalter, wurde jedem Weinbauern das Recht zugestanden, seine selbst erzeugten Tröpfchen bei sich daheim auszuschenken. Aber nur für einen eng begrenzten Zeitraum - zum Beispiel zweimal eine Woche pro Jahr. Holten sich die Heckenwirte einst die Schluckspechte ins Wohnzimmer, verfügen sie heute meist über professionelle Räumlichkeiten, die die übrige Zeit für Verkostungen genutzt werden.

Wie findet man offene Heckenwirtschaften?

Der Name Heckenwirtschaft geht auf ein altes Wort für Weinbauer zurück, den Häcker. Oder aber auf den Brauch, aus einer Hecke ein Büschel Zweige herauszuschneiden, die der Häcker am Haus aufhängt, um zu markieren, dass er gerade an der Reihe ist. Heutzutage zieht man besser einen Online-Heckerkalender zurate. Oder mehrere - denn oft sind die Informationen nicht vollständig. Vor Ort kennt die Tourist-Info alle Termine und Locations.

www.heckenwirtschaften-franken.de Sehr übersichtlich und umfangreich. Umfasst ganz Franken – unterteilt in Anbauregionen // **www.frankenwein-aktuell.de** Kleiner Heckerkalender, vorwiegend edle Locations. Unter dem Menüpunkt »Silvaner erleben« // **www.heckenwirtschaft-info.de** Nur für die Region um Thüngersheim // **www.haecke-in-franken.de** Nur für Churfanken und Alzenau

Bibliographische Informationen der Deutschen Nationalbibliothek:
Die Deutsche Nationalbibliothek verzeichnet diese Publikation
in der Deutschen Nationalbibliografie; detaillierte bibliografische Daten
sind im Internet über https://www.dnb.de/ abrufbar.

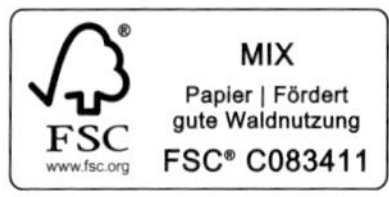

© Emons Verlag GmbH
Alle Rechte vorbehalten

© Bilder: Martin Droschke, außer: S. 118: Adobe Stock/Superingo,
S. 178: Katrin Schirm, S. 179: Wolfgang Philipp,
S. 185: mauritius images/Westend61/Lisa und Wilfried Bahnmüller
Umschlaggestaltung: Nina Schäfer
Umschlagmotiv: istockphoto.com/South_agency,
mauritius images/Klaus Neuner
Layout: Editorial Design & Artdirection, Conny Laue, Bochum,
nach einem Konzept von Nina Schäfer
Kartografie: Altan Cicek, altancicek.design, altancicek.de

Druck und Bindung: CPI – Clausen & Bosse, Leck
Printed in Germany 2023
ISBN 978-3-7408-1437-3

Unser Newsletter informiert Sie
regelmäßig über Neues von emons:
Kostenlos bestellen unter
emons-verlag.de